那一世的风情

民国才子情事

郭厚英·著

ZHEJIANG UNIVERSITY PRESS
浙江大学出版社

目录 CONENT

故事四　赌书消得泼茶香，当时只道是寻常　149

邵洵美出身于清末民初的一个没落贵族大家庭之中。

不过，他生命中最具活力的时期，却是与民国的摩登上海紧紧联系在一起的。邵洵美于16岁那年，与表姐盛佩玉定下百年之好，这奠定了他情感生活的『花影吹笙，满地淡黄月』之唯美景色。

故事五　邵洵美，那一世的风情都散了　217

邵洵美与美国女作家项美丽展开一段惊世骇俗的异国之恋，尝尽爱情之忧伤本色。项美丽也助他成为20世纪二三十年代有名的诗人、作家、翻译家、出版家，为民国文化界有影响的人物。如果说，民国的摩登上海若星月般粲然于夜空，邵洵美便有那初夏花开的洁雅。

故事一

千里沅江，载不动沈从文的许多真情

新婚后的沈从文艺，独自回到湘西去，千里沅江两岸的风光是那么的清明，那么的高远。于是，在水势轧轧作响的行船中，他给张兆和写下了令我们现代人耳热心跳的情话。

1

1933 年 9 月 9 日，沈从文与张兆和在北平中央公园举行了庄重的婚礼。是年，新郎 31 岁，新娘 24 岁。以当时的婚姻习惯来讲，婚姻中的男女双方都应该是晚婚的了。

当时，婚礼的宾客虽然所请不多，却大抵上是中国北方学界的成名人物。男女双方的亲属，张府参与婚礼者，有大姐张元和、大弟张宗和、四妹张充和及二叔张禹龄一家。沈家则有表弟黄村生、姐夫田学曾、九妹沈岳萌及玉姐夫妇在场。张禹龄代表女方家长致证婚词，胡适之老大哥作证婚人。

季羡林先生后来讲："他同张兆和女士结婚，在北京前门外大栅栏撷英番菜馆设盛大宴席，我居然也被邀请。当时出席的名流如云。"

为准备这次婚事，沈从文没有用张府的一分钱，独力承担了 1200 元的巨额开支。这几乎是沈从文全部的积蓄了。

新居安置于北平西城达子营 28 号的一个小院子。

朴素厚重的两扇小小黑漆门，迎面有一个小巧的影壁，后面走进的是一个不大的长方形院子。院子里长着一棵槐树、一棵枣树。北屋一明两暗三间平常瓦房。影壁对面另有一个小小的厢房。这样的布局，使北京初秋的天空，显得格外清明，格外的高远。张兆和很喜欢这四合院的一种明净而又单纯的气象。沈从文因此出钱把它买下了。

从文先生后来讲：正是人生新婚的得意之色，张兆和带给他前所未有的创作灵感。在北平，他开始着手写《边城》。当时，住着的一个小小院落中，有槐树，有枣树。每天

沈从文与张兆和

的朝阳初上时分,他已经坐在小竹椅上,据着红木小方桌静静地写了。每星期只写一章。情致那样闲淡。《边城》一共不到 7 万字,足足写了近半年的时间。

沈从文这篇小说一开始是在《国文周报》上作连载的,每期一章。

这个时候,老朋友巴金从上海来到了北平,看望新婚燕尔的沈从文夫妇。巴金一见到张兆和,就笑眯眯地讲,他是这场婚姻的有功之臣。

这段轶事,笔者在《尘埃里开出的花》一书中讲过。

当时,沈从文从青岛前往苏州示爱。他在上海有一个短暂的停留。沈从文住进了上海西藏路的一品香旅社。在那里,他遇见了从南京跑到上海来组稿的、《创作月刊》主编汪曼铎。汪先生十分热情,硬要做东请沈从文在一间俄国西菜社吃中餐。

因为嫌两个人的饭局气氛冷清了一点,汪曼铎便拉来了巴金作陪。这是中国现代两位最伟大作家的初次相遇。沈、巴乍见之下,竟然有一种故友重逢的感觉。

饭后,巴金便自告奋勇地陪同沈从文去新中国书局,出让《都市一妇人》的版权。沈从文当时有一点害羞地跟巴金讲,自己等一下就要坐晚车,去会见一位心仪已久的女孩了,想送她一份新颖的礼物,却不知送什么好。巴金立即快人快语地接口:如果是我呀,就送书。没有比书更好的礼物了。沈从文下定决心之后,当时的巴金还积极地为沈从文选定了书目。

20世纪30年代的巴金

沈从文还在预备婚事,巴金很早就笑呵呵地打趣沈从文:沈从文的这一杯喜酒,自己一定要喝醉。后来,因事稍微耽误了行程。但沈从文的婚后不久,巴金很快便南雁北飞到了北平。如此,两位文学大师便有了一段朝夕闲静相处的美妙时光。

他们的闲暇,休憩的方式其实是简单的。各人一杯清茗,一张竹椅,很惬意地舒展地坐着,不拘什么话题,不时地聊上几句。

他们坐在一起的样子，很容易令人联想到两位童真的少年，刚刚从洒落了太阳暖香的被窝中出来。那一种惺忪的写意，有一种很清很美的感觉。

他们有了创作灵感时，巴金就在里面的屋子里，就着满满一屋子的细碎阳光，很认真地写。沈从文则在院落的树荫下凉爽如许地写。写作的时候，因为双方文学理念不同，彼此不看对方的稿子。

青年沈从文

巴金当年写的是一个长篇小说《雪》。沈先生则在冲向他文字的巅峰，完成《边城》的创作。当然，沈从文与巴金在创作的观念上，有着绝大的不同。

年轻气盛的他们，既然走在了一起，还是会有争论的。巴金的文字，这时似乎正在从一种个人的虚无主义，向着无产阶级的普罗大众文学观点转变。沈从文则始终坚持一种纯粹、超然的文学创作观点。但是，争辩归争辩，朋友的纯正，却始终没有改变。几十年之后，他们仍然是一对彼此深深牵挂的好朋友。

新中国成立后，晚辈黄永玉回忆起巴老伯与从文表叔的交往，讲：

后来，巴金定居于上海。有时，要隔一段很长的时间，才能上北京来看一次沈从文。每次巴金都不忘记带一包鸡蛋糕来。两位老人就那样面对面、很安静地坐着吃那些东西。缺了牙齿的腮帮子，咀嚼得很带劲。间或其中的一人俯近对方的耳朵，轻轻地讲：这东西不如从前的老字号了。

当年，沈先生家中，种着一盆绿意盎然的虎耳草。它们被很小心地呵护在一个椭圆形的小小钧窑盆里。许多人都不认识这一种小草。可是，沈从文为了诠释生命的一种卑微的理想，偏偏在《边城》中，让翠翠在梦里，采撷了一大捧浸渍着水气的虎耳草。那是沈先生一生钟爱的，"日移庭院静气生"的小草。

2

沈从文在北平西城达子营创作而成的《边城》,故事结构很简单:

茶峒山城外一里地,有一条寂寞的小溪叫茶峒溪。清水长流的小溪旁,住着一个摆弄渡船的老人,还有他情事初开的外孙女。外孙女是老人从前的独生女儿留下的遗孤。她到了思春的年纪,跟一个士兵有了私情,后来,就跟那个兵士一齐死在了外面。老人为可怜的小小外孙女取了一个好听的名字,叫翠翠。

如此,那一天天衰老着的老船夫,与那一个胸前小峰渐次勃然骈立的外孙女,便在那安静的小溪边,意态自若地生活了许多年。

当年,茶峒城内,却有一位掌管水码头事务的龙头大佬叫顺顺。这顺顺生有两个英俊挺拔的儿子:哥哥天保与弟弟傩送。

这天保、傩送与翠翠之间,本来没有一丁点的关系。可是有一回,这好得不能分开的两兄弟,来到了新花初放的茶峒溪。他们竟然同时爱上了,仿佛木犀花飘香似的小翠翠。

在翠翠的眼里,天保、傩送两个汉子,都应该是好的,可是一朵鲜花,只能斜插在一个小英雄的鬓发上。既然如此,翠翠便选择了弟弟傩送,而放弃了哥哥天保。

哥哥天保很伤心。便独自驾船往下游走去。他的心神是恍惚的。这时,茶峒溪通向外面的水路,其实跟往常一样,在一种幽箐深崖间,汤汤流过。水面营生的一等好手天保,竟然失手淹死在了茶峒溪中。

这事,在弟弟傩送心头,挽上了一个永远解不脱的悲哀的死结。傩送放弃了已经争取在手的爱情。悄悄地离开了氤氲山雾中、人影冉冉的翠翠。从此,他就常年漂泊在外面,很少回到茶峒的地面。

沈从文这个故事的收局是:茶峒溪的下一个春江水涨季节,迎来了第一个雷雨之夜。摆渡老人终于老死于这样的季节之中,只剩下一个眉宇清冽鉴人的翠翠,独守着宏寂的茶峒溪山水。

往后的时节中,翠翠除了在静夜中会做梦,跟从前的翠翠并无不同。

弟弟傩送对于翠翠的爱恋依然鲜明。只是他一直找不到一个好的理由,说服自己回到茶峒溪中来。

这是我见过的华语小说中,收局最为干净漂亮的一种。没有多余的说教,戛然而止的一种玉宇清明。留在读者印象中的,似乎也仅仅不过、不绝如缕的一丝淡淡的悲哀而已。

沈从文在《边城》中语气平缓地给我们讲述的这一个爱情,或许不过是过去中国乡村中,一种被渐渐遗忘的感情。像翠翠那样一位农村的青春期小女孩的小小爱情,即便是放在今天,那又能怎么样呢?或者也不过是路边的一朵野菊花,悄然绽放了吧?

这城市的欲念生活一天天从容地过去了,也销蚀了我们对于过去粹然真爱的一份记忆。

直到有一次,我们再次回归到大自然。我们在纯色的乡村溪涧边散步,却遽然见着路旁人家短篱内的数棵毛笋,茁壮而青秀。我们的心动了,恢复了对于从前春天爱情的一种忧郁与惆怅的记忆。

那样一种爱情,仍然令我们妍思。

3

1934 年 1 月 7 日,新婚仅 4 个月的沈从文,接到母亲黄素英病危的消息。沈从文由是踏上了返回故乡凤凰探亲的旅程。考虑到旅途的艰难,沈从文是一个人上路的,他没有让新婚的妻子以及脆弱的九妹陪同前往。

沈从文自北平乘火车至长沙,再乘汽车到常德。

当行船在最初的平滑的水面,缓缓地驶离了常德桅樯林立的水路码头时,沈从文铺开了洁白的纸张,心境恬静地给张兆和写信:我离开北平时,还计划每天用半个日子写信,用半个日子写文章,谁知到了这小船上却只想为你写信,别的事全不能做。

从那个时刻起,应该是已然注定了:1934 年的张兆和,是那个年度尘世上最幸福的女子;而沈从文呢,也从动笔的那一刻起,成了那个年度尘世上最痴情的男人。

《湘行散记》

在 1 月 12 日至 2 月 2 日的湘西行船中,沈从文置身于空水澄鲜的湘西山水间,一路盈盈地走,一路款款情深地写,一共给张兆和写了 50 余封情信。

这样数十封的书信,随着时光的流逝,早已不再是那个叫张兆和的女子所一人独有。它成为现代华语文本,提供给世界文学宝库中最精美的藏品。它同时也成为现代海内外华裔子孙们,追溯我们这个古老的民族,在这一片古老美丽的乡村大地上世世代代生衍蕃息的、最唯美动人的读物。

在世界文学的经典传世著作中,将美丽的乡村描绘得渗透进了灵魂的文学大家,应该是不乏其人的。像俄国的托尔斯泰,印度的泰戈尔,欧洲的卢梭、吉辛、梭罗等人,他们都令我们感觉到,在一种衣纹跌宕之间,乡村文字的丽而不佻的明姿雅度。

可是,在这样一众的文字圣手间,可以将一条河流写得如此温润满掌心者,则恐怕仅有沈从文了。

那一条经历过多少世道莽苍、却依然默默长流的千里沅江,从沈从文在桃源上船的那天起,就注定要以它的哀怨与美丽震撼世界了。

1934 年这样的年份,对于现世的绝大多数人来讲,真的是有一点遥远了,遥远到我们的今天,也只能从一些干巴巴的文字间,感受一点民国年间的波光掠影。可是,我们读沈从文,读他的清丽得仿佛一枝摇曳之水仙花的《湘行散记》,我们却再次鲜明地看了沈从文这个斯文秀气的书生,慢条斯理地走下行船,慢慢地坐稳在船中。他带我们去看沅江两岸的风景、吊脚楼、女人、船夫……

沈从文首先给他的"三三",介绍了一个戴着昂贵水獭皮帽子的湘西本色人物。

13年前,也是寒冽的严冬季节。

这一位湘西汉子,穿着一身暗红缎子的猞猁皮马褂,却因为记挂着青郁河岸边一个白脸长眉毛的女子,便从泊于浅水区的大船上,奋力跳进了结着薄冰的江面,为的只是向晚时分与那女子的一个幽会。

现在,时间使一些英雄脱离了尘世,沈从文的这位朋友也成为一间安静小旅店的主人。但是,这湘西汉子的一颗爱心是不变的。

13年后,沈从文从常德坐船往凤凰城。那重情意的湘西汉子,特意起早为沈从文送行。"桃花河水深千尺,不及汪伦送我情",想起这样的诗句,沈从文眺望湘西薄雾中,错落有致的平田、房子、树木,全都像敷了一层灰蓝,潇洒秀丽中透出了雄浑苍茫气概。

沈从文觉得那湘西汉子头戴的一顶水獭皮帽子,与这环境十分相宜。因此,从文先生十分愉快地说:他坐的船是一只油得黄黄的新船,可听得出水在船底渡过的细碎声音。如果张兆和想他了,不如就到梦里面来追他吧。

由于有张兆和的一份柔美的爱的支撑,沈从文对于这世界上,仍然从事着那一份古老而又忧伤的女子,又有了一份怃然的同情。

在那样一条千里行船的悠悠沅江上,每隔二三十里地,就有一个像鸭窠围这样幽静的憩息地。两崖如刀削般危立。崖壁上长满了小小的竹子,长年翠色逼人。两边高岸的吊脚楼,俨然地悬挂于半山腰中。只要有上下行驶的船只泊岸,两岸灯火摇曳的吊脚楼中,大抵都会传

吊脚楼

出一种女子柔软、迤逦的唱歌声。歌声轻飘、暗淡,且有一份固执,令沈从文想到了生命的悠长与无奈。

沈从文说:即便是如此卑微的生活,也有它清明如玉的地方。

船只在鸭窠围暂停之时,沈从文去高岸的河街上闲走。他偶然遇上了一个极年轻的女子。蓝色围裙的胸间,绣了一朵清白细致的小花。她的走路行事也是轻巧如鹿的。

沈从文跟这女子闲聊。这19岁活泼有趣的女子,却满不在乎地告诉他:她除了跟水面上行走的水手们睡觉,她的身子还被当地一个50多岁的老烟鬼所占有。她对于每天赚得的钱,并无大的兴趣。她只希望有一天,那些从水路上远道而来的男人,会有一个人看中自己。然后,她就跟随那人去远方漂泊。

沈从文走下河岸,与一位叫天保的水上男子相遇。天保很爽快地给了沈从文一袋承望着女子暖心暖意的核桃,沈从文便回赠了天保四只金色的苹果。

后来,沈从文的船开锚起航了。

沈从文看见那个叫天保的水手快乐得什么似的,高擎着四只苹果,口里喊着一个女子的名字,转身又往高岸上跑。沈从文觉得,这样的人生,于秀丽中透出一种沧桑,徒然惹人低徊。

船荡出河岸十丈远。

从一间吊脚楼敞开的窗子中,飘出一个女子清唱的《十想郎》小曲。沈从文知道这是另外一个从事皮肉生涯的,吊脚楼女子,在认真地为一夜情郎送行。

沈从文想起在桃源不远的后江地面,住下过无数这样的女子。她们都很认真地从事着自己这一份卑微的职业。那地方的风俗自古相传。总是有一些从各地涌至的女子,使用自己新鲜的肉体,安慰着军政各界,也安慰了无数在沅水上走动的烟贩、木商、船主人等的怔惶寂寥的心。

在美丽到使人发呆的两山翠碧之间,沈从文对他的"三三"讲:这样的环境,竟然也使得他的心变得十分温柔。他竟然被河岸上水手与吊脚楼女子的调笑声,所感动了。

后来,沈从文为了集中思绪想张兆和,便钻进了自己的被盖中,闭上眼睛。恍若之间,他竟然感觉到远在北平的、张兆和的奶香的体味。行船随了起伏的水势轧轧作响,清幽的水声也仿佛在与小船悄然说话!

沈从文讲:在这样美丽到哀戚的夜晚,只有他无人讲话。

他不管!

所以,他要向远在千里之外的"三三"故作娇憨!

4

只要把心安静下来,读过一遍《湘行散记》的读者,大抵不会忘记那个气象瑰丽的箱子岩。

一列青黛削立的石崖,夹江矗立。夕阳西下时,就浓妆成为一种异彩的屏立。石壁半途的百米高处,错落有致的石罅缝隙,有木梁把暗红漆成的悬棺,平静地挂在了悬崖上,犹如这古老水流的天地长久。这样悬崖不远的地方,照例都有茅屋、码头,以及生息其间的喝酒调情的男人女子。

沈从文给"三三"讲:他在那样的河中,曾经经历过一次真正的快乐。

那是五月初五的端午大节。三只龙船摆在水面。是船身狭长、船舷细描了朱红线条的一种。肤色饱满黝黑的青年桨手们,头腰缠着红布,有序分列于船舷之两侧。

鼓响船走。三只船,像三只羽掠水飞的金雕,在平滑如缎的潭水中,翔飞自如。两岸兴奋的看客,声响如雷。有好事者从高岸抛下炮仗,

1933 年凤凰城端午竞渡

半空中,纷纷扬扬地碎屑成了,缤纷落花的样子。

到了夜晚时分,天上推出一只冰轮乍涌的圆月。一切的人物、景物俨然地披上了一层盐霜。意犹未尽的年轻人兀自燃着火把,将酒食搬上了龙舟。这时看客已经散尽,水上的赛手们却余兴未了,他们的上半夜还有一个水面竞游。

在千里奔流不息的沅江水面,像这样的大节庆不多。但它们却实实在在地滋养了30余万水上汉子们鲜明的灵魂。

这些一辈子都在沅江水面上讨生活的汉子们,千百年来都是过着一种原始、自然而又冷峻的生活。

他们在吃得做得行得的少壮年纪,适时地把力气卖给人家。渐入老境之后,就自然地在这江岸的某处,默然地死掉、腐烂掉。他们在生命的鲜动时,也没有过高的祈求。他们只祈望在未来的一天中,能有更多一份的事情做,下一天多吃一碗饭、多吃一块肉。船行险滩的生死关头,他们就希望岸边吊脚楼中某位穿花裳的女子,能为了他们的血汗钱,认真地惦记着他们。

沈从文这趟回老家,在江面上,看见过一个白须豁齿的老水手,专门为上滩的船拉纤。老水手人长得像俄罗斯大文豪托尔斯泰似的文秀,却仍然愿意为了一点钱,从从容容地生活于沅江之中。

看到这一切,沈从文就不由得感喟:多少曾经不可一世、横冲直撞的民族,皆堕落与消亡了。多少曾经趾高气扬、血腥杀戮与争夺的大人物。皆衰老与灭亡了。只有这一个谦卑而又平和的华夏民族,仿佛一朵蔷薇花的芬芳,隽永地开放。这样的人生,倘使一个写手试图走近了描绘它,任何人类的辞藻都是贫寒的。

所以,沈从文呵气若兰地,俯在"三三"的耳鬓讲:一切生存,皆为了生存。人必有所爱,方可生存下去。这时节,沈从文觉得自己比从前任何时候都软弱。

这一个浸透在爱情之中的沈从文!

这一个把张兆和一颗小女子的心,牵引在千里沅江翱翔,浪漫到无可救药的男人!

如今,世事轮回到了世俗不堪的现代,我们还可以到哪里去寻找,像沈从文那样月白风清的男子呢?还有他古秀、纵肆,堪称闺阃知己的情书?我们今天的男子,即便是风雅一族,除了道貌岸然、故作危高的弄了一点的桃色风月,以打发无聊的日子,又还有谁真正懂得以一颗温柔、缠绵、依赖的心灵,去珍惜那些识爱的女子?

5

那是一个民不聊生的时代,湘西水路却有着"水蓼冷花红簇簇,江蓠湿叶碧萋萋"的畸形繁华。沈从文怀着一颗感恩的心,平视着朴野的湘西大地。他在回凤凰城老家的途中,仍不忘为我们展示湘西土著的人们,为争取一份好的生存空间,而载浮载沉的过程。

比如,沈从文讲了一个湘西旅长刘俊卿的爱情故事。

这刘俊卿看中了女子学校的一个白净的中学生,便娶回来做妻。

他自己是仅通文墨的。迷魅于夫人的学识,起先的刘俊卿,便把这女子敬爱得像一尊白面的观世音菩萨。

清长的闲居中,旅长夫人间或会与从前读书时要好的女子通信。信件的来往,不免流露出一种小女子的娇憨。对方在信函间嗔怪旅长夫人:嫁人了,你竟把我忘记了。这却使得旅长疑心到飘着撩人长发的妩媚夫人,在从前岁月中,与一些长衫慢行读书人的小私情。

为一种妒火所啮咬的刘俊卿,立即命令一位忠诚的马弁,火速将思念中的女子接到驻防地。

马弁领着旅长夫人走到离驻防地10里不到的地方时,即拔枪对准心中漾漪着喜悦的夫人,讲:对不起,这是旅长交待的。他要一个刚刚死去的、心口上微热的女子,而不要一个被怀疑变了心的夫人。他是一个马弁,他只能照命令办理。

于是,旅长夫人坐在油菜花开的野地中,认真地哭了一阵子。后来,旅长夫人便抹干净了眼泪,对马弁说:你一定要跟旅长讲,其实我是冤枉的。说完,这女子就把枪口决绝地按在了自己的心尖上。轰地一响,人就死去了。

后来,这刘俊卿果然认真听了马弁转述的夫人临终遗言。他摸了摸夫人宛若在生的俏白的脸,流下了两行热泪。

可是,这时候,人走在了黄泉,即不可复生。刘俊卿只能为花钿委地有余香的夫人,看了一副上好的棺木,殓葬了。

人一死,日子仍然继续。

这也是沈从文在生死爱憎这样的人事嬗变方面,与其他一些华语写手不同的地方。沈从文对于自然的生命进程,从来是不敢訾扬的。他对于生命的浪漫与严肃、美丽与残忍、爱与怨的纠缠,有一种谦纯清好的直感。

沈从文还特意给张兆和讲过一个湘西江湖好汉的故事。

从前,在川黔湘鄂的边界上,盛传过一位叫田三怒的游侠人物。那是镇所箪有男子曾经景仰过的一个人物。

他15岁那年开始行走于江湖。当时,田三怒听人家讲,有一位横蛮的镖客,曾经用手去肆意摸弄一个贞女的奶子,这附近却无人可奈何他。田三怒认为,作为一个镖客,做出这样的事情,是不应该的。有一天,田三怒就用一把黄鳝尾的小刀,把镖客一双好动的手砍了下来。20岁时,田三怒已扬名于江湖之中。

他的善恶观也不过是随喜于风雨江湖中,一杆摇摆不定的秤。有时,是因为锄奸扶贫,血溅街头;也有时为了争强斗狠,累及无辜。他的英雄观,仍然是《水浒传》中李逵、张顺式的爽快与随心所欲。他的一切成见,并不能随了时代的向前而改变。

比如,当地有一位张姓的男子,在外面行走数十年,回到家乡,很有些不屑于当地人物的陈醋,谈及田三怒时,口气中就有了一点的轻视与冒犯。夜间的时候,就有人去拍张家男子的大门,要他要么即刻走路,不走就送他回老家。张府的人家并没有将这样的警告,刻意放在心上。到了第三日的清晨,露珠尚在纤细的植物茎叶上盈盈。就有早起的人们,看见张家男子在桥头坐得好好的，胸口插了两柄尖刀，仿佛睡熟过去一般。

另外一位莽撞的王姓醉汉，也曾经当街豪气地大骂田三怒。王醉汉的母亲吓了一个半死，赶紧跪拜在田三怒的屋门外。她苦苦地哀求，请好汉务必放儿子一条生路。田三怒一生最见不得的东西，就是女人的眼泪。他马上扶起了这位哀戚的母亲。田三怒和风煦煦地讲：你儿子是醉酒乱讲的，我怎么会跟一个醉汉计较呢？后来，果然是云晏风清。

其实，在凤凰城萧疏闲冷的日常时分，无人生事时，呈现的也是一种千里雅澹微风的田园风光。漫漶无愁的阳光，常常把这一片的土地，照耀得金黄如蜜。

田三怒在年近40时，想过一种寻常人的油盐柴米生活，他便遣散了门徒，从此金盆洗手。此后的田三怒，果然在凤凰城中，过起了一种莳花遛鸟、逐狗打猎的闲静生活。人们很快便忘记了他的叱咤风云。

有一天，太阳很亮。凤凰城小巷的石板路显得很白。沱江两岸的树木碧绿入眼。田三怒在濯濯的水流中，洗着两匹白马。忽然，凤凰城的城头，跃出了两位打冷枪的刺客。凌空而射的13发子弹中，有7发"噗噗"地射进了猝不及防的田三怒的身子。

田三怒佯死等着城头的人下来查勘。待得来人走近时，田三怒拼了全部力气射击。短兵相接间，一个刺客被田三怒射穿了左眼，顿时死了。田三怒自己又被人家击中了5枪。田三怒觉得自己这个身子已经不堪使用了，便调转枪口，对准了自己的太阳穴，轰地一枪，完结了自己的一生。

沈从文伏在船上，给张兆和讲上述旧事时，沅江的水面上，骤然又响起了密集如雪子的麻阳人的水上橹歌。

此时，沈从文心尖想写给张兆和的情语一时已尽，新的情话正在一种温柔的糯软中。所以，沈从文暂时就被那种悱恻绵绵的麻阳橹歌把心思勾住了。

行船中，两岸的青山、翠竹、吊脚楼排闼而去。沈从文的心境像山水间飘瞥的雪花，有一种淡淡的疏落。

蓦地，与沈从文行船并肩而驶的另一只小船上，传出了一个小孩子起头的怆然的橹歌。那歌声,伊始是轻的,也是娇贵的。

满河的木船、帆影,浸泡在这样的歌声中,随了晨光、落雪、河风、月光的有序变嬗,而微微地颤动。这浸渍着摇船人泪水的橹歌,不过是寒露天的一点微雨罢了,却把每一个聆听者的心思弄湿了。于是,满河的橹歌,应声而起。

像刘俊卿、田三怒等一批、莽撞到令人心痛的草莽英雄,就是从这种浸染着泪水的橹歌声中走出来的。

此后,沈从文的文字、沈从文的人生,都深深耽迷于了那一种既伤感又快乐的音乐节奏感之中。

读沈从文的文字,经常会令人忍不住浮想起中国古典乐曲,像《春江花月夜》、《二泉映月》、《高山流水》等营造的意境。那一种深深植根于人的灵肉深处的冰肌玉骨,令人心旌摇曳。

由于沈从文的日常创作中,特别在意引入一种动态的音乐感,他的文字具有一种其他作家难以企及的、林谷传响式的意境美。这时,行走在烟波沅江的沈从文,便用了三分矜持的语气跟张兆和说:"我想印个选集了,因为我看了一下自己的文章,说句公平话,我实在是比某些时下所谓作家高一筹的。我的工作行将超越一切而上。我的作品会比这些人的作品更传得久,播得远。"

沈从文的自信大抵上是不错的。

我们的今天,翻开了沈从文重回湘西时写下的那些文字。那样的沅江,那样的凤凰,那样两岸风光旖旎的吊脚楼,还有那样满河的帆船与哀哀的橹歌……一读之下,真的是依然令人泪水盈眶。

沈从文沿着河中石子清晰可数的沅江支流,坐在一条轻巧的小船上,一边走,一边若有所思地给爱的女子写信。沈从文是幸福的。

他这次的重回湘西,完成了他对于人生的一种唯美的思考,也使得他与张兆和之间的、翳然林水式的清美爱情得到了一次升华。

6

我们今天的人们,生活中稍微有一点不如意,就喜欢回到泛滥的历史中去翻故籍。我们现在的时尚,也是风花雪月的调戏历史,蔚然成风。

其实,我们的今天,哪里晓得,翻开堂皇亮丽的正史,不用三页,那其间就浸透了斑斑的血渍。而且,那样的血迹,因为年代久远的原因,大抵上都显出了一种暧昧的成色。

因此,我觉得,与其读史,还不如去读沈从文,或者更接近于华夏文化的背景。

沈从文的文字中,也有一缕缕的血渍渗出,但却比为虫子蚀咬着的史书中,被人为篡改过的杀戮,清明了许多。

所以,本段文字的形成,是我特意剪影沈从文的人生片断,贴于此处。这不过是我个人最喜欢的一个沈从文。一万个读者的心目中,自然有一万个神骨清嘉的沈从文。每一个沈从文,那些对于沈从文的文字嗜好至深者都可以写出来,与大家共享。相信这对于每一位耽于思考的读书人而言,也是一种清脆可人的乐事。

这一段文字的新闻补白是:

沈父沈宗嗣先于 1930 年 11 月在疾病中溘然长逝,葬于逢水井其父坟墓的左侧。

沈从文于 1934 年的 2 月 9 日探亲回到北平。

沈母黄素英则病故于是年的 2 月 13 日。她后来被埋葬于郊外风景秀丽的清沙湾。

故事二

叶浅予的爱情辩证法

叶浅予寿登耄耋，仍是一条响当当的汉子。他在回忆疏针密缝的青春往事之时，做到了心胸坦荡，不回避，不隐瞒。为此，华君武先生在评述了罗彩云、梁白波、戴爱莲、王人美四位叶浅予爱过的奇女子之后，曾经幽默地形容这位老大哥：是专找『霓虹灯』式的女人。这就应了中国的一句古话：『入色界易，进情界难。』

1

这篇故事的主人翁，那绝对算得上是一位趣人了。他便是王人美的第二任丈夫——大画家叶浅予。

我为什么要讲他是一个趣人呢？

叶浅予的可爱之处，在于他人到80岁那年，忽然决定自己亲自动手写一部"裸体"的回忆录。不请秘书代笔，不矫揉造作，不回避自己走过的弯弯曲曲的人生之路。

叶浅予是一条响当当的80余岁的老汉子。

因此，叶浅予在自己的《细叙沧桑记流年》回忆录序言中，非常坦白地告诉世人："1987年是我的八十寿辰，我开始动笔写回忆录。其中一个重要部分，是写我的家庭生活，从罗彩云、梁白波、戴爱莲到王人美，写这四个女性在我一生中所起的作用和影响。""孙女说，这么分开写，岂不影响自己的社会声誉？我说，把真实生活写出来，反而能破除社会对我的怀疑。"

叶浅予已经是桃李芬芳满园的一代画坛宗师了。可是，叶浅予在回忆那一些疏针密缝、妙心花发的青春往事时，仍然能做到如此的坦荡，不回避，不隐瞒，这就不能不令人肃然起敬了。

叶浅予，出生于1907年3月31日，原用名叶纶绮，曾用笔名初萌、性天等，因他的生肖属羊，乡间的长辈至老仍叫他阿羊，为浙江桐庐县桐庐镇人。

据说，叶家的祖父叶稼田，是前清名望颇高的老秀才，一辈子以私塾育人为业。到了叶家的父辈，兄弟四条彪形汉子，除了二伯叶恩璜发扬光大了乃父的教书生涯，稍后更以其人望，出任桐庐葆华小学校长，似乎比稼田翁更上了一层楼。其他三人，包括叶浅予的父亲叶恩霈在内，都一起下海经商去了。

叶父叶恩霈经商时，早期的运气显然不错。渐渐地，叶恩霈在桐庐城最繁华的直横街上，也俨然开起了一爿颇具规模的干元慎南货店。叶恩需有了闲钱，便附会风雅地收集一点古玩字画，这比现代有钱即包二奶的商人们趣味自然高了不少。母亲李青玉的刺绣手工也好。姑父胡奏平则为桐庐县地方上颇有名声的书法家，当地商家之烫金字招牌大抵请其题跋。表姐胡家芝的特长为传统的剪纸工艺。每年夏季的祭祀芦茨菩萨，社戏连台，胡家芝便会剪出社戏中的纸偶人物，给小小的叶浅予看，这令叶浅予颇为入迷。有这么一批能人的日常浸染，叶浅予便渐次地打下了后来美术的功底。

叶浅予1916年入读紫霄观高等小学，1922年入读新办的杭州盐务中学。盐务中学早先是不起眼的。后来，因为出了一个叶浅予，一个叶浅予同班的画竹名家申石伽，还有一个华人社区无人不知的古典园林建筑专家陈从周，这盐务中学便跟着知名了。

叶浅予后来承认，自己自幼即不是一个正经读书的种子。叶浅予头一年，报考的是杭州的名牌中学第一师范，考砸了。这一年的复考，叶浅予便不敢自大。他一拿到盐务中学的录取书，即迅捷地穿过了十里春风的富春江，去到了明媚的杭州城。

人说杭州是人间天堂。在少年叶浅予眼里，那也应该是一个爱情的天堂。杭州三年的中学生活，留给叶浅予的印象，除了看过一些纤腻、冶艳且精致的江南女子。他还跟一个叫王文英的女同学，有过一段扁扁纯纯的初恋。

中学毕业后，叶浅予报考了厦门大学的中文系，落榜。次年，便改考了上海的三友实业社。

当时，三友实业社在日常用品的产销上，是一家很有名气的民族资本企业。它的门市部就设在人流摩肩接踵的南京路中段。总经理沈九成是一个态度平和却很有头脑的生意人。他看过叶浅予画的一幅一身自由布女装的青春少女速画，寥寥数笔，即把一种春天女子的好姿容好神情勾勒出来了。因此，按照规矩，三个月的试用期沈九成把叶浅予放在门市部卖布。试用期满，沈九成即把叶浅予弄到了广告部制作广告宣传画。

当年的南京路，不仅是上海的一个购物中心，亦是各种时尚娱乐的乐园。叶浅予在那里第一次接触到了外国的音乐文化,也喜欢上了外国电影。当时,南京路上有一家北京大戏院,为了招徕顾客,在放电影的休息间隙,会安排一个绝美的白俄女子,裸体上台表演一种俄罗斯风情舞。

叶浅予正值18岁的热血贲张时期,对于此类表演殊觉娉婷。当然,这对于叶浅予后来国画的造型能力益莫大焉。

叶浅予后来回忆起广告画师绘制发行的时装美女月份牌。那样曼妙女郎的面部表情,均像柔润的雨春,有一种白天的淹润寥廓。有时,甚至把民国女子喜欢的一些天蓝色沙丁绸旗袍、玄色绸的旗马甲,以及白棉线织的胸褡的褶皱也分阴阳高低的,颇有立体感地呈现出来了,确实是引人爱慕的。当时,美女广告画师中的佼佼者为郑曼陀、杭犀英二人,青春年少的叶浅予对之顶礼膜拜。

好在这个阶段很快便过去了。否则,中国的美术界真的可能会少了一个绝顶的画家,而多了一个娴熟的广告画师。

2

有懂画的行家指点叶浅予:以他当时对于绘画艺术的悟性,他不应该满足于做一个广告画师。他将来的境界,应该要比郑曼陀、杭犀英高一些。这样,叶浅予便来到了当年上海四大书局之一的中原书局做美术编辑。这个阶段,叶浅予便开始试着给上海的画报,投寄一点漫画稿了。

孔夫子说过,食色性也。20来岁未婚男青年最感兴趣的东西,恐怕还是女子的胴体。叶浅予在他的第一幅漫画《两毛钱饱眼福》中,所能联想到的生动素材,莫过于北京大戏院中看过的,那些俄罗斯来的

张光宇

裸体舞娘了。叶浅予乃在漫画中依此炮制。孰料，《三日画报》的张光宇、张正宇一见之下，对叶浅予大为倾心。

1927年，北伐军兴。叶浅予经人介绍，也赶时髦地加入到北伐军中。年轻的叶浅予哪里懂得政治的计较，历经一番政治的翻云覆雨，叶浅予竟然被人家整编清理出了北伐军的行列。

叶浅予忖思：政治这碗饭真不是人吃的，还是干回美术的老本行稳妥一些。这样便有了1928年3月，叶浅予与张光宇、张正宇兄弟的再度合作。

其实，当年三个年轻人的口袋中，也没有几个钱子。东拼西凑搞来120几块钱，便创办了《上海漫画》、"中国美术刊行社"两个经济实体。张光宇老谋深算，讲：招牌搞大一点，胜算的概率也大一点。所以，所谓的《上海漫画》与"中国美术刊行社"，也不过是一套人马两块招牌的炒作。其时，张光宇在英美烟草公司拿着一份丰厚的薪水，搞漫画大约是他的业余爱好。张家的三弟张正宇嘴巴特别能讲，拉广告的能力很强，他才是新成立的《上海漫画》的重要人物。

当时，出入于《上海漫画》的时彦人物，有叶灵凤、穆时英、施蛰存、傅彦长、张若谷、杨清磐、钱瘦铁、江小鹣、郎静山等人。大家都很给张光宇、张正宇兄弟面子。这些海派的文化名人，常常跟《上海漫画》的"二张一叶"一起吃饭、聊天、看戏，或者放下一切的事情，坐在一起高谈阔论人生和艺术。这对于叶浅予的人生阅历自然是大大有益的。

《上海漫画》

叶浅予晚年，整理了四句顺口溜，形容《上海漫画》的三年："办投三年整，宾客常盈门。三教兼九流，往来无白丁。"如此轻畅的一份语气，也大致可以猜得出老顽童叶浅予的脸上的一份得意之色了。

当然，对于叶浅予人生影响颇大的一件事情，便是长篇漫画《王先生》在《上海漫画》的连载了。三年后，《上海漫画》停刊，便移动到《时代画报》上继续登载。这个系列漫画的创作,前后达七年之久。叶浅予此后更余勇可贾地制作了《王先生别传》与《小陈留京外史》两个漫画系列。

当时,有关叶浅予的"王先生",上海的大街小弄,流传着一首很好玩的打油诗:"锃亮光头像电灯泡,八字胡子翘了翘;倒挂眉毛抖又抖,走起路来摇三摇;屋里住勒石库门,日脚过得蛮风光;喜欢女人怕老婆,欲火焚身差点命报销。"那位短小粗壮、蒜头鼻子厚嘴唇、怕老婆、有一点趋炎附势的年轻"小陈",也是上海市民日常熟悉的。

上海明星影片公司有一位叫汤杰的二线演员,看准了这一无限的商机。

汤杰在演艺界,最初是寂然无名。后来,有人提醒他,他的相貌与叶浅予笔下的"王先生"颇有相似之处。这人做事很有几分的泼皮之处,他不惜敲掉了自己的六只门牙,为的只是追求与叶浅予笔下的"王先生"造型酷似。

汤杰乃鼓动三寸不烂之舌,说动有国民党官方背景的《晨报》社长潘公展、"明星影业"的周剑云及叶浅予等人组成了一个"新时代影片公司"。在 1933 年到 1940 年期间,先后拍摄了《王先生》《王先生的秘密》《王先生过年》《王先生奇侠传》等 11 部影片。

如此,"王先生"、"小陈"这一对活宝,与张乐平稍后作出的"三毛",便成了当年上海滩人人皆知的艺术形象。叶浅予由是成为中国漫画界的一座名山。

叶浅予与"小陈"(左上)、"王先生"(右上)

1933 年 11 月,本事了得的张正宇,又把新文人邵洵美、画家曹涵美拉进了"二张一叶"的圈子中。大家一起磋商,重组了一个经营规模更加宏大的"上海时代图书公司"。

邵洵美在当年上海滩的出版界中,一度曾以"有声,有色,有情,有力"的"四有"文人而出名。

"时代图书"有邵洵美的财力物力为后盾,在它的旺盛时期,旗下便辖有了上海滩声名卓著的"五大杂志"：林语堂的《论语》、叶浅予的《时代画报》、鲁少飞的《时代漫画》、宗淮庭的《时代电影》以及张光宇主编的《万象》月刊。这是邵洵美出版事业上的，一个"谡谡如劲松下风"的碻然时期。

如此，"大河有水小河满"。叶浅予的经济状况，在那一段的时间内便渐至佳境。他的绘画艺术，也有了新的心得。

《论语》半月刊第一期

《时代画报》

《时代漫画》

《时代电影》

1935年，叶浅予结识了墨西哥漫画家阿佛罗皮斯。受其影响，叶浅予忽然对速写绘画产生了浓郁的兴趣。是年，叶浅予曾经怀揣着一本速写本，对于包括北平故都在内的华北大地，进行了一次细腻入纹理的漫游。

叶浅予一边走一边速写绘画。为此，叶浅予曾经风趣地将自己的此次旅游，形容为"在生活中记录形象"。这是叶浅予试图改变自己美术风格的，一次颇为重要的尝试。

当时,北游归来的叶浅予,将自己一路上的速写见闻,在张佛千主编的《汗血月刊》上,整理为一个《旅行漫画》的专栏。

由是,叶浅予画速写的劲头,愈发涨满到不可收拾。叶浅予得意地将这一门造型美术,命名为"速写漫画"。

3

叶浅予这一门独创的"美术轻功",不久即派上了大用场。

1937 年,中日战事全面升级。北平、上海、南京等心腹之地,相继沦陷于日军铁蹄的践踏之下。多数的中国报刊一时均停版,漫画家无用武之地。叶浅予与胡考、张乐平、梁白波、陆志庠、席与群、宣文杰等人,组织了第一支抗日漫画宣传队,辗转奔波于烽火的一线战场,从事战争的宣传报道工作。

这期间,叶浅予运用自己总结的"目识、心记、意测"速写规律,将中国军民浴血奋战的一个个可歌可泣的故事,真实地记录了下来。以后,相继整理而为《重庆行》等一批速写漫画,为中国人民的顽强抗争、留下了一个个闪光的感人瞬间。

1939 年初至 1941 年,叶浅予奉国民政府之命,至香港编发《今日中国》画报。叶浅予正是在此期间,结识了令他一生相当无奈的戴爱莲女士。

香港沦陷后,叶浅予从香港逃回了大后方,流亡于桂林、贵阳等地,生活过得颇为清苦。不过,像叶浅予那样一类的艺术家,也有因祸得闲的自在,他在个人时间的支配上,有了很大的自由。

这时,陪都重庆的抗战形势,已经进入了一种相当困难的相持阶段。

戴爱莲

中日两国的战事已经进入到一种胶着的状态。表面的军事实力上来看,日本人仍占着上风。可是,重庆政府是一个有弹性的球。日本人的重拳组合打过去,到了重庆政府的身上直觉得一股软绵绵的吸力,所以,并不能令重庆政府失去有效的抵抗力。这令日本人有一点进退两难。太平洋战事爆发之后,日本便想到了封锁重庆政府的方子。日本人暗想:只要蒋介石得不到英美诸国的物质支持,凭中国西南数省的财力,是不足以长期地支撑一场战争的。蒋介石最终还要返回到谈判桌来。

所以,当时蒋介石重庆政府的唯一战略思想便是,硬撑下去,谁最后一个倒下去,谁便是这场战事的最后胜利者。所以,对于叶浅予那样一大批的艺术界人士,重庆的政界高官们基本上已经没有时间对他们的艺术创作指手画脚了。政府只能发放一点微薄的生活保障金,以保全这些民国的大艺术家们,至少能在大后方艰辛地活下去。

如此,叶浅予便于竹床竹户的一种萧然和静的生活中,对于自己曾经的艺术之路,进行了一次全面的反刍。

这个阶段,叶浅予伊始对于传统国画的技法,产生了极大的兴趣。

国画这种东西,在学习的过程中,欲产生一种四两拨千斤的奇效,叶浅予觉得最好能有一位名家大物可以讨教。

张大千

这时,叶浅予听说老友张大千在敦煌面壁三年,搞回了魏唐各代佛教壁画大量摹本,心得很大,便萌生了跑去成都,向张大千请教中国画技法的想法。

1945年,叶浅予的第二任妻子戴爱莲,组织了一个民间舞蹈采风团,想到西北的少数民族地区收采素材。她的计划是以成都为一个原点,向川西北以及西康地区辐射采风。这一点跟叶浅予想去成都的计划不谋而合。

张大千听到老友叶浅予要来,心里自然是高兴的。

叶浅予在张大千的家中,从刚刚涨过龙船水的端午时节,一直住到白露满地、虫声如流水的八月秋凉季节。两位老友的相处，真个是无话不谈。

因此，后来，叶浅予在讲到自己与张大千之间的相知相得时，有过这样一段的话："大千作画喜欢有人在旁闲谈，客人常来常往，作画不怕干扰；没有客人时，自有学生在旁看画问答。我来之后，因为是朋友，所以并无拘束，连续在他画案旁站了一个多月，学到了不少手上的功夫。比如用笔用墨之法，层层着色之法，重复勾线之法，衬底路染之法，在心领神会之后，用到自己的人物造型中去，获得不少益处。"

当时，张大千的茶室中，挂有一幅谭延闿颜体楷书的小条幅："初出茅庐"。叶浅予笑着请他解释。张大千的回答是：像我们这样的人，虽然在社会上已经混成了各种各样的名目，但我们待人接物，总是要保持刚出学堂时，那一份战战兢兢的心境才好。叶浅予听了，收起了笑容，向小条幅合掌作揖：如此甚好。

这样，叶浅予在漫画、速写绘画的领域，逛荡到有一点倦怠之时，便在成都郊外清明如玉的风光之中，完成了向中国人物画的华丽转型。

不久，叶浅予追随着戴爱莲到西康采风，所创作的少数民族系列人物风情画便问世了。徐悲鸿对于这个系列推崇备至。

徐悲鸿乃撰写《叶浅予之国画》一文，大力鼓吹叶浅予在人物国画方面的开拓性成就："浅予之国画一如其速写人物，同样熟练；故彼于曲直两形体均无困难，择善择要，捕捉撷取，毫不避忌，此在国画上

徐悲鸿

如此高手，五百年来，仅有仇十洲、吴友如两人而已，故浅予在艺术上之成就，诚非同小可也。"

叶浅予的人物国画，笔法流转劲利，墨色细润俊俏。人物的布局，能够做到线条简洁，构图紧凑。仇十洲为明代与沈周、文徵明、唐伯虎并驾齐驱的国画"明四家"之一。吴友如虽为清末光绪年间的人物画家，后来在中国人物画上的名气，却孤峰拔起。

徐悲鸿一口咬定,500 年间,人物国画的高手,不过仇十洲、吴友如、叶浅予寥寥三人而已。由此可见徐悲鸿对于叶浅予的期许了。

如此,1947 年 11 月,叶浅予便接过徐悲鸿校长的聘书,到北平国立艺专做了一名教书匠,从而也展开了他长达 30 余年的美术教育生涯。

叶浅予刚到国立艺专时,教授学生速写课。后来又给叶浅予弄了一个图案系系主任的头衔。但这个时候的叶浅予于美术教育,连门坎在哪都尚未摸清,自然遭到了该系教师的有意整蛊。叶浅予无法,只好自己请求下台。

1949 年,北平艺专改组,分别成立了中央音乐学院、中央美术学院。叶浅予任教于中央美院的绘画系,并由此成为温润仁美的一代人物画大师,以及威仪棣棣的一代美术教育大家。

1949 年,叶浅予参加第一届全国文代会,担任中国美术家协会副主席兼秘书长。

1954 年,中央美术学院成立国画系,叶浅予为系主任。

1957 年,中国国画院成立,叶浅予任副院长。

徐悲鸿讲到叶浅予时,曾经感慨:如果有十个叶浅予,中国的文艺复兴就到来了。

人们总结中国画创作在当代的突破,曾经流行过四句话:徐悲鸿的马,李可染的牛,黄胄的毛驴,叶浅予的舞。

在现代中国的美术界,叶浅予以他开阔的文化视野、雅健的美术功力,创造出了如此婉约出尘的一份风貌。

叶浅予的卓然一家,确是注定的。

4

1959 年 3 月,当时的中央美术学院人事科,在叶浅予的政治"鉴定"上曾经写下过这样几段话:

抗战前叶在政治上为自由主义者。抗日初期在抗日高潮的推动下，对抗日一般表示支持与参加。后态度消极，对政治避而不谈，常说"政治是把戏"，与进步力量有一定的距离。抗战后期逐步倾向美蒋反动派。

因1943年赴印度中美训练营，为美蒋画画得到美特的欣赏。1944年由美特推荐，匪军统局处长王一心、王星衡介绍，经戴笠批准并谈话后，派往中美合作所心理作战组任专员，负责漫画宣传工作，得到美蒋的重视，给予较高的待遇。任职期内经常与美特组长孟禄少校密谈，并在中美所决策处主任秘书潘其武的楼下办公。究竟有何秘密勾当无法查清。

另据中美所气象组长程俊检举，"叶是由戴笠批准为军统局设计委员会派驻中美合作所"（目前尚无法查清）。后中美所受到舆论反对，叶即于1945年介绍廖冰兄代替其工作离开中美所。离开中美所后，与美国新闻处来往较密，为他们供稿作画，供作反动宣传。由于为美帝国主义服务，得到美国国务院的邀请，作为文化使者，于1946年赴美参观一年，并在"美国之音"广播"美国漫画"。回国后又和美国新闻处经常来往，回放"美国漫画"。在课堂上宣传美国文化，成为美国文化的宣传者，美帝文化侵略的工具。1947年由美返国时，乔冠华、夏衍同志曾劝其留香港工作遭到拒绝。解放前，北京美术作家协会为对抗北平美术会（张道藩操纵的反动组织）发表宣言时叶拒绝参加，可见叶长期为美帝国主义服务，参加美帝特务机关，政治上反动，但表现圆滑，为政治上的投机分子。

有这样一份材料埋设在叶浅予的组织档案之中，叶浅予的头上便悬挂了一把，犹如古龙武侠小说中描写过的、随时可以掉下来的流星蝴蝶剑。所以，到了1966年，"文化大革命"的那一场滔天巨浪拍岸而来，叶浅予自忖难以幸免。

其时,中央美院中,百分之七十的教师被请进了牛棚。"四条汉子"中,跟叶浅予有过关系的田汉、阳翰笙、夏衍三人也住进了高墙的铁窗之下。

文革审查组翻出了,1959年组织上给叶浅予写的那份"鉴定书",便在叶浅予的身上贴上了三条另类的标签:历史反革命、反动学术权威、文艺黑线人物。叶浅予先是随波逐流地住了一阵子的"牛棚"。后来,到底被人家弄进了秦城监狱蹲了七年大牢。

谈起这段经历,老年叶浅予调皮地咋了一下舌头,颇有点庆幸地跟别人说:幸亏那审查他的造反派还讲一点文明和纪律,让他自选三条罪名往自己头上栽。倘使遇上那蛮横的催命鬼审案,劈头盖脸地就是一顿毒打下来。叶浅予说,他很怕痛,他肯定会屈打成招,那就是一项罪恶滔天的特务恶棍的罪名。

叶浅予身边就发生过这样的事情:平时本本分分的一个读书人,走路都怕踩死蚂蚁。那一场运动下来,忽然就被冤屈成了蒋介石匪帮的潜伏特务。最后,夺权派把那吓傻了的读书人像拖一条死蛇似的,弄到了郊区的刑场挨枪子儿!所以,叶浅予的庆幸也不是没有一点的道理。

其实,我们每一个个体的生命,身处于一个碎绿催红的寒峭时分,个人的遭遇,委实是难以把握的。有时,我们必须随波逐流;有时,我们需要忍气吞声;更多的时候,我们必须像一只流浪狗似的顽强地活着。

生命太脆弱。一段在幽暗中挣扎的脆弱生命,想要捱过那仿佛劫后苍茫烟树无边的萧瑟时刻,没有一点苦中寻乐的劲头,有时还真熬不过去。

我喜欢叶浅予。我之所以要声明他是一个趣人,就在于他对于生命的一份从容淡定。且看他对于蹲大牢那一段苦难生活的、冷峻幽默的描写,你就会明白叶浅予这老头儿该是多么的生机盎然了:

> 这次首场正式斗争会,造反派头头那句"反革命叶浅予滚蛋"话音刚落,我如释重负,匆匆离开会场,滚回家去看老伴,填肚子。

> 我们回到牛棚,管理牛棚的牧牛郎发出命令,要每只乖牛在《造反

日记》里写下今天殉葬的感想。

情绪稳定后,我俩向老住户打了招呼。原来这儿是天津市文艺界的总牛棚,其中有几个熟人,如河北省作协的××,美协的××,艺院教师××,再一打听,我二人此行任务是在河北美术界反动派斗争大会上做示范。借重我们二人是北京老牛鬼,资格老,尤其因为我是全国美协的老牌副主席,和天津美术界素有联系,和几个头头关系密切,把我押来领衔挨斗,一则显示天津造反派的气派,二则威慑天津牛鬼蛇神的反动气焰,三则犹如大剧场邀请名角登台借以吸引观众,提高票房价值。

早晨这一行动,监狱里叫做'放茅',第一次放茅既新鲜又有奇遇,过了二十年,还记得清清楚楚。

再比如,叶浅予被投进秦城监狱,立即对环境有了一个全面的判断:"四垛水泥墙,地面六平方,报纸糊铁窗,头顶灯长亮。"

还有,叶浅予提到自己在狱中,曾经"见到一个穿红色毛衣的女犯,弄得狱卒很紧张,这类撞车事件,七年中遇到不过三次,可见是偶然的失误。对我来说,倒是希望多遇到几次,在寂寞枯燥的生活中起点波浪,多点刺激。"

叶浅予曾经写过一首咏核桃的打油诗:"浑身翠绿披挂,盘踞高楼大厦,一副大好头颅,生来供人捶打。"

中国的读书人身逢乱世之时,命若飘萍,却甚讲究一种华亭鹤唳的孤高自洁,也讲究一份"形甚散朗,内实劲侠"的节气。

像叶浅予那样一种急激横渡时分、款款写来的幽明文字,我们又何尝不是读出了他的"乱云飞渡仍从容"的一份清贞明德?

1980年,云散风清之后,叶浅予复出,任中央美术学院中国画系主任。1981年,兼任中国画研究院副院长。

1987年,叶浅予八十大寿那天,他郑重其事地向外界宣称:从此金盆洗手,画坛封笔不玩美术了。他要利用剩下不多的有生之年,专心于回忆录《细叙沧桑记流年》的撰写。《细叙沧桑记流年》于1992年印行。

1995年5月8日下午,叶浅予的心脏罢工不再作业,乃逝世于北京,终年88岁。

5

以上我们大约把叶浅予的一生行程,梳理了一下。接下来,我们再费一点笔墨,把叶浅予的情感踪迹粗略地描绘一番。

本文在开局的部分,即听叶浅予大大方方地讲过:他这一生,有过四段妙趣横生的感情。或许,有些读者会思忖:这叶浅予能先后获得那样数位清心玉映女子的青睐,年轻时必定长得英气逼人吧?

这里,我也不想用太多溢美的词汇,且看黄永玉在《比我老的老头》一书中的描写。写到叶浅予、张乐平这一对难兄难弟,他是这样讲的:"这两个家伙长得都他妈的俊。叶浅予高大像匹马,还有撮翘翘胡子。张乐平的鼻子、额头上撮起的头发都神气之极,像只公鹿。"如此,叶浅予情感中的一份雅人深致,也在情理之中。

叶浅予第一次婚姻是由双方父母敲响的。女方的名字叫罗彩云。

当年的叶家在桐庐固然算得上是一个大户。不过,叶父叶恩霈给叶浅予说下的罗彩云出身于桐庐的望族。所以,这门婚事,在讲究门当户对的当年,叶浅予应该是有一点高攀了。

罗氏家族居住的旧县,距离桐庐县城大约不到20里的距离。唐朝以前一直为县治所在。后来,便衍化成为一些名望世族的聚居之地。

罗家祖父的盛年,在外面做过两任颇为滋润的县官。后来,厌倦了仕途的峻嶒,便回到旧县村盖了一个小桥流水的中式花园怡然度日。罗家花园在桐庐一县的地面上名气很大。园内的白玉兰花尤为出色。每逢初夏花期,玉兰花便在一片青翠的泼绿间,开出大轮的白色花朵。玉兰花株禾颇大,开花时迎风摇曳,香清而淡,无语如语,委实清新可人。罗家的祖父为此曾赋诗咏之:"新诗已旧不堪闻,江南荒馆隔秋云。多情不改年年色,千古芳心持赠君。"

罗家多附会风雅的读书士子。像后来罗彩云的父兄多为读书识礼之人。每年的玉兰花信期一到,罗家祖父便要派专人,把刚摘下的沾满了露珠的白兰花,赠送住在桐庐县城的亲戚女眷们佩戴。大家都认可这一件风雅的趣事。

叶浅予听过女方的身世。加上其时在上海发展的叶浅予,也还没有确定的恋爱对象(原先那个王文英早散伙了)。叶浅予在父母的游说之下,怦然心动了。

后来,叶浅予对于这一桩婚事的注释是:一则听说罗家女子长得不赖,二则对民间的那种依古礼操办婚事的大排场忽然产生了浓郁兴趣,极想亲自尝试一番,便犹豫着应承了。

当时,叶浅予为了充分调动父亲叶恩霈操办婚事的积极性,特地在上海一家上好的绸缎庄,置办了一身长袍马褂的新郎装,另外再给了父亲一笔操办婚礼的费用。这样,22岁的叶浅予便于1930年的冬季,喜洋洋地回桐庐老家做新郎去了。

叶浅予是父亲的长子,加上罗家在地方上的气势,叶浅予即便是不拿钱回家,叶恩霈也是预备替他大操大办的。

这个新郎叶浅予当得很过瘾。

叶家从彩灯的装饰、花轿的样式、新娘用的凤冠霞帔,以及迎娶大队的吹唱堂茗,一切都要求按传统大户人家婆媳妇的规格来办事。

当年,桐庐地面上最令人眼热的喜宴格式,为一种叫"十六回切"的流水宴,对于厨师手艺的要求颇高。整个筵席行云流水地吃下来,共计碗碟36味。这奢华一般的小户人家自然是望尘莫及。但是,叶浅予娶罗彩云时,如此繁文缛节的婚礼宴请操办夜以继日地喧闹了一个星期才宣告结束。一时,叶浅予父子的风头无人能及。

新婚的热乎劲很快便过去了。叶浅予想跟美丽的新娘说声拜拜，回上海赚钞票去了。这个时候，娇艳若花的新娘不干了。她挡住了新房的门槛儿，讲：慢着，且莫走得这么快。叶浅予颇为诧异。

叶浅予承认罗彩云那宛若阳春三月般静美的身子，令他沉迷不已。不过，叶浅予与罗彩云在洞房中缠绵月余，男女间的风月情事怡然已久。莫非这碧玉初破瓜的罗彩云仍然舍不得他出门？

罗彩云讲：我才不会把你羁绊在这桐庐小地方呢，要去我也跟你一起走。

这就有点不符合规矩了。过去的男子在外面行走，不管是行商还是做官，刚娶回的新娘，大抵上都是放在家庭中跟父母一起生活的。这时，虽然大都市中流行着五四运动的新风，但中国的乡间古风依然，我们只要对比一下当时鲁迅、胡适之的包办婚事，喜庆的唢呐一停，鲁迅、胡适之都是可以提脚就走的，而旧式的妻子们则一律留在乡间侍奉公婆。那似乎是一种天经地义的中国乡村定律。

所以，年轻的罗彩云至少不是如同叶浅予想象中的那样，毫无见识。她知道上海是一个灯红酒绿的大染缸。她见识了太多的乡间女子，丈夫到了醉生梦死的大上海之后，便迷失了来时的路，像一只鹞鹰似的，愈飞愈高远，最后竟一去不回头。罗彩云便态度很坚决地要跟叶浅予去上海。

这个时候呢，叶浅予在叶恩霈、李青玉的眼底，还是一匹没有完全收敛野性的马驹。有一个女人在大上海约束着天马行空的叶浅予，叶家的父母也不觉得是一件坏事。这件事情便这样一锤定音了。

6

罗彩云对于大上海的生活适应得很快。

这时，叶浅予在上海的局面已经打开。他创作《王先生》系列漫画，每月的稿酬就达到了100银钱的高收入。加上他主编的《时代画报》，在徐志摩、张幼仪云裳公司从事服装设计的收入,以及其他一些零星稿费,每月的总收入没有低于 200 元的。这在当年的上海滩已经跻身于高收入的家庭了。

罗彩云自然不用辛辛苦苦地到外面去做事情了。她只需舒舒服服地在家里做她的全职太太。夫妻在最初的数年间,感情还不错。叶浅予间或会兴冲冲地陪了罗彩云,来到上海的三马路购物街,买一些女子喜欢的衣料鞋袜、胭脂花粉之类的东西。

叶浅予、罗彩云 1933 年于上海

罗彩云觉得自己的运气不差,嫁了一个知暖识寒的好男人。这样,罗彩云便在四年不到的时间中,为罗家生育了一对儿女。罗彩云的头胎生的是一个男孩,小名申布,上到族谱上的名字则叫叶善来;四年后再生了一个女儿,女孩子不用上族谱,便只用了一个小名明明。这是罗彩云对于罗家最大的贡献。叶浅予后来结交的三个女子,均没有为其生育儿女。

只是,这时的叶浅予,尽管已经为人之父,他的性情却仍是顽皮搞笑的。

叶浅予在阐述他的婚姻辩证法第二课之时,曾经提到过他与罗彩云婚姻中的这样一件轶事:"我很奇怪,罗家族内嫁到县内的姑娘,几乎个个生而不育,都雇奶妈,难道这是她们罗家的遗传? 生第二个孩子时,我故意问她,为什么没有奶? 她虎起脸说,我当姑娘就束胸,我们结婚那晚,你把我那件小马甲撕破了,难道忘了! 她这么回答,我还问什么?"

叶浅予这问题放在当年,问得就有一点的无厘头。

当初,像桐庐罗氏这样的诗礼簪缨之家,仍然是为一种传统的保守思想所束缚的。他们视年轻女性的胸部高耸与小腿裸露,为一种淫荡的表现。所以,大家闺秀式的女子,性发育到了她的饱满期,妈妈们便要用一种"束奶帕"的东西,限制女儿们乳房的肿胀。罗彩云的母亲也在女儿长到 15 岁的青葱时,用一根柔和的花布条,将罗彩云一对勃勃涨起的乳房,缠了一圈又一圈。

再说了,当年旧县罗家花园中长大的女孩们,大抵都是预备着大户人家的弟子来迎娶的。从前的小姐生完孩子做了少奶奶,有谁家不是请了奶娘来喂养小孩的?

这样的陋习,让今天的女孩听来,就近似于天方夜谭了。

所以,后来,我认识的一位男孩,在书上读到叶浅予讲罗彩云的这个段子,乃是子夜的时分。这男孩却一时兴起,立即向江浙一带的若干美眉发短信求证。第二天,方收到一美眉喑哑的回复:"哈哈,没听说过。这个问题提得有一点的妖怪哦。"

那么,叶浅予与罗彩云的夫妻关系是从什么时候起,发生了微妙的变化呢?

据叶浅予的看法是:罗彩云这女子,进到繁华似锦的大上海后,上海人新鲜向上的一面不愿学,倒是把上海师奶浑浑噩噩打发日子的生活方式,桩桩件件熟悉地上手了。

我们知道,罗氏的父兄多有才学。只有罗彩云自己是不喜欢读书的。

罗父当年在浙江省省政府做秘书,思想观念颇为开放。罗父回到乡间之时,间或会对于罗彩云的无心向学训示数句。罗家的老祖母便会心底老大的不高兴。老太太大抵会板起面孔,跟罗父唱反调:一个女子家,你逼她学什么呢?老太太的理由也简单:罗家的女子不愁嫁不上好人家。女子学得再好,仍不如嫁得好。

所以,当初,罗彩云未嫁时,在天生有洁癖的老祖母的庇护下,上了几天的学,便不愿意再读了,而是跟着老祖母学了一手精绝的麻将技法。

初到上海的数年,罗彩云没有摸透丈夫的脾气深浅,自然不敢造次。

后来,罗彩云发现叶浅予除了吃饭、睡觉、夫妻间的敦伦之事,其他的时间都是躲在书房中笔不离手,是一个脾气颇为随和的男子。

夫妻之间生完孩子,最初的新鲜感便过去了。罗彩云对于叶浅予的那些写写画画的东西,很难产生兴趣。罗彩云的心思很简单,所有的喜怒哀乐都写在脸上。

叶浅予的日常生活虽然颇为随和,精神上却追求着一种小资情调的暧昧与风雅。罗彩云哪能来得了这些?渐渐地,她跟叶浅予的沟通出现了困难。罗彩云干脆一概不管,她把自己的兴趣,转移到了与附近的师奶们打牌为乐。

因此,后来,叶浅予对于罗彩云的评价是:"因为她是文盲,和书无缘,精神世界非常狭小,为人之道懂得很少,我们两人之间无共同语言,总是话不投机。她的唯一美德,就是把家务安排好,但不和我多说一句话。我也乐得独自一人安安静静搞创作。久而久之,我们之间,除了所谓生物人的关系,毫无社会人的交流。""她的世界观是,男人挣钱养活女人,她对我经常说的一句话是:'钱用完了,拿钱来!'"

如此,夫妻间便有了一种相对无语的冱寒。这样的夫妻关系,自然很难长久地维持。

但是,罗彩云依然是有着自己的委屈。

其实,当年像叶浅予、罗彩云这一类的传统婚姻,可谓比比皆是。有一些的婚姻,走到人生的吃力处,实在走不下去了,便中途走散了。但也有一些的婚姻,始终走了下来。这种事情还是要看男女双方当事人的心态。

罗彩云的家训中,男子传统的休妻理由只能有"七出":"不顺父母"、"无子"、"淫"、"妒"、"有恶疾"、"口多言"、"窃盗"。罗彩云自认自己行得正、坐得稳,七大恶行没有一件跟自己沾边的,叶浅予凭哪样把自己打落为弃妇?

至于叶浅予指责罗彩云沉溺麻将,罗彩云也是振振有词的:上海滩谁家的太太不打麻将呢?罗彩云又没有荒废自己的家务。

因此,罗彩云凭着女人的直觉猜测,叶浅予这小胡子男人肯定是在外面有了女人。当年,上海滩那些变了心的男人们,打击家中黄脸婆最简捷有效的手段,便是宣称家中的妻子不上档次,没有精神气质!罗彩云决心凭自己的双手,捍卫自己的婚姻果实。

叶浅予于 1935 年结识了梁白波这一位红颜知己。罗彩云于当年即掌握到了两人交往的证据。在接下来的两年中,罗彩云、叶浅予、梁白波的三角关系间,便展开了一种类似于猫与老鼠之间的精彩角逐。

在叶浅予的印象中,自己有两次被罗彩云逮住的经验。

一次,是叶浅予、梁白波在上海租下了一间亭子间同居,被女儿明明的奶妈追踪成功,罗彩云跟叶、梁二人谈判:她可以容忍他们的关系,只是她必须保持正房太太的名分,梁白波则可以娶进来作为叶浅予的小姨太。只是梁白波岂是那种甘愿俯低做小的女子?罗彩云一个不留神,叶、梁这一对有情人便像摆脱了金钩的鳌鱼,双双躲到南京去了。

罗彩云无法,只好把自己的父亲拉来助阵。罗父既然在省政府做着一份公职,神通自然要比女儿大一点。他很快从南京廊东街的一处大杂院中,把捣蛋的叶浅予挖了出来。

罗父毕竟是有文化的人,他的讲话很文雅:现在是民国时代,离婚自由。不过,按照民国的法律,离婚时,叶浅予必须付给罗彩云一笔终身赡养费。罗父扒拉着桌上的算盘珠儿,一阵猛算。那是一笔把叶浅予自己卖了,也付不起的巨款。叶浅予颇为丧气,难过地低下了头。

于是,双方协商走第二条解决的路子。叶浅予每月定期付给罗彩云生活费,且保持着罗彩云的妻子名分,二人分居。这个协议由律师作证,双方立下字据后,便算是生效了。

现在,我们再反过来看叶、罗婚变的过程,大约罗彩云的心底也写满了悲凉吧?

1937年,"八一三"淞沪抗战爆发。叶浅予把罗彩云与女儿明明送回了桐庐老家。叶、罗这一别,以后便再也没有心平气和地坐在一起聊天的机会了。

不管罗彩云这个人如何的缺乏见识,作为一个女人,我在将要讲完罗彩云的故事时,仍为她讲过的一句话感动着:"家花哪有野花香,野花不久长。"

罗彩云此后在乡间,便勤勤恳恳地把叶浅予的儿子叶善来拉扯长大。叶善来成人后,颇具乃父的艺术细胞。他于1953年毕业于中央美院,专攻水彩。成家立业之后,他一直把生母罗彩云侍奉在自己身边,事母颇孝。

新中国成立后,罗彩云在孝子叶善来的劝说下,终于答应跟叶浅予办妥了离婚手续。

罗彩云是在"文革"期间,发现身罹癌症的。她不喜欢癌症的慢性折磨过程,便于1970年吞服大量的安眠药去世了。

罗彩云给这个世界留下的临终遗言是:"你们叶家害得我好苦!"叶浅予后来出得秦城监狱,听过了罗彩云的遗言,萧然无语。

叶浅予的儿子叶善来于1976年死于尿毒症,年仅46岁。白发人送黑发人。叶浅予一恸几绝!

7

梁白波,广东中山人,自幼即生活于上海,有着颇强的艺术天分,后来便选择了上海的新华艺专专修美术。

梁白波起先学的是油画。她的风格近似于现代欧洲的流派,造型、色彩简洁明快。

梁白波曾经是中国第一个油画艺术团体"决澜社"的活跃成员,它的发起人为庞熏琹和倪贻德。"决澜社"在上海滩举行首次画展时,梁白波的参展作品是一躺着的无头无脚的人体。

梁白波

后来,叶浅予对于这件作品,有过一段很好玩的议论:"认为这是概括人体美的一件杰作,好像吃鱼,斩头去尾,取其最最鲜美最富营养的部分,嚼而食之。""如果你是一个最重实际的欣赏家,女人体最富于性感的部分是否就在上自胸部下至大腿之间?出人意料的是,一个女画家把女人的性美表现得如此露骨,比之男画家要高明得多,大胆得多。"

梁白波的思想一度颇为"左倾"。她在学生时代,即参与过中共组织的南京路飞行集会,又为殷夫创作的《孩儿塔》诗集配过9幅插图。殷夫被国民党政府枪决于上海龙华。梁白波惧祸,一度远走菲律宾的一所华文中学教美术。

梁白波画的"蜜蜂小姐"

1935年,梁白波回到上海,开始为《立报》画"蜜蜂小姐",并且一直连载25天。这样,叶浅予的"王先生"和"小陈",黄尧的"牛鼻子",梁白波的"蜜蜂小姐",以及张乐平的"三毛",便成为中国漫画史上的永恒经典。梁白波也脱颖而为当时漫画界唯一的女漫画家。

毕克官在《中国漫画史话》中说:"梁白波是20世纪30年代著名的也是唯一的女漫画家。其成就和影响,至今没有另外的女性漫画家能与之相比。"画家、散文家、诗人黄永玉也说:"梁白波郁沉铁线描,精微之极的西域精神合着汉唐风格。""他们才是创新的先行者。"

梁白波属于天分很高的画家,但心性懒散。

1934年冬,她给《小说》半月刊画过封面,当时她有很多对封面画的想法,可是最终只画了一幅。她自己曾对同行说:"我心里常常有好多想要画出来的好画,可是经常把它们放过了,我捕捉不住。"她的艺术生涯是非常短暂的,如同流星一样划过天际。

梁白波与叶浅予的相交始于漫画。那时是1935年,叶浅予正在编辑《时代画报》。叶浅予与罗彩云的感情,正处于平淡如水的麻木时期。

当时,梁白波给鲁少飞主编的《时代漫画》送过一幅漫画,题名为《母亲花枝招展,孩子嗷嗷待哺》。鲁少飞觉得这个作者颇有才情。便约梁白波到编辑部来见面。

其时,邵洵美投资的"时代图书"旗下的"五大杂志",集中在同一座办公楼做事。梁白波显然没有搞清楚叶浅予的《时代画报》与鲁少飞的《时代漫画》是有区别的,误打误撞地走进了叶浅予的《时代画报》编辑部。

梁白波

叶浅予后来形容自己与梁白波的蓦然相遇,是"用眼神在女画家身上从上到下溜了一圈,思想上似有所动"。但是,这叶浅予的思想一触动,即迅速地升温为一种对于女子的爱慕之情。

叶浅予很快就探明了梁白波的个人情况。梁白波是一个单身女子。虽然梁白波的家人大都住在上海,可是这时的梁白波却从家里搬了出来,独自租住在北京路的一家二手货铁器店的楼上。

叶浅予借故去拜访她。当叶浅予沿着一架摇摇欲坠的陡敧木楼梯往上爬时,梁白波却穿了一件仿佛一片湿漉漉绿茵似的长袍,秋波斜睨地站立于楼梯口。

那一份新鲜、热辣的亚热带女子风情,对于当年的叶浅予有着致命的诱惑力。如此,两个社会的叛徒便自然而然地相爱在一起了。

梁白波也不是不知道叶浅予已经有了老婆孩子。但是,叶浅予说:"这是 30 年代的浪漫主义。"他们追求的既然是一种赤裸裸的灵魂碰撞,他们就只愿意彼此的心灵永远浮游在艺术的浪漫天堂之中。所以,这个时候,叶浅予对于这段感情的直觉是:"既不像初恋那样陌生,也不像结婚那样新鲜。"而是一种命运的水到渠成。"我和白波既是异性的同类,又是艺术事业的搭档。我们一见钟情,相见恨晚,用不着互诉衷肠,迅速地合成自然的一双。"

这近似于物理学上的一种黑色闪电。彼此间亿万的摩尔能量,都化为男欢女爱之时的湃骨之凉了。

在黄苗子的记忆中,梁白波应该不属于那种让人一见惊叹的艳美的女子。可是,气质却是绝对的好。

她平时的讲话慢条斯理的,有时会穿一种宽大的马裤,头戴一顶贝雷帽,令人愉快地想起那种法国小说中,湄公河的初夏晴阳中,那种坐在萝叶半遮的纱窗下,读爱情小说的异国风情的女孩子。梁白波有时就爱那种令人意外惊奇的效果。

叶浅予记得,有一次,在上海的国际大厦举办一个文艺沙龙聚会,上海文艺界的许多知名人士都去参加的,像张瑞芳、吕恩等人也在受邀的行列,叶浅予请梁白波届时与自己在现场见面。

吕恩说:那天,梁白波出席现场的行头,让所有的人大吃一惊。她上身是一件大红的乡村棉袄,下穿一条蓝印花布棉裤。她是以一身村姑的打扮出现于衣香鬓影的高雅社交场所。

当时,所有的人都在她的背后窃窃私语。西装革履的叶浅予一时也反应不过来,双眼望着她发愣。梁白波款款地走近叶浅予的身边,嫣然一笑,挽起了叶浅予的臂膀。梁白波在叶浅予的前额轻轻地印了一个吻,柔顺地说:亲爱的,不认识了吗?

沙龙中,不知谁轻轻地脱口说了一声:好。顿时,沙龙中响起了一阵雷鸣般的掌声。所以,有关叶浅予与梁白波的恋情,在上海的文艺圈很快便成了一件公开的事情。

漫画家合影(1936年)左起:张光宇,梁白波,王敦庆,张乐平,丁聪

有一次,张佛千安排一个与诸位漫画大家的饭局。

酒足饭饱之后,张佛千提议:他从来还没有见过诸位漫画高手,联手共画一幅漫画。今天乘兴玩一手如何？

于是，便由叶浅予开笔，在宣纸上勾勒出了当时红透上海滩的"王先生"与矮胖的王太太形象。陆志庠在"王先生"鼻子边添了一只缭绕不去的苍蝇。张英超则在"王先生"的身旁画一个蜂腰肥臀的妙龄女郎。鲁少飞便毫不客气地在摩登女郎的脚下勾勒出了一只温驯无比的小肥羊。鲁少飞一本正经地告诉大家，他这一笔是神来之笔，叫"顺手牵羊"。

这幅画画到这样的程度，当时在场的张光宇、张正宇、胡考、黄苗子等一帮朋友便会心地笑了。

这幅合作漫画，绕来绕去，朋友们便跟叶浅予开了一个大大的玩笑。

那画面上的美妙女子从表面上自然不妨理解为"王先生"的女儿阿媛。但是，鲁少飞在摩登女郎的身边插画了一只羔羊。无疑就是梁白波了，谓予不信，请看鲁少飞为什么偏偏要让摩登女郎"顺手牵羊"呢？大家晓得，叶浅予的生肖是属羊的，家里的乳名就叫阿羊。那风情万种的摩登女郎自然令人联想到了梁白波。至于那一只幸福到一塌糊涂的小羔羊，除了阿羊叶浅予还能是谁呢？

当时，陆志庠凑趣给叶浅予、梁白波解释说，他添在王先生鼻梁上的那只苍蝇，是苍蝇不叮无缝之蛋的意思。梁白波笑着拍了一下陆志庠的后脑勺骂道：就你贫嘴。

后来，经济头脑相当发达的张佛千，便在自己主编的《十日谈》创刊号上，用上了这一幅画。

其实，当初，叶浅予与梁白波的热恋时期，叶、梁二人与陆志庠之间发展出来的友情，也可以传为美术史上的一段佳话。陆志庠在12岁那年，患过一场大病，后来讲话便有一点语焉不清。他是凭着自己的顽强毅力，在漫画界挣得了一席之位的。

当时，陆志庠一个人从乡下跑到上海，一个残疾人在上海孤苦伶仃的。恰好，他向叶浅予主编的刊物投稿，编辑与作者见面时，像张光宇、张正宇等一帮人都无法听懂嘟哝的陆志庠讲什么。叶浅予与梁白波却一听即全懂了。梁白波见他一个人在上海,确实有一点可怜,以后有什么好事情都会顾念到他。慢慢地,陆志庠便成为叶、梁身后的一个影子。

叶、梁之恋在上海公开之后,有一段时间,叶浅予的夫人罗彩云盯梢得相当厉害。叶、梁不得不打点起十分的精神,与罗彩云玩着一种躲猫猫的反盯梢游戏。所以,那一段时间,家中的亲友也探不到叶、梁的确切住处。只有陆志庠是特例,可以自由地在叶、梁的爱之小巢中来去去,时常在叶、梁那儿蹭饭吃。

1935年夏,叶浅予、梁白波在上海存不住身,便双双迁居到南京。叶、梁也把陆志庠带到南京,吃住在一起。后来,叶浅予为陆志庠在《朝报》找到了一份相当稳定的工作,陆志庠这才从叶、梁的住处搬出。

叶浅予组织漫画宣传队,陆志庠第一个报名;1935年的秋季,农村写生画家赵望云相约叶、梁二人壮游华北大地时,陆志庠也追随于左右。赵望云当时在天津《大公报》供职,与津浦铁路段的局长稔熟,可以免票乘坐火车。如此,叶浅予、梁白波、陆志庠、赵望云四位画家,便同吃同住同游同画了月余的时间。

因此,后来梁白波虽然与叶浅予分手了,但陆志庠印象中的梁白波,却始终是"如逢花开,如瞻岁新"的。

8

叶、梁初到南京,起先他们是被戏剧家马彦祥收容的。马彦祥安排叶、梁二人,暂住于成贤街的一个亭子间。

当时,陆志庠、黄苗子两个年轻人,尚且生活无着地追随在叶、梁二人的后面,于是,便四个人一道打地铺。

后来,叶浅予与妻子罗彩云达成了分居的协议。叶、梁二人方租下了常府街三山里的一层小楼安静地住下了。如此,他们便安然地展开了一段食菽饮水的爱情生活。

这个阶段,叶浅予肩头的生活担子自然不轻。他做编辑画漫画的收入,将近一半要交给上海的老婆孩子做家用。梁白波日常的生活开支,还是要开源节流的。不过,可以花时轻寒、暑气荷风的季节轮换,跟叶浅予静静地厮守在一起,伊时的梁白波已然满足了。

叶浅予(右一)与梁白波(右三)摄于 20 世纪 30 年代

当时,作家张若谷有一本反映巴黎流浪艺术家生活的小说,书名叫《婆汉迷》,应该是从法文 Bohemian 硬译过来的,大概的意思为流浪者或是不拘一格的艺术者。梁白波跟着叶浅予坎坷而行之时,便用了一个"Bomb"的笔名,意思是"炸弹",或是"轰炸"。这是梁白波在向世俗表示自己硬项抗争的决心。现在,叶浅予觉得他们的日子,好歹已经有了一份意态萧闲的洒然,便跟梁白波商量:改个笔名吧,"Bomb"听来总有一种寒浸浸的感觉。梁白波微微一笑,回答"好",后来便把笔名改正为"Bon"。"Bon"在法语中,便是"好的"意思。

只是,南京虽好,终难成为长久之计。

随着彼此之间相处的日久,梁白波精神深处,一种彷徨无依的精神状态愈发浓烈。

"霜天月落夜将半,谁共澄潭照影寒?"

当初,梁白波大胆地与叶浅予在一起同居,她以为自己是打破了一切世俗樊篱的大无畏者。现在,她滋生了身为女子的一种小小的软弱了。

抗战爆发后,她义不容辞地参加了叶浅予、张乐平组织的抗日救亡漫画宣传队。当时,她是宣传队中唯一的女子。与宣传队中男画家的奋发向上相比,梁白波创作的抗日宣传画,更多地照顾到了女子矜严温柔的特点,以唤起妇女同胞的抗日觉悟,尽到战时女子一份应尽的责任。

梁白波作抗战宣传画

那一世的风情

其实,这个时候,梁白波自己已经为内心的柔弱与矛盾弄到快要崩溃了。

女人起先立意在江湖上行走,无论曾弄出何种风云激荡的大动静。到后来,她终究还是渴望有一个叶稠荫翠的恬淡婚姻。

梁白波在与叶浅予的近四年相处中,从表面上来看,始终似乎保持着一份云淡风轻的从容,实则她的内心世界,愈到后来,便愈深陷于一种生怕会无端失去叶浅予的痛苦煎熬之中。

时序进入到 1938 年初夏。国事、家事、天下事,事事让人心烦意乱。梁白波已经进入了一个女子最为敏感的年纪:31 岁。

记得是张爱玲说过,女子一过 30 岁,虽然有时可以有着一反常态的娇嫩,但是,常常在一转眼间,便仿佛一朵忧戚的樱花似的憔悴了。

所以,后来,国民政府政治部的第三厅委派叶浅予到香港去监印《日寇暴行实录》一书时,叶浅予暗喜自己得来一个美差。他终于又可以跟梁白波在一起,到香港去过神仙般逍遥的两人世界了。但是,心绪大好的叶浅予像往常一般靠近梁白波,试图跟她亲热时,梁白波却像一只烟雾中的小鹿似的,受惊吓地走开了。对于叶浅予双栖双飞过香港的建议,梁白波也断然地一口予以拒绝。

梁白波一下子便扯开了与叶浅予之间的距离。只有到了这个时候,叶浅予这才明白:天下没有不散的筵席。客观的形势变了,主观愿望再好也无济于事。

梁白波选择了这个时机果断地跟叶浅予分手。对此后来叶浅予在回忆录里写道:"她不能忍受情妇的地位,终于抛弃了我。"这句话好像也不完全对。正确的诠注应该是,31 岁的梁白波再也玩不起那种标榜佳致的爱情游戏了。她只能选择雪雨霏霏地离开。

据说,梁白波的个性很孤傲,她很少有看得起的人,当代画家中她只觉得少数几个人画得好。她也不轻易和人走得很近,总是很内向,一副不为人所知的做派,有时又故意地显现出与周围格格不入的一面,有些桀骜不驯的样子。

1946 年,梁白波搬回上海北京路那废品店的楼上。

当时她刚从新疆回来,带回40幅大小一致的水粉画,多数是画维吾尔族人生活的,如她原来的风格一样,明洁简练,略带一点装饰情调,她将画分别赠送给画画的朋友,丁聪也收藏有一幅,是维吾

救亡漫画宣传队,叶浅予(右)、张乐平

尔壮汉。这是梁白波与艺术界失去了联系之后的仅有的一次露面。

不久,梁白波即与国民党空军军官陈恩杰结为夫妇。

陈恩杰,苏州人,为叶浅予挚友陆志庠的小时同学。陈恩杰当时回到地方上养伤,有一段时间,是跟陆志庠在武昌的昙华林。陈恩杰通过陆志庠的关系才结识了梁白波。

他们为了避免外界的干扰,结婚后,便把家从南昌基地移居成都基地。只是,梁白波却并未因此而过上一种快乐的生活。

新中国成立后,梁白波与陈恩杰双双泛海过台湾。梁白波一度跟随陈恩杰生活于台南。后来,她与陈恩杰的婚姻破裂。但是,她仍然十分钟爱这场婚姻所带给她的唯一的儿子,便独自一人带着儿子生活。

此后,梁白波乃从台南迁居到了台北。在朋友廖未林开办的陶艺厂中画瓶子。以后,再为林海音主办的《联合报》画一点娱乐版面可用的插图。

晚年的梁白波内心苦闷到了极点。

有一次,梁白波看林海音写的《城南旧事》。这无端地勾起了梁白波对于红颜往事的追忆,梁白波给林海音写信抱怨:"什么'黑色的爱',放他妈的

狗屁……""我现在像一块又湿又烂的抹布,随随便便地摔在那儿,对女人来说,一失足成千古恨——我呀,我是在北平游山玩水那阵失了足的……"

最后,20世纪70年代初,梁白波因精神分裂症,六十几岁的人,忽然跑回台南海边的一间小屋里自杀身亡。

1982年,大陆著名导演吴贻弓将《城南旧事》改编成了电影。影片在台湾上映时,林海音正翻阅着亡友梁白波写给自己的四封信。外面的街道上,有人在播放《城南旧事》的主题歌:"长亭外,古道边,芳草碧连天。晚风拂柳笛声残,夕阳山外山。天之涯,海之角,知交半零落。一斛浊酒尽余欢,今宵别梦寒。"林海音说:当时就觉得自己软软的,心里头只想哭!

后来,梁氏后人为梁白波整理出版了一本《白波纪念》的画册。据说,画册的制作有着白天鹅般翩翩起舞般的纯美。观之令人怅然追思不已。只可惜是台湾版的限量版,大陆这边寻常不易见到。

"文革"结束后,叶浅予从监狱中大梦初醒般地走了出来。

他听到梁白波自杀的消息,顿生一种浪滔滔故人如云,水苍苍往事如雨的怅惘。

20世纪80年代初他去武汉讲学,特地跑到武昌昙华林文华大学原址前三厅驻地凭吊故人。梁白波当年住三厅的孩子剧团宿舍。

他的思绪,已然淹没于一种"人已去,情未了"的古老悲伤之中。

这段故事在结束的时候,应该有一段插曲。

恋爱中的梁白波,当时有一本爱不释手的书:《邓肯自传》。

黄苗子对此有过一段十分诚恳的评价:"在30年代,世界著名舞蹈家伊沙多拉·邓肯(Isadora Duncan)这本因欠债而被迫写出来的自传,曾经风靡世界;尤其是中国的新知识女性,对邓肯的自由解放性格崇拜备至。那时邓肯因车祸去世不久,书也刚译成中文,邓肯那种对艺术的深刻见解,对生活、对爱情的坦诚和火热,深深地影响着白波。"

梁白波希望自己有一颗像邓肯般坚强不屈的心灵。

令人觉得巧合的是,在梁白波离开叶浅予之后,命运却真的安排了一个著名的舞蹈家来爱叶浅予。

这样的人生起合转折，也确是令人喟然而叹。

9

接下来将要在叶浅予生活中出现的这位女子，名气比前两位要大许多。

她是中国当代舞蹈艺术的先驱者与奠基者，亦是享誉世界的舞蹈艺术家、舞蹈教育家，因而被尊称为"中国舞蹈之母"。晚年担任中国舞蹈家协会名誉主席。世界顶尖级的英国皇家舞蹈学院荣誉室中，陈列了全球最受人尊敬的四位杰出女舞者的石雕头像，她为其中之一。

她便是中国舞蹈的精灵，风姿生动的戴爱莲女士。

说起戴爱莲，却是叶浅予生命中最难以割舍的。且听叶浅予生前的一段心灵独白："戴爱莲是个真正的艺术家，我倾心于她对艺术事业的奋斗精神，她对我的艺术事业起到极大的鼓舞作用，当然我也在艺术上给了她很多帮助，可惜在相处十年之后，由于环境的变迁，她另有所爱，抛弃了我。"确实有一种天上人间，不思量，自难忘的淡淡惆怅。

戴爱莲，祖籍广东省新会县人。1916 年，出生于中美洲加勒比海向风群岛最南的岛屿——特立尼达岛上。英国那位著名的爱美人不爱江山的爱德华八世英王，逊位后变成了温莎公爵。他曾经携带爱侣在特立尼达岛做过总督。那是一个风光旖旎若画的热带风情岛屿，有海浪、有阳光、有细洁若盐的平坦沙滩。这对于戴爱莲艺术气质的形成，应该是重要的。

戴爱莲的父亲起初在特立尼达发展得不错。他有自己的种植园，种植了大量的甘蔗和咖啡。他还兼营粮食、棉布、文具等的贸易活动，一家人的日子过得颇为富足。戴父膝下没有儿子，只有三个女儿。戴爱莲年龄最小，自幼得到家人的宠爱。一家人都将皮肤晒得黑黝黝的戴爱莲，亲昵地称呼为"可可巧克力"。

戴爱莲的母亲心气很高。戴母虽然没有生下儿子,却决心要把自己的三个女儿培养成为风光明媚的一种女子。她见戴爱莲对于舞蹈的悟性颇为不错,便在戴爱莲5岁那年,即让戴爱莲开始接触舞蹈,10岁便进入了当地的一家舞蹈学校学习芭蕾。

年轻时的戴爱莲

但是,戴母其实是心思颇为细腻的女子。戴爱莲14岁那年,随着戴爱莲舞蹈技艺的精进,戴母感觉到当地的一些舞蹈教师,对于戴爱莲的发展已经毫无帮助了,便在这一年下了一个很大的决心:留下戴父在特立尼达岛经营家庭的所有产业,自己携带三个女儿迁居到大都市伦敦,让戴爱莲与两个姐姐接触到世界一流的音乐。

后来的事实证明:戴母的这个决定是有前瞻性的。来到伦敦后的戴爱莲运气不差。

戴爱莲先是进入到著名舞蹈家安东·道林的芭蕾工作室以及玛丽·兰伯特芭蕾学校学习。此后,又亲聆了芭蕾大师玛格丽特·克拉斯可学习。学习中,戴爱莲觉得现代舞虽具有自由奔放、束缚力少的特点,却欠缺系统的理论,而古典芭蕾的理论系统虽然完备,却在时代的进展中显得有点墨守成规了。戴爱莲想找出一条将现代舞与芭蕾巧妙地糅和在一起的创新路子。这样,戴爱莲来到了尤斯芭蕾舞团。她找到了自己梦想中的,既讲究技术,又有丰富的表现力的清扬、惊险的现代舞蹈的表现方式。这对于她一生的舞蹈创作,影响是深远的。1939年,戴爱莲以优异的成绩,获得著名的尤斯莱德舞蹈学校的奖学金。

可是,这时,独自留守在特立尼达岛的戴父,却受人引诱,爱上了赌博,把大部分的产业都输掉了。家境败落后,戴父再也无力负担家中四个女人在伦敦的昂贵开支。母亲只好带着两个姐姐回到特立尼达岛去,跟自己的丈夫共渡难关。而深深为金色熠熠之现代舞蹈艺术所吸引的戴爱莲,却决定独自留下在伦敦,她想靠勤工俭学维持自己的求学生涯。

戴爱莲在英伦三岛学习现代舞蹈,几近九年时间。戴母离开伦敦后,戴爱莲为了筹到足够的学费，她必须去到伦敦的一些高雅酒会上表演舞蹈。这激发了她的舞蹈创作欲望，像她早期的《波斯广场的卖花女》、《伞舞》、《杨贵妃》等舞蹈作品，都是在舞蹈实践中，自己摸索出来的。此外，戴爱莲还在电影、剧戏、电视中客串一下临时演员，给美术家当模特，刷地板或制作假面具出售。

有一段日子，戴爱莲在伦敦确实过得颇为艰辛。但戴爱莲十分幸运地进入了尤斯莱德舞蹈学校，并且有幸得到现代舞蹈艺术理论之父、匈牙利著名舞蹈艺术大师鲁道夫·拉班的亲自教导，戴爱莲的精神世界感到无比的充实。

尤斯莱德舞蹈学校，当年设立于英国西南部的倚云绕翠的达厅敦庄园之中。后来，戴爱莲回忆起自己在鲁道夫·拉班大师身边度过的那一段蓊蔚烟润的美好时光，曾经满怀深情地讲："我很幸运，能有机会在英国尤斯莱德舞蹈学校学习。拉班晚年就住在这所学校里。1939 年，他 60 岁寿辰那天，我们一群同学高高兴兴地跑到他住的红楼，祝贺大师的生日。现在，我还清楚地记得，当时我们就坐在他的周围，听着他平正简静的话语，心中充满敬慕之情。"

当然，这一段日子，对于戴爱莲之所以刻骨铭心，另外一个重要的原因，便在于她在达厅敦庄园初夏的牵牛花白的时分，收获了自己生命中第一段生动的感情。

我们知道，戴爱莲在英国求学的后期，主要是靠自己打工维持学业的。可是，戴爱莲在去到达厅敦庄园之后，那是一个小镇艳阳式的静谧乡村。各种打工的机会，相比伦敦稀少了许多。戴爱莲入学伊始，即争取到一笔奖学金。她精打细算地维持了近一个学期时，临近暑期，便消耗几尽了。尤斯莱德舞蹈学校的暑假一放，戴爱莲在达厅敦面临的一个最现实的问题乃是，食宿无着。那是独在异国的戴爱莲，一个迫在眉睫的难题。

因此，这一天，尽管达厅敦庄园的四周，是一片绿叶新香的澄明。戴爱莲坐在一间餐厅中，点了一杯孤零零的咖啡。她的眉头却是紧锁的。这时，在戴爱莲的对面，坐下了一位面熟的男教员。那应该是一位颇为健谈的男子。当时,不远处的一排整齐站立的常青林树梢上,横着一抹细腻生动的紫色云彩。

这男子自来熟地闲聊起自己的职业。他讲:自己是一个雕塑家,他很想请一个青年的女孩子做模特,可是,这时,他的兜中正好缺钱,所以很无奈。

这男教员在讲这一番话的时候,戴爱莲不由得抬眼轻轻打量了他一下:这男子长着一种传统英美男子颇为英俊硬朗的外表,谈吐斯文有致。他的一双宛若秋空寒星般的大眼睛,即便是在他讲话停顿时,也流动着一种秀峭的光芒。戴爱莲的心头轻轻一颤。她脱口而出:"其实,我现在正面临着吃住的难事儿,迫切需要找到一份工作来糊口。不过,刚才听了你的想法,我改变主意了。作为一种交换的条件,只要你能提供免费的食宿,我就可以免费地充当你的模特。"

那男子喜出望外。他像一个孩子似的惊喜地叫了出声:当真? 戴爱莲微笑着肯定:当真。于是,两人当场拍板确定。

这位自称雕塑家的健谈男子便是维利·索科普。他的母亲是奥地利人,父亲是捷克人。不过,他随母亲加入了奥地利国籍。维利就读于达厅敦艺术学校的美术系,毕业后即留在了达厅敦庄园中专攻雕塑。他比戴爱莲大9岁。

其实,这个时候,维利在达厅敦已经有了一位丰仪修整的未婚妻,叫西蒙。西蒙是戴爱莲的学友,也在达厅敦庄园中学习舞蹈。西蒙是奥地利一个大银行家的女儿,时值暑假,便回奥地利看望双亲去了。维利独自一人留在了达厅敦庄园,他最初的设想,是想趁着这个假期把自己的艺术思路,仔细地梳理一番。

这一年,戴爱莲刚满23岁,处于女子的"细看诸处好,闲花淡淡香"的花信期。属于戴爱莲那一类型的女子,个子虽然不高,身材却娇小苗条,属于女性细嫩的手足,也有着其宛若婴孩般粉红的颜色。

戴爱莲与维利是两位生理上相当健康的男女。起先,他们的走到一起,可以说是为了艺术,因此,维利以戴爱莲为原型,绘制了不少的人物速写与素描。

但是，青年男女间的相互爱慕，原本即起源于历史悠长的本性。男女间的春心动了之时，古老的东方各国均流行着这样一种说法：用那男子喜爱的女人的发丝为绳索，可以把陷入情网的男子牢牢地缚住；以年轻女人的木屐削而为笛，新月在天式的音乐，甚至可以引来春天动情的雄鹿。戴爱莲做维利的模特，最初的话题，可能是局限于艺术的感悟之类。后来，彼此间的话题便拓展了，他们谈到了彼此的家庭、故乡的见闻，乃至身在异乡的生活经历，他们发现，彼此间共同的话题还真不少。爱情的种子生长得很快，何况这是天色晴好却又长闲无事的达厅敦庄园的夏日，他们猝不及防地双双掉入了一场意外的闪恋之中。

在维利·索科普的工作室，戴爱莲盘桓了两个星期。这两个星期在戴爱莲的感觉中，仿佛有一个世纪般长久。斯时，维利工作室外，像胡枝子、桔梗、苓草、芒草等一些寻常的花草，都生长得甚是娇艳。维利为戴爱莲一种初春般芳妍的情态所吸引，乃精心为戴爱莲创作了一尊气质优雅的东方少女之石质头像。该石雕头像现今乃安然地坐落于伦敦英国皇家舞蹈学院的荣誉室中。那不仅是对于戴爱莲一生舞蹈事业的肯定，以后，似乎也成了戴爱莲与维利"有美一人，清扬婉兮"的爱情见证。

两个星期的时间倏忽而逝。不久，维利的未婚妻西蒙就从奥地利回来了。西蒙听说戴爱莲在自己探亲的期间，竟然与自己的未婚夫朝夕相处地，做了两个星期的模特。西蒙十分的不快。

维利迅速地从戴爱莲的宛然夏夜破晓时分的那一份恋情中惊悟过来。维利怀着几分歉意地，送走了戴爱莲。

其实，这个时候，戴爱莲倘使立意要与西蒙竞争，西蒙也未必是胜算在握的。西蒙的家庭条件很好，本身也长得金发碧眼，亭亭玉立的。可是，维利后来在送戴爱莲离开时眼神真的是不一般的，那一份不忍，那一份脉脉此情谁诉，令戴爱莲的心境委实难以断绝。

但戴爱莲是那种心气很高的女子。经过了一番痛苦的思量之后，她似乎不屑于那种竞争的情态，乃断然地从那场"唯美是求"的纯爱之中抽身退了下来。

虽然,从大的人生题目来讲:日月的穿梭,也许都仅仅不过是百代的过客。可是,讲起属于戴爱莲个人的欢爱离合,"伤心桥下春波绿,曾是惊鸿照影来"。此后,维利就成了戴爱莲一生牵挂着的"惊鸿照影"。

10

其实,早在 1931 年九一八事变发生,日军悍然侵占了中国的东北全境时,国外许多爱国侨胞,即已用一种忧伤且深爱着的目光,关注起中国的命运。

戴爱莲起先很小,尚未能真正理解战争的残酷无情。后来,年岁渐长,对于远隔重洋的祖国,自然就多了一份关心。当年,旅居英国的中国留学生并不多,少女戴爱莲即很喜欢跟那些比自己大的中国留学生在一起玩,向他们打听有关中国的各种事情。

为此,她曾经专门跑到伦敦图书馆中,借阅一些与中国有关的书籍。当时,美国左翼作家埃德加·斯诺写过一本《西行漫记》的书,专题介绍自己 1936 年间秘密采访红色陕甘宁边区的所见所闻。这本书对于戴爱莲的触动很大。

1937 年,七七事变爆发,中日两国进入全面的交战状态。1938 年 6 月,宋庆龄的"保卫中国同盟"在香港组建,全力从事抗战物质资金的筹备工作。"保卫中国同盟"的义演在伦敦举行时,戴爱莲是积极的参与者。

1939 年,达厅敦庄园的暑假,一闪即过去了。

时令进入到初秋。夕阳返照,达厅敦庄园的一切林木建筑,沐浴在清真的光辉之中。暮霭中,有返巢的乌鸦,三只、四只、两只地,低低地从戴爱莲的眼前掠过。这给刚刚从一场感情中退下来的戴爱莲,平添了一份感伤。

达厅敦庄园秋季开学工作正在有序地进行。就在那样一份安谧静好的氛围中,第二次世界大战倏地在欧洲全境打响了。英德两国的军事较量,迅速升温为这场世界大战的焦点。如此,与欧洲大陆隔海相望的英伦三岛,便经常处于德国轰炸机的狂轰滥炸之中。

在这种恶劣的形势下,达厅敦已经无法再保证学子们的安然入读。艺术学校乃宣布停课。师生们纷纷撤离到相对安全的地方。这样,戴爱莲便也中止了她在达厅敦庄园、近半年的珍贵学习时光。

其时,戴爱莲独自在伦敦磨炼了这些年,她的艺术观与人生观,都渐次地进入了一种成熟的状态。当时,摆在戴爱莲面前的,有两条路可选:一条是回到特立尼达岛的父母身边,过着相对偏安的清淡日子;另一条路则为选择回到烽火连天的祖国。

前一条路,虽然安逸,特立尼达岛的格局毕竟太小,回去后戴爱莲的舞蹈事业肯定是停滞不前的。后一条路,固然惊险,但是,人生的风景,往往于山高水深的风险之中,盛开一朵朵活泼热闹的生命之花。

因此,1939年底,戴爱莲在一位中国留学生的帮助下,毅然登上了国民政府派来迎接中国留学生回国的轮船。由此,她告别了英伦三岛,告别了拨动她初恋心弦的维利·索科普。从此,戴爱莲便把自己的命运,与祖国人民紧密地联系在了一起。

戴爱莲是于1940年春抵达香港的。

没有了梁白波的叶浅予独自伤心了好一阵子。后来,叶浅予便被国民政府委派到香港,承办了一份叫《今日中国》的刊物。该刊物隶属于郭沫若领导的政治部第三厅,与宋庆龄领导的"保卫中国同盟"存在着密切联系。

因此,叶浅予在回忆与戴爱莲的蓦然相遇时,便套用了《红楼梦》中贾宝玉的一段经典说辞:天上掉下一个林妹妹,似一朵轻云刚出岫。

郁风是一代风骚文人郁达夫的侄女,后来,成了叶浅予老友黄苗子先生的夫人。多年后,有关这一段往事,郁风留下了颇为亲切的回忆:

> 在香港,戴爱莲虽有一位不太熟悉的姨母,但她一心投奔的却是她所仰慕的孙夫人宋庆龄,就凭着在伦敦时,她曾为"保卫中国同盟"募

捐。于是宋庆龄决定以保卫中国同盟的名义,请她在半岛酒店音乐厅举办一次舞蹈演出音乐会,为抗日后方筹款。当时我是在香港《星岛日报》当画刊编辑,是廖梦醒大姐通知我去为她的舞蹈排练画速写,以便宣传。同时去画速写的还有叶浅予。他是受政治部三厅之命在香港编印对外宣传的画报。

当时离演出时间只有一两个星期,记得是每天上午借用一个空无一人的小舞厅,只有钢琴伴奏。当时爱莲显得很紧张,很专注,我们只用简单的英语对话,她对我们表示感谢。下午我要去报馆上班,后来浅予告诉我他有几次带她去过浅水湾等处观光游览。

在当时香港,正统的高贵的音乐会演出,唯一的会场就在九龙半岛酒店的玫瑰厅(Rose Room),最多只有五六百个座位,票价是很贵的,前排观众很多穿晚礼服。

我至今还记得当晚爱莲演出的节目中有芭蕾经典《吉赛尔》的独舞片断,还有她自己创作编舞的《拾穗者》,是表现农民收获时的欢欣。为了调剂节目,还邀请了当时著名的男低音歌唱家斯义桂穿插演出。

但是我们在观众席看演出,却不见浅予,原来他是在后台管服装,照顾上下场时间,俨然舞台监督。

郁风不知道的是,叶浅予在后台除了管服装,他还在收获着自己人生中的另一份丰硕的爱情。

叶浅予自然不是那种随意苟且之人。可是,叶浅予也不愿意做那种一生唯有事业,却不解人间风情的男子。后一种人生,叶浅予看在眼底,觉得也不过是一只没有杯底的玉杯,外面看上去有无限的风光,实则很无趣。

当时,郁风、叶浅予等一大帮子宋庆龄请来为戴爱莲捧场的画家们,坐在排演场的边缘为戴爱莲画速写。戴爱莲偶然回头一望。她发现叶浅予翘起一撮山羊胡,煞有介事作画的样子,真是酷毙了。

戴爱莲停止了舞蹈,好奇地走过来看叶浅予速写。她发现叶浅予的手真是灵巧,寥寥数笔,便把临风起舞的戴爱莲画得惟妙惟肖。这引起了戴爱莲极大的兴趣。

因此,叶浅予后来在回忆起俘获戴爱莲的一颗芳心时,曾经有一点洋洋得意地说:"这位舞蹈家身材矮小,舞技娴熟,可是说一口英语,我的英语只有中学程度,如何对付得了!彼此之间交流思想只好打手势,还有时用图画。"

戴爱莲当时一句中国话也不懂,她打着手势跟只有一点洋泾浜英语基础的叶浅予说:你人长得很帅,手也很巧。叶浅予笑得很沉稳地边说边在纸上画出了一

戴爱莲肖像,叶浅予作于1945年

行英语句式:谢谢。戴小姐的人也长得很漂亮呀,尤其是一双修长的腿。我们绘画的,靠手吃饭。戴小姐的一双腿,轻盈得好像能说话。手足之情不可分。我们之间是天然的朋友。

这个时候的戴爱莲初到香港,熟悉的亲友不多。这种方式的谈话,极易拉近两人间的感情距离。很快,人在他乡的戴爱莲便对于叶浅予有了一种依依不舍的感觉。两人间的感情发酵得很快。

叶浅予这时正处于感情的空档期。他看戴爱莲,犹如春风吹过时,田间青青初长的嫩菜叶,形与貌俱是自己爱悦的。而对于戴爱莲来说,又何尝不是充满了一种喜色呢?她在伦敦放弃了一个星光熠熠的维利,她很快便又在香港遇上了一个喜上眉梢的叶浅予,戴爱莲觉得这样的人生很公平。

所以,叶浅予在回忆录中讲:"演出之后,戴告诉我,她想去延安,为中国共产党的革命事业献身。我说,我为《今日中国》继续出版问题也要去重庆向政府请示,我俩可以结伴同行,但要先确定我们之间的关系,先结婚,后上路。爱莲高兴得像孩子似的把我抱住,连连亲我。"叶浅予闻得了戴爱莲身上,一种气若幽兰的女人香。

郁风讲:叶浅予这一回的爱情,从开花到结果,真的犹如闪电!"演出后

不久，宋庆龄便在自己的住所为爱莲和浅予举行婚礼！当天下午又在他们仓促租来的新居举行茶会。参加的人有爱泼斯坦和夫人乔茉莉、廖梦醒、马国亮、夏衍、张光宇、张正宇、徐迟、冯亦代、丁聪、黄苗子和我。"这一年，叶浅予33岁，而戴爱莲刚刚24岁。

1940年，那是一个战火纷飞的动乱时代。可是，那也是一个有志青年，充满着青春活力的曙光之春。当时，春天的太阳照耀着香港的太平山时，山顶逐渐地转成为一种洁静的颜色，有泛紫的细云轻飘其上。

戴爱莲后来用了一生的时间，去追忆这个生动的时刻。

11

新婚后不过一周的时间，戴爱莲即跟随叶浅予踏上了回到内陆大后方的路程。他们先乘船到达广州，然后，所有的水陆交通工具都因为战争的原因而中断了。叶浅予只能领着戴爱莲一路步行，经过了遂溪、廉江、陆川来到玉林。戴爱莲在自己的经历中从未走过这么多的路程，所以，这一路上走得颇为辛苦。

桂剧《老背少》

他们在走到了柳州的地面之后，才有了交通。他们十分幸运地登上了开往桂林的列车。在桂林，他们得到了老朋友欧阳予倩的热情款待。当时，戴爱莲在观看广西地方戏目桂戏时，被深深地吸引住了，这触发了她将民族舞蹈的动作糅入芭蕾舞蹈中的大胆想法。数年后，蔚然成一大家的戴爱莲，便根据桂剧《哑子背疯》改编出了现代芭蕾舞蹈《老背少》，这成了中国现代芭蕾舞课目中的必修剧目之一。

戴、叶这一番长途旅途，虽然疲惫到了

极点，可是，后来他们抵达了目的地重庆，有许多朋友特地从重庆的北岸，跑到南岸去探看这一对新婚夫妇，戴爱莲的疲劳立即就一扫而空了。

老朋友们主要还是对于叶浅予这家伙泡妞的本事感到惊奇。他们不停地用眼神打量着韶颜雅容的戴爱莲。朋友们就纳闷了。叶浅予这家伙平时不显山不露水的，一下子哪来这样大的魅力，凭空把一个美貌的华侨舞蹈家骗上了手。

戴爱莲这时一句中国话也听不懂，她望着围拢叶浅予连珠炮般发问的朋友们，有点目瞪口呆。叶浅予笑逐颜开地给戴爱莲翻译：我这些的朋友们都怀疑我，是使用了什么骗术把你弄到重庆来的哟。戴爱莲发急了，她抢着用英语大声地向朋友们解释说："不！不！是我甘心情愿嫁给他的，他是个大大的好人哦！"朋友们终于忍不住哄然大笑了。

到了这个时候，戴爱莲才晓得，这个令自己爱到欲仙欲死的男子，原来还是中国一个相当出名的大画家。戴爱莲也没有想到，自己这翘起一撮漂亮山羊胡子的大丈夫，在重庆竟然结识了那么多艺术界的朋友。

这时，与戴爱莲有关的一件轶事，却是让人忍俊不禁的。

原来，戴爱莲是受埃德加·斯诺《西行漫记》一书的影响回到祖国。在香港，她即向宋庆龄女士表达了自己想去红色圣地延安的想法。宋庆龄对戴爱莲的志向颇为赞许，便在叶、戴回国的前夕，给戴爱莲写了一封向周恩来推荐她的信。来到重庆后，周恩来一时公务繁忙，叶浅予便托人把宋庆龄的推荐信转交给了周恩来。

不久，便是重庆文化界人士的一个聚会。用餐时，戴爱莲恰巧坐在了郭沫若的对面。戴爱莲对于郭沫若的大名也是如雷贯耳的，因此，整个进餐的时间，戴爱莲便隔着数人，与郭沫若交谈甚欢。

当时，聚会的主人曾经神色甚恭地向戴爱莲介绍她旁边坐着的一位"周先生"。主人说：周先生高风亮节，为在座来宾做人的师长。戴爱莲一听到师长，便以为是国民党军队中那些玩枪弄炮的武将军，便失去了搭讪的兴趣。进餐时，戴爱莲觉得自己身旁的那一位"周师长"仪容风度均是好的。"周师长"讲：早就听讲过戴女士这样一位海外归来的舞蹈大家，先前一直抽不出身来晤面,今日一见,果然是风范俨然。只是戴爱莲对于一个"师长"的话题,始终是淡淡的。但凡有"周师长"问起的事情,戴爱莲一律予以最简短的敷衍回答。聚会结束后,叶浅予说戴爱莲:你今天对待周先生的态度有点失礼呀。戴爱莲有一点奇怪:为什么?不就是国民政府中的一个师长吗?你不是告诉我,少招惹那一帮天不怕、地不怕的武夫?叶浅予当时就笑了:你肯定是搞错了。在中国"师长"有时还有老师的意思。你身边坐着的就是你景仰很久的周恩来先生。周先生过去在黄埔军校中担任过政治部主任,桃李满天下,所以重庆的社交界喜欢尊敬地称呼周恩来为周师长。

原来是这么回事。

数日后,叶浅予即携戴爱莲专程到化龙桥的八路军办事处,拜访周恩来夫妇。戴爱莲红着脸跟周恩来、邓颖超讲,自己那天聚餐时,因语言理解的失误而闹出的失礼笑话。邓颖超听后,大笑不已。

当时,戴爱莲即向周恩来提出了想去延安的愿望。周恩来略为沉吟了一下,非常诚恳地告诉戴爱莲,以他们夫妻当时的条件,还是留在大后方更适合发展。他周恩来不是也从延安来到了重庆大后方开展工作吗?这样,戴爱莲终于下定决心,暂时不去延安,就在重庆打开舞蹈事业的新局面。

戴爱莲与叶浅予上海合影

戴爱莲为了心目中一份崇高的理想,不远万里,来到了中国。戴爱莲作为那个时代一个伟大的舞者,毅然嫁给了当时中国的一个杰出的画家,这件事情,对于男女双方的影响都是非常深远的。

伊始踏入中国内陆的戴爱莲,对于这个神往了多年的美丽国度,其实是陌生的。丈夫叶浅予便成了她展开新生活的一个引路人。叶浅予对于一派天然生趣的戴爱莲呵护有加。那一段艰苦的战争岁月,在叶浅予的记忆中,便凝聚成为一段值得永恒纪念的幸福时日。

由于戴爱莲自幼即生活于英语生活圈中,对于汉语的生存系统是陌生的。因此,戴爱莲的思维与生活习惯已经相当的"欧美化"了。

她的汉语水平十分烂。由此闹出的交流笑话,自然是不仅限于跟周恩来在餐桌上误会的那一次了。

例如,戴爱莲听从了周恩来的劝告,便留下在重庆学校教授中国学生的舞蹈。她的汉语口语时常是词不达意。有一次,戴爱莲给学生们上分组练习舞蹈的课程。她想让一半人出来练舞,另一半人留在原地观摩。她想了很久想不出汉语的表达方式,最后硬是憋出了一句:"出来半个人。"学生们便憋不住哄堂大笑了。

20世纪40年代,戴爱莲参加抗战募捐演出

叶浅予在日常的生活中也是一个有心人。他把戴爱莲的一些日常话语收集整理出了一个"戴氏妙语",说是留待以后有机会发表。譬如:戴爱莲到菜市场去买老母鸡,跟农村老太太讲的是:"给我那个鸡妈妈!"被蚊子叮咬了,讲:"蚊子,在我腿上开饭!"马脖子上用的护套,戴爱莲的语言创新是:"马的领带。"叶浅予曾经给收集到的"戴氏妙语",配了一些饶有兴趣的注释。这也给叶浅予、戴爱莲的夫妻生活平添了不少的生趣。

戴爱莲在叶浅予的支持下,1945年成立了一个民间舞蹈采访组,深入到川西北与西康地区收集藏族乐舞资料。1949 年重庆那次轰动的"边疆乐舞大会",叶浅予包揽了节目组织者、海报设计者,以及公共关系联络者的三项全能。戴爱莲为中国舞蹈事业所做的一切,在中国的音乐舞蹈史上都是开创性的。

关于与戴爱莲的十年夫妻生活,叶浅予总可以联想到啾啁鸟鸣的一种春意中,有和煦的阳光照着,亦有嫩绿色的小草,在寻常街坊的人家墙角悄然萌动。那样渐浓的一份春意,令叶浅予我见犹怜。因此,叶浅予将自己与戴爱莲的十年情感之品色,鉴定为人生的上品生活。

所以,叶浅予说:"我和爱莲在那几年就互相当对方的跟班了。她开表演会,我就给她打杂,当翻译、做饭、做舞台监制。而我忙碌时,这些事情又轮到她替我做。我们两人的关系就像一对跑江湖的夫妇,女的跳舞,男的击鼓。"

不过,戴爱莲与叶浅予之间的夫妻之情,是否真的就如叶浅予讲的那样,达到了一种水乳交融的美好境界呢?我觉得,至少在叶浅予自个儿的心目中,他的一生都是持此种想法的。至于作为女子的戴爱莲在这个过程中,心底会有什么样微妙的变化。对不起,叶浅予没想过。

中国传统的男子们,都有一点点的大男子汉主义。

戴爱莲在与叶浅予结合的初期,她觉得彼此的从前都有过感情的创伤,他们应该有一个互动的过程。两人应该心平气和地坐下来,把彼此从前残留在心田的那一层感情隔膜捅破。

据戴爱莲跟朋友们说,婚前,她曾经想把自己的初恋跟叶浅予交谈,借这个机会卸下心底的情结。婚后,有许多次的机会,戴爱莲仍然想跟叶浅予交流。可是,像叶浅予这一类型的中国传统男子,还不适应西方式的男女间精神上的、赤裸裸的相对,觉得那种事情过去了便算了,没什么可谈的。这便是中西方文化,在情感的表达方式上的一种差异了。

叶浅予老是摆出一副拒人于千里之外的姿态。在叶浅予的主观印象中,或许是不愿意再揭从前的感情伤疤。可是,戴爱莲以自己的西方文化背景去度量,却得出了这样一个结论:叶浅予根本不愿意也不想了解她!这样一种淡淡的哀怨,一旦在戴爱莲的心底滋长了,它突然间迸发的破坏力,有时也是相当可怕的。

1946年9月,叶浅予携戴爱莲去美国考察。当时去美国的路程,大抵是选择乘坐海上邮轮的,旅途漫长。戴爱莲打桥牌消遣。叶浅予则以看书打发沉闷的海上生活。

有一天,有一位肥胖的中国太太,在给一班嘻嘻哈哈的女孩子看手相。叶浅予心生好奇地蹲在一边。当时,叶浅予饶有兴趣地画赠了胖太太一幅速写像,胖太太则回赠他看一次手相。胖太太一本正经地跟叶浅予说:看来,接下来的数年间,先生可能因情生烦恼呵。叶浅予半信半疑:你确定吗?胖太太一脸笑面佛般的微笑:手相这种东西,信则有,不信则无。先生还是小心为好。

当然,三四年之后,叶浅予的这一份感情便见了分晓。

新中国成立后,叶浅予担任了中国美协副主席。戴爱莲担任戏剧学院舞蹈团团长。一时,两人都陷入了各自繁忙的业务之中。

1950年的秋冬季节,叶浅予率领一个民族访问团,在新疆考察了很长一段时间。等到叶浅予从新疆风尘仆仆地回到北京,已经是一种冬日草木枯萎的萧瑟景色了。

戴爱莲直截了当地向叶浅予提出了离婚的要求。叶浅予深感意外地反问:为什么?戴爱莲美丽的瞳仁中,便寒烟缭绕地蒙上了一层寂寞的颜色。说:过去我是爱你的。可是,现在不爱了。现在我另外有了爱人。叶浅予克制住了自己从心底涌上来的巨大痛苦,平静地追问:请问,能告诉我是谁吗?戴爱莲回答得很快,声音却细若蚊鸣:当然可以,那是曾经在我们家住过的一位青年舞蹈家。

戴爱莲口中的青年舞蹈家,就是她当时的舞伴丁宁。戴爱莲在排演大型舞蹈戏《和平鸽》时,与同事丁宁配合得相当愉快。而当时戴爱莲对于自己与叶浅予的感情定位觉得很迷茫。于是,恍恍惚惚中,戴爱莲以为自己与丁宁间产生了爱情了,并且由此认定,工作中配合如此默契的男子,将来没理由不带给自己期待中的浪漫幸福。于是,1956年,戴爱莲便与丁宁携手走进了婚姻的殿堂。

据现有的材料反映:戴爱莲跟丁宁之间的婚姻,预后也不好。"文革"开始后,戴爱莲受到了冲击。丁宁便拿了戴爱莲的一些钱,从戴爱莲的身边走开了。

叶、戴婚姻十年,叶浅予在处理婚姻的细节时,尽管有一点粗枝大叶。可是,叶浅予与戴爱莲在日常生活中,从来没有红过一次脸。所以,这一次的婚变,对于叶浅予的精神打击是巨大的。

戴爱莲在十年的婚姻中,没有为叶浅予生下过一儿半女。戴爱莲曾经为此数度赴香港延请名医调理自己的内分泌,但均无效果。这是最让戴爱莲耿耿难以释怀的一件憾事。

或许,人心真的只不过是,风乍起、即从枝头飘落的一朵鲜花。从前的戴爱莲,十年的光阴都未必冲淡得了,她的千种万种的好。可是,一旦她决绝地从叶浅予身边离去,叶浅予的生活便只留下了冷冷清清。

戴爱莲离开后的很长一段时间,每当叶浅予从半夜中惊醒,他便会独自寂寂伤感地流泪。叶浅予的整个下半生,都没有从戴爱莲的感情创伤中恢复过来。

12

叶浅予第四段感情的女主角,便是我在另一本书中写过的民国歌影女巨星王人美了。

叶浅予最后这一段的感情,时间跨度最长,前后历经30余年,留给叶浅予的心理感受也最复杂,酸甜苦辣,像打翻的五味瓶,种种滋味均掂得出来。叶浅予后来以"磕磕碰碰"一言以蔽之。至于过程的幸福不幸福,老境渐至的叶浅予,触觉已无年轻人的敏锐了。

当年,有人向叶浅予提及再婚的话题时,叶公的寡男修行已坚持了五个年头。而与金焰分手后的王人美,则已经默默地走过了近十年的寂寞岁月。撮合这段婚姻的,便是古侠热心肠的吕恩女士。

吕恩

新中国成立后,吕恩、黎莉莉等一些昔日的姐妹们均分配在了北京。王人美则分配到了上海,与秦怡、金焰等人在上海电影制片厂。那时,上海那边的电影人,跟北京的电影界交流也算频繁。吕恩她们会悄悄地把从上海到北京来办事的电影人,比喻为"上海帮"。吕恩这些在北京的电影人,有时也会跑到南方去办事。有一回,吕恩去到上影厂。她看见那样一大帮子的电影人聚在一起热热闹闹的,只有王人美一人,在柳芽似眉、桃花始绽的三月晴好天气,怔忡地望着天空发呆。吕恩就觉得了王人美独自一个的可怜。于是,在上海的数天中,吕恩便拉着王人美一起吃饭、骑自行车、到外面的大马路上散心。

那时,政治运动一个接着比一个猛烈。上影厂内部便隐隐约约地流传开了关于王人美政治上不清明的种种流言。王人美那一段时间,心情便很抑郁。

其时,从香港回来的周璇处境也不太好。她的感情一直是不顺的。政治上一股无形的压力,恰似天日云蔽、不映物影的一种阴霾天气,更增添了周璇的精神紧张。如此,周璇的精神忧郁症便倏地发生了。

王人美

从前,王人美与周璇在明月社的青苔年纪,一直是感情交好的姐妹。此刻,王人美单身,又没有家务的拖累。王人美便自告奋勇地跑到医院去照顾周璇。

周璇在这样的过程中,却对王人美产生了很深的误会。有一回,便故意倚仗自己的病人身份,打了王人美一个耳光。王人美当时即激动到全身发抖。不久,即传出王人美也因精神方面的问题,住进了医院。

文化部领导觉得,以王人美当时的精神状态,已经很难再在原来的环境中开展工作了。于是,便把王人美调到了北影厂。这里,王人美的故交熟人相对多一些,像吕恩、黎莉莉等人,都是王人美情同姐妹的旧交。

至于王人美与叶浅予之间的交往,二人大约是在20世纪的30年代即断断续续地有过接触。那时,王人美是上海滩如日中天的女明星,叶浅予的漫画也为其在社交圈中争得了应有的地位。两个人场面上的泛泛之交肯定是有的。只是,当时两人未必想得到,命运之神竟然会在他们后来的生命中,安排了如此奇妙的一段男女姻缘。

王人美

当时,在北京的文艺圈子中,叶浅予是一个出了名的好相处的单身男子。他这人性格开朗,甚至有一点大大咧咧,一开口就喜欢跟人家开玩笑。因此,在朋友圈子中,叶浅予曾经是一个出了名的开心果。吕恩也是那种性格上风风火火的女子,她跟叶浅予在性情上颇为合得来。其时,吕恩想为性情变得落落寡合的王人美筹谋终身了,她自然把天然风趣的叶浅予列为不二的人选。

因此,有一天,吕恩忽然坏笑着,上上下下地盯住叶浅予打量了一个不停。叶浅予给吕恩闹了一个莫名其妙,便骂她:小吕,你发什么神经! 没见过老帅哥呀,还是脑子里进水了? 吕恩仍然笑嘻嘻地回答:当然不是哪,叶大帅哥。我现在的脑子比任何时候都好使唤。可是,假若我想给你介绍一个老婆。叶哥,你想不想要? 叶浅予哈哈大笑:像我这样闲散的一方云游汉子,还有个鬼的贤良女子肯心痛我哟。于是,吕恩慢慢地说出了"王——人——美"三个字。叶浅予的笑容便慢慢地收住了。他反问吕恩:真的? 毕竟,20世纪的30年代,王人美在银幕上塑造的风华绝代的野玫瑰形象,曾经令无数的男子们逡巡流连、难以忘怀。

就因为这一桩婚事,后来,有文艺界的人士,遇上吕恩就叫她"吕媒婆"。吕恩大声叫屈。她讲:我承认叶浅予跟王人美是我介绍的。可这也是我这一生,第一次给人家做媒呢。

吕恩给叶浅予与王人美安排了一个春游潭柘寺的机会。

那是京西门头沟区的一座古老寺庙,比北京城的历史还早了800年。潭柘寺的后面有九峰环抱,前面则屏风般地矗立着秀峭的山峰,清代的康熙皇帝曾经称赞:"名山胜境不次于五台山。"

吕恩给叶浅予解释选在潭柘寺见面的理由:若想做个长久夫妻,便要选择在风水宝地相见。叶浅予这时候,在这位伶牙俐齿的女子面前,只剩下了点头的份儿:那是,那是。

王人美对于这一次的约会,也暗暗地充满了期待。她曾经在约会的前夜,数次起床去观察夜空,那真是一个月明星熠的春好天气。只是到得黎明的时分,却飘起了微微的春雨。幸亏在叶浅予跟王人美的相约时分,雨却早早地收敛了。

叶浅予与王人美在潭柘寺的林荫小道上慢慢地走着。众花含苞欲放。道路两旁初发的新叶与嫩枝,透出一派欣欣的景象。潭柘寺悠然的钟声,以及僧众熙然的诵经声,更透出了一种春天的清凉之感。

后来,随着时光的流逝,初次相约时,叶浅予跟自己谈过什么话题,王人美早就忘得一干二净了。可是,王人美印象中不灭的场景是:那天,天空阴霾,仿佛春雨随时又要下来的样子。那样的光景,委实动人。

接下来,便是王人美的外出长春拍片。

叶浅予对王人美的初次印象甚好。没多久,叶浅予即向王人美提出了婚姻的要求。这个时候,王人美的反应比较谨慎。十年漫长的单身生活,她的身边也不是没有追求者。只是,她阅人既深,对于婚姻就始终存在着一种"一朝被蛇咬,十年怕井绳"的犹豫。她在给叶浅予的回复时,迟疑不决地谈道:

……想到北京的春天，我们的郊游，的确使人怀念呢。虽然当我们单独相处时，我总是沉默寡言，然而想你能感觉到我的紧张不安和激动，否则你也不至于那么快就直接提出问题。我的答复可能令你不满意，但是希望你能了解我是真诚和坦率的。的确，我不否认我有优点，但缺点更多，尤其是我的幼稚无知，它将带给你苦痛呢！你想到了吗？当然，这样说并不是让你提出任何保证——将来不能嫌厌我，而是更深了解，事先考虑准备如何克服困难，以期达到更好的合作。

过去的环境、生活，养成了我某方面的依赖性，我也曾想到如果有个知心的人，能够在事业上帮助我、生活上关怀我，该有多好啊。因此形成了目前的恐慌。这是我的心情，也许你要批评我吧，我愿意接受。

从上面一段通信中，我们大致可以看出：其时的王人美，虽然仍有一种曾经沧海难为水的苍凉心态。不过，她对于过去仿佛龛灯微弱枯坐的僧尼生活真的过怕了，便应承了。

王人美和叶浅予

1955年，王人美、叶浅予这一对老大不小的新人，跑到民政部门办理了结婚登记手续。斯时，王人美41岁，叶浅予47岁。

起先，王人美、叶浅予对于这一段半途邂逅的婚姻，约定要保持低调的。可是，后来，金牌王老五叶浅予跟过去璀璨的红影星王人美喜结连理的消息，还是传了出去。朋友们便都不干了，讲：绘画界有名的天损星浪里白条叶浅予娶妻，哪里有闷声不响的道理呢！

朋友们纷纷送来了贺礼。数十人将叶浅予、王人美这一对夫妻簇拥在中间，像一群聚拢的飞鸟似的，一下子全涌进了北京西单的一家四川饭店。

当时，在北京的一些文艺界大腕们，诸如郭沫若、于立群、阳翰笙、吴祖光、丁聪、黄苗子、郁风等人，均兴趣盎然地跑来助兴。其中，以丁聪、黄苗子两位与叶浅予堪称莫逆之交的顽主,闹腾得最欢。叶浅予花了近 200 元钱,喝酒喝到红光满面。后来,叶浅予与王人美高一脚、低一脚地回去新房时,他掏了一下自己的裤兜儿,表情有一点羞涩地说:对不起,亲爱的新婚夫人,我已经破产了。因为,当年的叶浅予所有的财产,就只有刚刚用来请客的 200 元钱。王人美当时觉得既好笑又生气,只得自己掏腰包,购置一些必需的家庭生活用品。

结婚后,王人美便从北影厂的宿舍中,正式搬进了大佛寺西街 47 号的叶宅居住。

初秋的北京,古木缭绕,园草杂生。寻常百姓人家之巷陌墙垣的造设,在这个季节也成了一种宜人的景致。王人美是一个注重生活细节的女子。叶宅日常器物的措置,在王人美这个主妇的调弄之下,竟然也散发出了一种古朴的生趣。叶浅予长长地吁了一口气:有女人的日子真好。

叶浅予对于生活未免想得太简单了一点。一对感情受创的中年男女,彼此间对于过去的性情与生活都没有一个基本的了解,两人就这样匆匆地走到一起了。后来,两人才发现:彼此的性格都是有一点倔强的。针尖大小的一点家务事,由于两人都喜欢较真,磕磕碰碰的家庭狼烟,自然一点即燃。

王人美年轻时活泼开朗的"野猫"形象,是深入人心的。因此,人们对于新中国成立后真实的王人美,其实是缺乏了解的。当时,大约是叶浅予与王人美的婚姻前后,王人美正借调在长春电影制片厂,参与拍摄一部叫《青春的脚步》的影片。王人美在该片中扮演一个被丈夫遗弃的女子,丈夫受浪酒闲茶的西方暧昧生活方式的影响,与自己内弟的女友发生了一段不伦之恋。王人美很珍惜这一次难得的表演机会。不过,观众的反应甚为冷淡,这在王人美的心中自然是飘过了一阵萧萧的冷风。所以,这个阶段,昔日的野玫瑰在人到中年之后,大约已经失去了过去的眉黛春色。王人美的心是焦虑的。相对于叶浅予的春风得意,相对于当年某些与王人美一同出道的、徐娘半老的明星,即便是进入了 20 世纪的六七十年代,依然可以上银幕客串,王人美心目中那一份淡淡的孤寂感,也就挥之不去了。

因此,长期的失婚生活状态,加上表演艺术上一种英雄无用武之地的窘境,已经使得王人美的心性有了很大的改变。昔日的活泼而有风致如今已不复可见。王人美变得性格内向,而又有一点急躁。既然外面的世界在王人美的眼底已经成了一种无趣的荒村听雨,王人美便把心思收缩于她与叶浅予的小小家庭之中。她希望自己作为一名能干的家庭主妇,在家庭中享有独立处置事务的活动空间,而不希望叶浅予干涉过多。

只可惜叶浅予在与王人美交流的时候或嫌戆激。叶浅予在现实生活中之所以形成了一种大大咧咧的生活习惯,自然也有它的渊源。叶浅予前面所爱过的两个女子梁白波与戴爱莲,都是艺术气质的女子,她们只在乎灵与肉的融融交流,而不太看重世俗生活的细节。这对于叶浅予而言,才是甚合其心的。可是,后来,叶浅予逝世后,叶浅予最爱的戴爱莲在自传中,也抱怨过叶浅予的大男子主义。

叶、王的新婚期,有过这么一件小事。

星期天的时候,叶浅予、王人美高高兴兴地到文登路的一家饭店去吃早餐。叶浅予一般的饮食习惯是喜欢饮茶,能酒,也偏重于甜的味觉。所以,每回跟叶浅予到外面去吃早餐,细心的王人美都会为叶浅予带上一个自备的小糖盒。这一天的早餐吃罢,王人美起身到厨房间为叶浅予冲茶。王人美回头捎带跟叶浅予说:哎,等一下回去时,记得把糖盒带回。叶浅予即眄视了王人美一下,懒洋洋地回答:为什么你不拿呢?

叶浅予那一种傲慢的态度,令王人美的心底当时就升腾起了一把怒火。王人美生气地想:我一不吃糖,二不喝茶,我做的这一切都是为了你叶浅予,可叶浅予这人做事怎么会那样的拧呢?想到这里,王人美讲话的声气也粗了:你就不能拿一下吗?

如此,本来可以是一个晨光影绰的恬静早餐,却在双方的相互僵持下,化为了一场十分扫兴的争执。

所以,下一次的叶浅予再因为家务小事跟王人美勃溪顶真时,王人美忽然懒得跟他顶撞了。王人美一本正经地跟叶浅予说:我们还是离婚吧。

什么?叶浅予大吃一惊。起先他还认为是自己的耳朵听错了。这个时候,他们结婚还不到一个月呢。后来,他发现王人美是认真的。叶浅予的心底这才有点发慌了。

不过,叶浅予的口头上仍然不肯轻易地认错。他过去在《漫画大观》上曾经发表过一幅叫《爬虫》的作品。漫画中叶浅予把一位摩登女郎的小腿处理成一个惊人的样子,而把那些一门心思追求女孩的男子画得特别的小。原画在发表的时候配了一段俏皮的文字:"青年哪!留神你的生命吧!不要为了欲的追求跌坏了吧!你不要把自己看得太小了哇!得干点正经活啊!"现在,叶浅予凭着记忆把这幅画摹画了一幅,放在王人美的床头,上面的文字则改为:"夫人,千万不要气坏了身子哦!"王人美一见到这样的画,当时即笑了。

如此,王人美与叶浅予的夫妻,便重新回到了一种新雨溪涨、嫩绿浮烟的娟然可爱。

13

其实,在夫妻的相处中,又有哪个女子不希望丈夫把自己捧在手心,看成为一件宝物?每一个婉约温润的已婚女子身后,也必定有一个识得哄女人开心的男人。

只可惜,叶浅予始终未意识到自己峥然的大男子主义。与王人美之间的矛盾升级了,叶浅予便会稍稍收敛起自己的气势若虹,过后,则涛声依旧。后来,叶浅予曾经将之概括为:"而我呢,仍然我行我素,大大咧咧,不以为然,认为小事情无关大局。"叶浅予当时之心境,大约都存着一份"风情之事,不宜于老"的拘泥。

因此,从结婚到"文革"兴起的十数年间,王人美过得并不开心。这样,在一种"月出惊山鸟,夜静春山空"的寂寥婚姻中,女人们最容易怀想的,便是足音跫然远去的旧事了。

有一段时间,前夫金焰的形象,常常没来由地闯入王人美的梦中。因

王人美和金焰

此，王人美表情幽幽夐夐地跟叶浅予讲："昨晚我又梦见了金焰，他现在的情况也不比我好，身体糟透啦！那还是次要问题，我相信他精神上的痛苦更厉害（这当然是我主观猜测）。不过，这些我觉得我是不应负很多责任的，也许是他罪有应得。我只有一句话评他：本质是好的，以后受环境影响太厉害。""我们结了婚，而实际上你爱的是戴爱莲，我爱的是金焰。"

当然，读者也不可据此，便将叶浅予、王人美的这十年余夫妻生活，全盘视为一种枯槁闲寂的瘦硬。

后来，便如同叶浅予自己所讲的："文化大革命"的号角吹响了。这个号角响过之后，对于当时社会秩序的冲击，真可谓是"千江冰封，万山雪飘"的。

叶浅予的受冲击在所难免。他被打成反革命。从 1966 年到 1975 年的 9 年间，叶浅予先是住了一段时间的"牛棚"。后来，更被投入监狱坐了 7 年大牢。

王人美对于逆境中的叶浅予，始终是不弃不离的。

首先，按照中国历史上任何一次大的暴力革命的成例，造反派对于叶浅予居住的大佛寺西大街 47 号，进行了一次彻底的抄家。书画、文物、书籍、笔记本、贴相本、纸张、画具、衣裤、现款，等等，抄出了满满一大卡车的实物，造反派这才心满意足地扬长而去。接下来，是王人美的入干校。大佛寺西大街的两间大房间也被人家趁机占据。

所以，那一段日子，被造反派抓起的叶浅予，固然抱着一种"笑骂由人笑骂，坏人我自为之"的硬项态度，在狱中坚持。而作为反革命家属的王人美，日子也过得一点都不轻松。

后来，叶浅予再回首那段苦难的岁月，有几个经典的场景是永志不忘的。

　　一个是1968年4月23日的凌晨1点。公安局悄悄地来到了大佛寺西大街,正式批捕叶浅予。王人美拿起逮捕证轻轻地瞟了一眼。她什么都没有说。她默默地进卫生间,给叶浅予拿毛巾、牙刷、牙膏等日常用品,跟过去送叶浅予外出开会学习时的神情,没有什么两样。当时,北京春夜的寒气仍然很重。王人美便细心地给叶浅予,把外面棉袄的纽扣,一个个地扣好。后来,叶浅予被推上了囚车。依依不舍的叶浅予从车窗上拼命地往外面张望。他发现送到大门口的王人美,孤零零一个人站在夜深人静的路灯下。她的眼角,挂上了一串晶亮的泪花。

　　另外一次则是1974年的春天。住在秦城监狱的叶浅予也从廉纤的细雨中,感觉到了一丝微微送暖的春意。王人美带了女儿叶明明到监狱中探监。起先,王人美见叶浅予剃了光头,那一撮帅气的山羊胡子也没有了。脸色青白的叶浅予开始只是表情拘谨地坐在那里。王人美便慢慢地皱起了眉头,许久都没讲出一句话来。监狱管理员大约对于这种状态司空见惯。他很有经验。狱管语调淡淡地告诉王人美与叶浅予:"会见时间到午间为止,你们可以尽量谈谈家常,带来的吃的,最好吃完,不要带回监去。"经此一说,夫妻父女的表情这才真正地活了过来。王人美先是静默地端详了叶浅予许久,后来,伸手抚摸了一下叶浅予光溜溜的下巴,努力笑着讲:没有了胡须的叶浅予好丑!接下来,一家三人再也抑制不住心中那一份旷日已久的思念之情,抱头号啕大哭。

　　王人美属于清清爽爽的一类湖南女子。沈从文讲:湘女自古即存着一份,宛若半透明轻青颜色的春天的多情。所以,王人美对于金焰、叶浅予有先有后付出的一份情义都是真的。在叶浅予一生相交的四位女子中,我以为对于叶浅予健康与生活关心到细腻者,只有王人美。

　　1975年,北京近郊的紫云英花开,杜鹃呖亮地鸣唱于广大的蓝天。叶浅予获准于秦城监狱中出来。叶浅予做的第一件事情,便是拉着王人美到照相馆拍了一张合影。照片中的两人,俨然一种目不斜视的样子,但两个人脸上的表情都是微微笑的。令叶浅予稍觉遗憾的是,当时,他的下巴仍然没有胡子。秦城监狱的犯人们是不允许蓄胡的,虽然叶浅予晓得王人美很喜欢他的胡须。

叶浅予、王人美于富春江边

后来,恢复了名誉的叶浅予,终于又蓄起了一把令人着迷的胡须。但是,这个时候,王人美说什么都不愿意再跟叶浅予坐在一处合影了。

讲起来,王人美与叶浅予这一对夫妻的情分,也真是令喜欢这一对好人的人们,觉得很无奈的一件事情。

在"文革"那样栋折榱崩的大难面前,他们做得到相濡以沫。叶浅予也颇为敬佩王人美在劫难当前时,那一份"风吹不动天边月"的静气。可是,进入了万木逢春的清安岁月,叶、王间的龃龉再度兴起。难怪有人叹息:王人美与叶浅予这一对夫妻也是可共患难,不可共安逸日子的!

其实,叶、王二人晚年闹矛盾的症结所在,仍然归结在如何看待现世的人生态度上面。

叶浅予年轻时的生活宗旨即是知足常乐。现在,经过"文革"这一场大劫难,有许多叶浅予熟识的人,最终都没有挺住"文革"的雨横风狂,而先叶浅予一步离开了这个尘世。因此,叶浅予觉得挺庆幸。他的人生态度,更趋向了一种"野老苍颜一笑温"的豁达。

而平常生活中的王人美呢,则应该是柴米油盐的饮食女人吧?其实,我们女人又有几个能做到不世俗化呢?叶浅予在日常的饮食生活中,饿了,知道亮堂着嗓子知会王人美一声:送饭上桌。困了往床上一倒,便呼呼大睡。除了绘画,叶浅予基本上是两耳不闻窗外事的。家中大大小小的俗事,大抵上便交给了王人美去打理。家庭日常的经济开支,也是由王人美去筹划的。所以,王人美对于金钱自然看得比叶浅予重一点。这一点,也没有什么值得大惊小怪的。

再说了,王人美这一辈子,"夜气压山低一尺"的坎坷事儿经历得多,好日子却没过上几天。临入老境，叶浅予的人气看涨，可用的钱也比从前多了不少。王人美想在自己的老年过上一段萧散闲逸的富人生活，这样的想法，也是人之常情。

不过，叶浅予却认为王人美的这种想法是不思进取。他仍固执地坚持"穷生虱子富生淫"的传统想法，以为一个老年人不宜将精力，投在饮食起居的丰贱方面。人到老年，一蔬一笋、野蓼山葵，即足以度余生矣。

因此，后来，当政府落实政策时，发还了叶浅予秦城牢狱七年时，被扣压的工资三万余元。这在20世纪80年代，各报刊媒体尚在大力鼓吹"万元户"的时代，绝对是一笔的巨款。可是，叶浅予这人自己连眼皮也没眨一下，也不跟亲爱的王人美夫人预先通个气儿，人家通知他到中央美院的财务室去领补发工资，他将这十元一扎的(当年还没有百元大钞)三十几扎现钞用一块画布兜起，一下子全堆到了校长的办公桌上，说是把补发的工资全捐赠给中央美院。校长问他这事儿要不要先跟夫人王人美商量一下，叶浅予气粗地回答：钱是补发给我的，跟她商量做什么！校长也知道叶浅予有时会犯一股子的犟牛脾气，便微微一笑，随他去了。

其实，这个时候，王人美的家庭财政也正缺钱。

当时，经过王人美的反复争取，上级部门终于答应将"文革"时期，叶家被人家挤占的住户全部交还给他们。可是，具体到房管部门，想要一下子把大佛寺西街47号的房间腾出来，交还给叶浅予夫妇使用，似乎有一定的具体难度。房管部门便跟叶浅予、王人美协商了：能否换成甘雨胡同24号的住房？那里有三间北屋，五间西房，住处还是蛮宽敞的。王人美还没有表态，叶浅予已抢着回答了：行。没问题，现在这样已经很麻烦政府了，还协商什么呢？

后来，王人美拿到住宅的钥匙，亲自到甘雨胡同24号去打探情况，这才发现该住宅实有些斑驳颓败了。用王人美的话来说："这是座老房子，大门关不严，水管漏水，地板腐朽，房管所修了几次也没全修好。我催他再去找找房管所，他不但不找，反倒帮着房管所说话。说什么房管所也有难处，这些房子百孔千疮，房租收来都不够修缮费用，还说不要为生活琐事烦恼，要知足常乐。你看,这老头子多倔!"

叶浅予打死也不愿意继续麻烦房管部门人员了。王人美忖思:那也就算了,反正房管所那一班人也做不好事情,不如自己花一点钱把住房修葺齐整吧。王人美早就听说叶浅予有一笔工资要补发。这时候,王人美便向叶浅予打听起这笔工资的具体补发日期。叶浅予却两手一摊,轻松地跟王人美说:钱没了,全捐出去了。

这一手,差没把王人美气得昏了过去!王人美说:捐款不是不可以,只是不该连招呼也不打一声!自己要用钱的情况下,捐出大部分是可以的,但他叶浅予至少应该把修房子的钱留下!他叶浅予这样做,哪里把王人美当成一个夫人呢,一个佣人还差不多!不过,争吵归争吵,王人美自己还是跟荣宝斋的熟人,借了一笔装修的费用,夫妻俩这才廓然无碍地搬进了新居。

王人美也是一个心气很高的女人。她暗忖:如果不考虑家庭的经济开支,谁不晓得在外面捐款做好人哩。如此,王人美一咬牙,索性也将自己省吃俭用十余年存下的 5000 余元现款,捐献给了附近的一间小学买钢琴。对此,后来叶浅予特意写了一段顺口溜,以记其事:"平反冤假错案,补发工资三万,难煞老翁穷汉,捐讫浑身舒畅,老伴生性好强,搜出多年积攒,五千一架钢琴,送进小学课堂。"

住房问题,对于居住在城市的中国人而言,上至落寞清远的知识分子,下到一般平头百姓,从来都是一件令人心神憔悴的大事情,只有公务员阶层似乎是特殊的。当时,王人美为了住房,也激出了身体上的一个大毛病来。

对于这件事情,叶翁后来也有一段追述:"1980 年为了大佛寺换房的事,人美骑车跑房管所多次。5 月 12 日那天上午又骑车上房管所,下了车忽然跌倒,待要开口,却说不出话来,急送协和医院,住过神经外科病房,确诊为脑血栓。治了一个来月,左身偏瘫,上下肢关节僵化,幸声带恢复机能,消化系统完好无损。出协和后,移 309 部队医院继续治疗,又经三个月,能下床扶拐杖行动,才出院回家。"

后来,王人美也对自己自传的执笔作家解波讲:"我父亲糖尿病,我母亲高血压。我现在的脑血栓可能是遗传。我的几个哥哥、姐姐都是这病死的。我只有一个弟弟在新疆。我 1980 年 5 月得的脑血栓,差一点就没命了。医生说,有的人身先死,有的人耳先死,有的人脑先死,有的人眼先死。我是眼先死。不过我还是很乐观的,只要身不死,我就好好活着!"

然后,王人美的话题七转八转的,就又绕到了叶浅予的身上。她抱怨:自己跟了叶浅予这么些年,那老头儿仍然是一个顽皮到令人操心的小孩子的脾性。她这病就是为叶浅予操心积下的。

王人美对于叶浅予也有过一段总结性的发言:"叶浅予是个好画家,却不是个好丈夫。除了懂画,别的什么都不懂,家中里里外外的事全要我操心。如今我半身瘫痪,管不了那么多,你看这个家,搞得多脏多乱。哎,还有好多好多让我恼火的事,也别说了。我告诉你一句话,叶浅予是个过于沉浸在事业里的人,当这种人的妻子真不容易!"这样的话语,令人联想起薄雾轻绕的宽阔江面上,腾空而起的一群野鹜,贴着寒凉的水面喑哑地往对岸飞掠。这样的景色,留在人的心境中,自然就有了一份情意无限的怅然。

1986 年,甘雨胡同 24 号一带划归一家台湾饭店搬迁建楼。作为一种过渡性措施,拆迁单位给叶浅予在西三环北路 22 号的中国画研究院租赁了两间画室,王人美则在北影厂的招待所开了两间房间,房租由台湾饭店担负。这一对磕磕碰碰的夫妻在风烛残年,竟然享用起牛郎织女的分居生活了。

叶浅予曾经画过一种微明雾色之时的牵牛花,那样一种朝露未消的浅蓝色,或者是粉红色花开,真个令人心动。后来,叶浅予自己弄回了一点花籽来种植。那一种浅色的牵牛花开遍,叶浅予又感觉不过如此而已。这或者便是距离产生的美感吧。

叶浅予现在与王人美分居两处,每周慢慢地走到各自的住处去互相探望。叶浅予忽然又回忆起了从前七月的天热季节,他们在大佛寺西街居住。夜间的入睡,门窗大抵是敞开着。有时叶浅予在半夜中醒来,一轮皎洁的月色悬挂在夜空。他觑见王人美穿了一件淡紫色的单衣,一条杏黄色的纺绸睡裤,睡乱的头发,蓬蓬松松的。那一副青丝丰饶侧睡样子,曾经带给叶浅予一种霎时心动的美感。

叶浅予现在去探看王人美。有时王人美尚在午睡,叶浅予便不让王人美急于起床。他跟王人美就一个在床上半卧着,一个在椅子上坐着,两人安静地闲聊一些清淡的话题,一时间竟也亲近了不少。此后的叶浅予,在回忆起王人美时,总喜欢将老弱的王人美,想象为一袭薄薄的白上衣外面,添披了一件黄绿色睡袍的柔弱样子。这时候的叶浅予,应该是有了一份无法诉说的浅浅的思念了吧?

王人美成为植物人,不过是生活中的一次小小的意外。

那天是1986年的12月4日。王人美在医务所开了一点药,走回招待所的房间休息。

这时,正是雪覆梅花的寒冬季节,路旁的树木仿佛那些满头白发的老人,呆在风中瑟瑟地发抖着,却只顾沉湎于往事的回忆之中,似乎急于总结白驹过隙似的一生。

王人美忽然脚下一滑,摔了一个四脚朝天。人们把她送到积水潭医院急救,她却早已陷入了深度昏迷状态。医生讲王人美在从前的脑血栓基础上并发了大面积的脑溢血,形势不容乐观。后来,王人美变成了一种"植物人"的生存状态,毫无知觉地在病床上躺了数月。

郁风后来在为叶翁的《婚姻辩证法》一文作序时,也谈过叶浅予、王人美30余年夫妻的终局。用笔甚简:"那一年初春,我住在西郊中国画研究院画画,浅予的画室加卧室就在贴壁房间。他因原住的小四合院要拆了改盖楼房,暂时搬到画院来住。王人美便搬到北京电影制片厂的客房去住。谁知分居不久,人美因跌了一跤引起脑血栓,由半身麻痹变成整个昏迷,浅予去医院看过几次也就不必再去了。"

1987年4月12日,缠绵于病床数月的王人美,终于解脱了尘世的羁绊,撒手而去。是年,王人美73岁。我这里之所以要用到"解脱"一词,是因为我觉得王人美的灵魂数月前即上路了,后来躺在病床上的,不过是一具被消耗殆尽的躯壳而已。

王人美的诸多友人均去了殡仪馆,为这位曾经如一枝被朝露濡湿的、野玫瑰般绚丽的女子送行。叶浅予因故缺席现场。因此,王人美的生前至交吕恩女士,曾经不无抱怨地讲:"我们都去了,浅予没能去。"

事后证明,叶浅予不是不想到八宝山去送王人美最后一程。而是根本来不了。

大约在一个月前,叶浅予参加全国政协会议。叶浅予忽然因心脏隐痛,被迅速地送进了空军总医院。医生的诊断是"心肌梗死",医嘱是卧床休息,限制一切的活动。有关王人美的消息,叶浅予只能依靠女儿叶明明来传递。

1987 年的清明节一过,叶浅予的心底即有了一种慌慌乱乱的感觉。到了 4 月 12 日的凌晨时分,叶浅予忽然梦见王人美过来跟自己辞行。叶浅予问她要去哪里,丢下他这倔老头不要了? 王人美的声音是枯哑的,不太听得清楚。王人美的人往外就走。叶浅予心里着急,伸手想拽住她。叶浅予倏地从梦里醒来。这个时候,叶浅予窗外的常青树聚生处,憩息了一只、两只的乌鸦。那乌鸦仿佛被什么困扰了,从这个枝头扑腾着翅膀飞到另一个枝头,然后是划破庭院静寂的数声凄迷啼叫。

那个时候,叶浅予心底的不祥之感异常地清晰。他披衣下床。站在窗口对着王人美住着的积水潭医院方向站了半天。叶浅予从医院的窗口望出去,发现夜空中正飘着靡靡的小雨。数小时过后,叶浅予即接到女儿明明打来电话,说王人美妈妈已于斯日的凌晨 2 时走了。

4 月 23 日的追悼会,叶浅予仍然被医生严格控制着不准离开医院。

于是,叶浅予写了一首悼亡诗。用自己独特的方式为王人美送行:

老汉八十:

多么想老伴你为我做一顿生日晚餐,

政协会议正酣,老汉心脏查出异状,

急忙送进医院,和你一样躺在病床。

'四一二'噩耗传来,

生死离别是什么滋味?

八宝山最后一面，无缘赶上，

遗憾呀，遗憾！

没有任何华丽的词缀，感情却是直率、真诚的。读来真个令人歆歔不已。

按照一般历史随笔的惯例，行文至此，似乎也应该对王人美的情感，有一个简短的回述。

由作家解波整理的王人美回忆录《我的成名与不幸》出版后，解波送了一本给王人美的生前女友黎莉莉。黎莉莉读过，有点不以为然地讲："许多人写的回忆录出入很大，王人美的回忆录吹捧得太过，如金焰并没有那么好，她全凭个人印象。叶浅予与她闹意见，她还写叶是倔老头，说他好。"

回忆录、包括某些个体的口述历史，自然不能等同于历史。它反映的只不过是某个人在大历史的进程中，投下的一个淡黄的身影而已。

但是，王人美的性情好像天生便是那样的。王人美对于那些曾经留下美丽回忆，却又深深伤害过她的人与事，从来都不肯讲人家半个字的不好。这正是她做人的厚道之处。

因此，对于金焰、叶浅予这两位改变过她生命轨迹的男子，无论他们曾经给王人美的生命中，留下过怎样的笑声泪影，或是午后冷雨溟蒙式的性情薄凉。王人美在自己的回忆录中总是现出一副淡淡的笑容。她不愿意在人前流露出一点点的怨恨与忧伤。她觉得那没多大意思。

令人觉得遗憾的是，王人美虽然有过两次犹如浪痕腾涌般的婚姻，却没有生育过子女。

14

关于叶浅予，却还有一段余音缭绕的插曲。

王人美去世后，没有人斗嘴的叶浅予，心中辄生寂寥。

这样，叶浅予便想起了自己的前妻戴爱莲。其时，他俩一个是孤孤单单的老鳏夫，另一个则为孤芳自赏的老妇人。叶浅予想到了有无可能与前妻戴爱莲复婚。他把这个任务交给了女儿叶明明。

叶明明很小即从家乡出来，跟随戴爱莲生活过颇长一段时间，两人间的感情甚好。有一回，叶明明便故意探试性地跟戴爱莲讲："戴妈妈，你看这事儿弄的。你和爸爸一个住花园村，一个住东单，我要照顾你们还得两头跑。为了我省事，干脆你们搬到一块儿住算了。"戴爱莲听了，当时只是淡淡地一笑，既没有表态说行，也没有明确地予以否定。叶浅予判断这事儿大概有了七成的准星，即让女儿明明买了数只的大衣柜，搬到戴爱莲的住处，以备复合之用。可是不久，戴爱莲出了一趟国门。

戴爱莲从外面回来后，即跟叶明明长谈了一次。到了这时候，叶明明才知道自己敬重的戴妈妈，从前在英国时的那一段刻骨铭心的初恋。戴爱莲很认真地跟叶明明说："对不起，明明，我不能跟你的父亲复婚了。因为我发现自己始终放不下我初恋的爱人。"

叶浅予尽管毕生致力于恋爱辩证法的研究工作，不过，讲到女子的心理，他仍然把现实生活中的每一个女子都看得太简单了。

就戴爱莲而言，其实，大约是1978年的栀子花开季节，那个时候，中国的国门，已经尝试一点点地向世界打开了。

戴爱莲有位英国朋友即将归国。临行前，英国朋友向戴爱莲道别，并笑着问她：英国是你艺术的摇篮，这次可有什么事情，需要托付我去办理的？

戴爱莲支颐思忖了一会儿，当时便慢慢地写下了三个英国人的名字：前两位是她的恩师玛丽·兰伯特、安东·道林两位艺术大师，最后一位是她望风怀想了一世的雕塑家维利·索科普。戴爱莲请这位英国友人设法打探一下三人的生活现状。

英国朋友不久即传来了信息：上帝保佑，戴爱莲打探的三位师友都还健康地活着。他们也很关心现在的戴爱莲。

　　不久,戴爱莲即接到了享有世界舞蹈圣殿的,英国拉班舞蹈中心的邀请函,正式邀请中华人民共和国著名舞蹈艺术家戴爱莲女士,参加世界著名舞蹈理论家鲁道夫·拉班诞辰100周年的纪念活动。这是令世界诸多舞蹈艺术工作者,梦寐以求的一项荣誉活动。这样,作为鲁道夫·拉班的学生,戴爱莲便于1979年的夏天,回到了阔别已久的英国达厅敦艺术学校。

　　英国式的夏天,在一些激情英国诗人的笔下,一向是被热烈赞美的主题,有耀眼的阳光,鲜红的草莓,洁白的奶油,浓绿的森林。在这样的季节中,戴爱莲的英国之行,自然过得相当愉快。

　　她到伦敦探望了玛利·兰姆、安东·道林两位耄耋之年的师长,也跟英国著名的舞蹈家玛格·芳婷有过相见恨晚的一番倾心长谈。后来,她便回到了和暖、闲适、宁静的达厅敦庄园。维利、西蒙夫妇在那里颇为期待地等着她。

　　原来,维利与西蒙夫妇,当第二次世界大战的战火燎原到英国之时,他们曾一度避走他乡。但战事结束后,他们很快便回到了达厅敦庄园,并加入了英国国籍。维利在达厅敦艺术学校的事业发展得不错,他很早即担任了雕塑系主任。为此,西蒙也放弃了舞蹈专业,追随着维利做起了雕塑,她是维利事业上最为得力的助手。

　　从1939年到1979年,戴爱莲与维利已经被流逝的时空整整阻隔了40年。此时此刻的再度重逢,两人的韶华时光都不再。戴爱莲从前,似乎有过小说中描写过的棠棣花般静美的容颜。维利的过去,也有过春天原野上松树的挺拔与干净。不过,到得这两鬓斑白的垂暮之年才重逢,两人便仿佛那些乡村田埂旁开过的壶樟与槿花,既然已经进入了花老凋谢的秋季,彼此的沧桑俱是相同的。戴爱莲跟维利、西蒙夫妻怔怔地互相望了好一阵子,心中有种说不上来的恍然与惆怅。

　　一阵忙乱的寒暄过去之后,三人便坐在如茵的草地上面喝英式的下午茶。达厅敦庄园附近的夏天森林,新叶嫩枝与苍劲老枝参差,俱透出欣欣的生意。远处英国宛如绿缎般的田野间,有一两个农夫在忙碌。树林深处传出的啄木鸟的笃笃声犹如叩门之声。戴爱莲当时感觉宛若回到了人生的另一个家。她的心甚是恬静。

从这个阶段起,便恢复了与维利中断40年的联系。

此后,戴爱莲每年均获准有一次,赴英国讲学与艺术交流的机会。戴爱莲大抵都会顺便去到维利、西蒙夫妇安置在达厅敦庄园那个闲逸、安静的家中盘桓数天。

慢慢地,西蒙在维利与戴爱莲的言谈神情间,竟然咂摸出一丝旧情萌发的春意。西蒙也懒得去管他们。因为西蒙知道,萌动于维利

1984年戴爱莲与维利·索科普在北京

与戴爱莲间的那种朦胧旧情,对于她是无害的。毕竟,这两人都已经过了率性而为的年轻时期,而成为一种自律感甚强的社会人。

戴爱莲住在达厅敦庄园的期间,有时,维利、西蒙、戴爱莲三人都起了一个大早,大家一起并肩眺望达厅敦庄园清晨的风光。有时,那边的一轮圆月,略带青苍之色,尚羞赧地挂在远山杉树的梢间;这边的一轮朝阳,已经涌动着,要冲破天际雨云的遮挡,喷薄欲出。这样的时候,近处一丛丛的椎树与白檀,光线正在一种的明灭之间,观之极有兴味。

西蒙夫人便感叹了:恋爱的三昧,有时还真不见得要长相厮守。有些爱情,因一时的机缘错过了,此后,他们虽远隔万里海河,可他们却始终在天各一方的静夜,追怀往昔,遥寄相思。后来,一旦再相逢于岁月的长河间,却仍然能做到不惊扰始终保持了一份君子的平淡如水。那样的一份爱情,是不是勘破了爱情的真谛呢?西蒙讲过了这一番的长篇议论,维利、戴爱莲的脸上有了一种忸怩之色。西蒙当时暗自好笑。

后来,西蒙便患了一种难以治愈的顽疾。临终时,西蒙特意把戴爱莲请到英国,正式将维利·索科普的余生托付于她。西蒙一直等到戴爱莲点头应许,方含笑辞别人世。这样,便有了本段文字起承时,叶浅予兴冲冲地跑

去向戴爱莲示爱,却碰了一个不大不小的软钉子。

其时,西蒙与维利的子女,一个女儿定居于瑞典,而另外一个儿子则在法国做医师。他们从去世的母亲口中,听说了父亲与戴爱莲阿姨的恋爱故事。他们也觉得,把父亲交付给戴爱莲阿姨照顾,未必不是一种最佳的选择。因此,西蒙夫人去世后,为了避免维利·索科普睹物思人,维利的儿女便安排父亲从达厅敦艺术学校搬到了伦敦城生活。这样,戴爱莲便留在了维利的身边,照顾他的饮食起居。

其实,在戴爱莲的一生中,她大约都不善于处理杂碎的家务。过去与叶浅予有婚姻,便由叶浅予很随便地处理了日常生活中的一切情节。没有了婚姻的单身生活,戴爱莲的日常饮食起居便更加的潦草。所以,此刻的戴爱莲留在伦敦,与其说是在维利的饮食生活方面有所帮助,毋宁说戴爱莲是维利生命中的一个精神伴侣而已。

起先,戴爱莲曾经设想,等到维利的精神状态好转之后,要跟维利有一个婚姻的仪式,以圆自己持续了近半个世纪的绮梦。只是维利从达厅敦庄园来到伦敦后不久,也恹恹地生病了。这一次,维利·索科普的病情发展得很快。

戴爱莲是于1995年2月飞回北京,准备下个月召开的全国政协会议的资料的。起初,戴爱莲曾预计自己会在伦敦有一个较长的居住时间,因此便把自己在北京的住房很大方地借给了朋友使用。戴爱莲回到北京一时无处落脚,她又不愿意住进酒店。戴爱莲便打电话给叶明明,让她想一个解决的法子。

叶明明的解决之道相当干脆。她把戴爱莲直接送进了父亲叶浅予的住处安顿。她笑嘻嘻地跟两位老人解释:恋爱不成,友谊长存,这也是国际上提倡的一种惯例。戴爱莲也没觉得有什么芥蒂,便在叶宅安然地住下了。

叶浅予一时间大为感动。他跑前跑后地督促着家中的保姆,变着花样为戴爱莲安排三餐的饮食花样。蓦地,叶浅予竟产生了一种时光倒流,回到20世纪三四十年代重庆时期的感觉。

也就在这样的时候,突然便从伦敦传来了维利·索科普不治身亡的消息。

戴爱莲一俟政协会议闭幕,立即飞往伦敦协助处理维利·索科普的后事。

可是,就在戴爱莲离开北京后不到三个月的时间,戴爱莲清楚地记得那一天是伦敦初夏的 5 月 10 日,戴爱莲刚刚从维利与西蒙的坟茔献花回来,叶明明便从北京

叶浅予晚年

给戴爱莲传递了另一个十分不好的消息:父亲叶浅予也因心肌梗死发作,于是日长辞于北京。

维利、叶浅予均都生于 1907 年,因此,他们的享年同为 88 岁。

后来,戴爱莲曾经十分哀戚地跟亲近的朋友们讲,1995 年,对于她,是一个十分不好的年份。先是维利,紧接着便是叶浅予,两个像大哥哥那样疼爱过她的男子,忽然间都不要她了,撇下她走了,留下她一个人在这世上,真的好孤单呀。

像戴爱莲这一类的女子,曾经是一生不屈追求着美的。可是后来,她面对了死别的寂寥,便也不免有了"露落花残"式的悲凄。

戴爱莲晚年

过去的少女期,曾读到过日本俳圣松尾芭蕉在《奥州小道》中的一段话:"早已抛却红尘,怀道人生无常的观念,在偏僻之地旅行,若死于路上,也是天命。"当时,仅有一丝淡淡的惆怅。现在,读过了戴爱莲与两位优美男子的情爱故事,便觉得有一种仿佛与天地万物的宿命存在紧紧联系着的无言悲哀,深深地渗入了我的心灵。

叶浅予、维利走了之后,戴爱莲又在这世上孤独地再活了 11 年。

2006 年 2 月 9 日,戴爱莲逝世于北京。终年 90 岁。

　　叶浅予留下那一部《细叙沧桑记流年》的自传之后,许多人都觉得,叶浅予在事业上虽然做得很成功,可是,说到他的爱情,却不能不归结到一种失落的男人行列。

　　叶浅予稍后的同行华君武先生,曾经不无幽默地讲这位老大哥:专找"霓虹灯"式的女人。他的意思也不难明白。大约是指在叶浅予际遇的四个女子中,除了发妻罗彩云仅以不凡的家世自傲,其他三位女子,像梁白波、戴爱莲、王人美诸人,俱以她们不凡的才貌,在岁月的长河中发出过耀眼的光芒。

　　如此说来,叶浅予在他付出的每一段感情中,似乎都应该是纯真的,并且由此产生过一种望眼欲穿的欢欣。

　　叶浅予在回忆他的爱情之时,既有着对于无与伦比的少年情事的曼妙描写,也有着自己在反抗世俗清规戒律后的直抒胸臆。"入色界易,进情界难。"我们只有透过叶浅予晚年七分俏皮的文字背后,才能领会到叶翁对于爱的本能,以及生命本性的精彩参悟。

故事三

酒旗风暖少年狂，一声喟叹罗家伦

罗家伦下笔风情万千、布局明媚，在他与张维桢的八年爱情长跑中，曾经写过无数的情信，结果却仍然扑朔迷离。有人说，这都怪罗家伦长了一只又丑又大的古怪鼻子。但是，罗家伦的做人做事却是不错的。他是「五四」大时代中，走在最前面呐喊的一个排头兵。于31岁的壮年出任清华大学校长，执掌中央大学校印达十年之久，罗家伦为致力于中国教育的现代化做出了很大的贡献。

1

提起罗家伦，他在民国史上也算得上是一位颇为有趣的人物。

罗家伦

罗家伦在现代流传最广泛的一个段子，是说他在北大就读期间，曾经情难自禁地爱上了一位北大的校花。因此，罗家伦便写了100封情书去追求她，下笔自然是风情万千、布局明媚。可是，校花跑去看了罗家伦一眼，觉得这个男人长得太丑陋了，便故意在校刊上公布了自己的三个择偶条件：留洋博士、大学校长、日后即便成为夫妻外出同行也必须保持一定距离。此公告一出，罗家伦立即在北大校园中成为轰动性人物。罗家伦此番春情萌动，自然成为早春风寒时节的一棵幼苗，无言地萎顿了。

徐志摩的前妻张幼仪女士，对于罗家伦的鲜明印象是："一双好大的手，手上面毛茸茸的像只熊。"

此后，罗家伦的政敌想要攻击他，一时难于在个人品德上找出他的隙缝，便在他的长相上做文章："罗家伦长得太丑了！"据说，是罗家伦在重庆任中央大学校长期间，有顽劣的学生专门作了一首打油诗攻击他的大鼻子："人言鼻子大，惟君大得凶。砂坪打喷嚏，柏溪雨蒙蒙。"这么丑的人做大学校长怎么行呢，严重影响了中央大学女孩子们的青春期性心理发育嘛。于是，罗家伦的大鼻子，一度便成为陪都重庆，苦度艰难时期的一个解闷话题。

当然，以上不过是一点坊间的，与罗家伦有关的闲闻趣事。

近年来，大陆官方的主流媒体，已经开始关注罗家伦了。有人说，罗家伦在动荡与希望、启蒙与救亡并存的"五四"大时代中，是走在最前面呐喊的一个排头兵。"五四运动"一词的发明权,即属于罗家伦本人。后来,罗家伦游学于西方欧洲诸国,成为有计划研究中国近代史的第一人。又先参加国民党的北伐战事,归国后又于 31 岁的壮年出任清华大学校长,执掌中央大学的校印达 10 年之久。这是罗家伦事业上的一个巅峰时期,他致力于中国教育的现代化并做出了很大的贡献。抗战时他积极参与西北地区的经济考察工作;抗战胜利后,则代表当时的民国政府出使印度;到台湾后退出政坛,晚年的兴趣集中于中国近代史料的收集梳理方面,且颇有建树。

2

对于罗家伦而言,幼年的严父慈母,对于他后来的事业发展影响莫大。

罗家伦的父亲罗传珍,字沛卿,祖籍浙江绍兴,晚清时期来到江西做官,相继在江西的万年、都昌、奉新等地出任七品的县令官职,至罗家伦出生的光绪二十三年(1897),罗传珍调任为进贤县知县,因此,罗家伦的出生地便为江西的进贤县。

罗传珍国学的底子很好,诗文书画样样都拿得起,这是罗家伦成长的一个有利因素。他对于当时正在输入的西方文化也有兴趣,常托友人到上海、武汉那样的开放城市,购置一些翻译的西方书籍回来,供全家阅读,这对于罗家伦后来民主与科学思想的形成,也是有相当影响的一个因素。当年,罗传珍与上峰江西巡抚冯汝骙私交甚好。罗传珍与江西境内的新军、革命党人多有接触,因此常劝巡抚冯汝骙在乱世中"多栽花,少插刺",多个朋友多条路。江西的革命党人经罗家伦斡旋得以脱案活命者甚多,李烈钧即为其中的有名人物。

母亲周霞裳虽然在罗家伦 9 岁那年即病逝了。但是留在罗家伦记忆中的印象却是不可磨灭的。罗家伦晚年,在回忆起温热的慈母时,曾经感情充沛地讲过这样一段话:

"三岁时吾母置我于膝上,教以识字并背诵短诗;入家塾后,晚间辄于素油灯前为我温课。……吾父钝庵公有时督责稍严，母则济之以宽；余因顽劣而受侮时，母常戒之以格言，感之以温泪。晨起犹未早餐，必盘旋父榻之前，或跪榻几，或坐小凳上，以听父讲授历史中先民之故事。凡此典故，均由吾父加以选择，认为有兴趣而且富于教育意义者，先于夜间录入小册；讲授完毕，即以此小册付余复习；日恒二三则，如是者数年。当时风气初开，凡沪上有关新知之课本或画报，父常尽先托友人购寄，供余参阅。……母逝后，父怜我失怙，待我如严师，亦如慈母。"

　　进入民国时期，父亲罗传珍不再出来做官，而是寓居于江西的省城南昌。民国建立伊始，李烈钧主持江西的军政，曾经亲自赴罗府答谢当年的救命之恩，由是，罗传珍在民国时颇受人尊敬。1914年，18岁的罗家伦至上海的复旦公学求学。该校的创办人是民国闻人于右任、马相伯、叶仲裕等人，孙中山出任该校的董事会主席。复旦公学办学的一个最大特点便是言论自由。这对于罗家

复旦大学创始人马相伯

伦的成长是一个极大的便利。此时的罗家伦已经对于政治时事兴趣盎然了。黄克强、戴季陶等著名的民国政治活动家到上海时，罗家伦均会兴致勃勃地跑去向他们请教新知、新主义。

　　晚年的罗家伦流寓于孤岛台湾。这时期，他最喜欢做的事情，就是给儿孙辈回忆自己在大陆年幼时光的情事。他仍然喜欢吃从前大陆期间的一种炒花生的小吃。讲到高兴的时候，花生皮剥了满满的一桌面。罗家伦就会慢慢地把桌子上的花生皮拨开，给儿孙辈画出从前江西进贤、南昌诸地的图形，给大家看。那样的远山苍翠、城郭人家，以及时光悠悠中的一片闲散。老去的罗家伦跟后辈们说：其实，自己仍然是历历在目的。有时，说着说着，罗家伦一时怔忡，一副无所事事的迷惘样子，眼泪却难以抑制地慢慢地流出来了……

3

1917 年夏天,罗家伦萌生了北上到北京大学念书的想法。

北大校长蔡元培

不过当时,罗家伦的入学成绩却令北大的招生教授们犯难了。人们后来用了八个字来概括当时的罗家伦:"文学天才,数学白痴!"他的作文试卷,因为阅卷老师胡适的激赏得了满分。可是对于数学一无所知的罗家伦,却在这科得了一个大鸭蛋。胡适坚持要这个偏科偏得离谱的人才,其他教授寸步不让。事情闹到要校长蔡元培出面来处理。蔡元培看过罗家伦的作文后,立即喜欢上了这个新生的锐意进取。因此,蔡元培开玩笑地跟大家说:罗家伦是有才的,且长了那么大的一只招风鼻,鼻子大可招财进宝。日后罗家伦有大出息了,还得感谢在座诸位的慧眼识英雄呢。校长既然这样说,招生的教授们哄然一笑,罗家伦便算是通过了。

因此,罗家伦回忆自己在北大极其重要的三年求学生涯时,曾经用颇为愉悦的语调说道:"以一个大学来转移一时代学术或社会的风气,进而影响到整个国家的青年思想,恐怕要算蔡孑民时代的北京大学。"

我们现在知道,北大的前身是京师大学堂;1898 年戊戌变法期间,在光绪皇帝支持下,由光绪帝的师傅、吏部尚书兼协办大学士孙家鼐主持创立。进入民国后,于 1912 年 5 月正式改名为北京大学,严复为首任校长。不过,做教育显然非严复的专长,严复的校长仅干了半年不到即掩面下台。此后,北大流星雨似的来过三任校长:章士钊、何燏时、胡仁源,俱是风韵气度颇负时望的人物,却始终打不开局面。至 1916 年 12 月,蔡元培接手北大校务,北大校园中仍养着不少的"学生老爷"。这班"学生老爷"几乎是人手一个听差

1902 年 12 月 17 日，京师大学堂正式开学

伺候的。到了上课的时候，听差在窗外恭恭敬敬地通报一声："老爷上课了！"于是，"学生老爷"们方慢吞吞地从鸦片床上起来洗漱，然后，睡眼惺忪地带了自己的听差去听课。这样的状况，从老师到学生自然是毫无一点学术兴趣。却是在北京的八大胡同逛窑子时，师生中颇出过一些"运动健将"。因此，有娱乐小报干脆给了八大胡同的妓院一个"两院一堂"的别称。所谓的两院，是指当年北洋政府的参议院、众议院酒色财气的议员们；一堂者，即京师大学堂也，其时，京师大学堂虽然进入了国立北京大学时期，但京师大学堂的一切陋习仍因因袭陈，所以，一般的北京市民仍然调侃地称之为"京师大学堂的老爷师生"。

　　蔡元培进入北大掌旗，至罗家伦的入学，仅仅经历了大半年的革新期，蔡公即以其人格的伟大影响，使学校的风气崭然一变。当时，蔡元培的办学方针是兼容并包、崇尚自由与科学的。他花重金请来的四个学科带头人——文科学长陈独秀、理科学长夏元瑮、法科学长王建祖、工科学长温宗宇，可谓当年办教育的一时之杰士。其中，尤其是陈独秀主持的文科，显得生机勃勃。文科方面，胡适是喝过洋墨水刚从美国归国的。国学的教授，则有黄侃、钱玄同、沈兼士、沈尹默、朱希祖等章太炎的高足撑门面。另有一位经学大师刘师培、一位"两足书柜"陈汉章，都是有大学问的。刘半农原本是上海的一个小说家，刚开始到北大做教授的时候，总有点不自在，后来却慢慢地走上了正轨。另外一个特立独行的人物，则是英文诗教授辜鸿铭。

这是一个百家争鸣的阳春局面。经过整顿的北大校园，春暖鸟声浏亮，夏季翠色灿然如泻。整个北大的校园气氛是和暖、生动且鲜洁润湿的。蔡元培先生便鼓励新旧各派的学者精英们，在校园内布道阐述包括哲学、文学、科学等广泛课题在内的一切学问。当时，北大师生间的那一种问难质疑、坐而论道的颐和之民主学风，使罗家伦一生均受益无穷。

当年，北大有两个场所，是学生们极喜欢的聚首之地。一个是汉花园北大一院二层楼上的国文教员休息室，另一个是李大钊的图书馆主任办公室。这两个场所不讲究师道的尊严，只要上了三个人以上，即可以畅所欲言地开始学术的漫谈，是一种真正意义上的学术沙龙聚会。其中，二楼的国文教员休息室南方人去得比较多，一楼的办公室因主人李大钊是北方人，到那个圈子中晃悠的北方人相对就多一点。明末清初的一代儒宗顾亭林先生，在批评当时的北方人时用过一句话："饱食终日，无所用心"；批评南方人，则是"群居终日，言不及义"。于是，学子们便嘻嘻哈哈地命名二楼的教员休息室为"群言堂"，一楼的李大钊办公室为"饱无堂"。有一次，这两个名称被文科学长陈独秀听去了，并也不生气，反而觉得这一帮学生很有朝气。

文科中，最初是六位师长编纂了一份叫《新青年》的刊物，率先树起了"新文学革命"的一面旗纛。以后，功已立名已遂的罗家伦，回过头来怀想六位师长的姹紫嫣红，便幽静地笑了，做了一个浅净点评：

"当时新青年社是由六个人轮流编辑的，陈独秀笔锋很厉，主张十分尖刻，思想很快而且好作惊人之语。""胡适之初到北京大学，我曾去看他，他的胆子还是很小，对一般旧教员的态度还是十分谦恭，后来因为他主张改良文学而陈独秀、钱玄同等更变本加厉，大吹大擂，于是胡之气焰因而大盛，这里仿佛有点群众心理的作用在内。""钱玄同的哥哥钱洵，做过意大利公使，钱玄同很怕他的哥哥，他在外面一向主张很激烈，然而见到了哥哥却一点也不激烈了。""沈尹默是一个很深沉而喜治红老之学（《红楼梦》与《道德经》）的人，手持一把羽扇，大有谋士的态度。北京大学许多纵横捭阖的事体，都是他经手的。"陶孟和、刘半农二位的资质跟前面四位相比较，则稍微有点生硬。此外，文章写得好、人亦朴素的李大钊，以及周树人、周作人兄弟，都是力挺《新青年》杂志的大将！

当时，以上数位人物，风头一时无人可及。因此，他们很快便成了当年青年学子崇拜的偶像。

如此，罗家伦每当回忆起这一段静美的时光，便忍不住快活地跟人家说："我尤其身受这种好处。即教授之中，如胡适之先生就屡次在公开演讲中，盛称他初到北大教书时受到傅斯年、毛子水诸位同学相互讨论之益。"其时，傅斯年、毛子水、顾颉刚、段锡朋等人都是罗家伦声气相投的同窗，以傅、罗二人的关系相知最深。但是，傅、罗二人的相处，最初却像一对好斗的

傅斯年

小公鸡。这就是罗家伦说的："当年傅孟真不免有一点恃才傲物，我也常常夜郎自大，有时彼此间不免因争辩而吵架。有一次吵得三天见面不讲话，可是气稍微下去一点立刻就好了，因为我们有许多共同的理想，共同的知识，以后成为彼此人格间的信任。"傅斯年后来想起罗家伦也是充满着珍重的友谊的："志希和我，因为彼此都有好吵闹的脾气，几乎每天打嘴仗，甚而至于气忿忿的不谈话了。然而过五六分钟，仍然一切如常。任凭吵上多少次，我们总是最好不过的朋友。"

罗家伦在北大求学期间，讲到一位铭心刻骨不忘记的恩师，自然是蔡元培老先生；一个亦师亦友的知己，则是胡适之先生；一个铁杆的兄弟，则非傅斯年那个大胖子莫属。胡、傅、罗三人的深交应该是在胡适之发表《文学改良刍议》一文，在学生中声名大振时。傅斯年声作钟声，罗家伦言多慷慨，胡适之最喜欢微笑着作启发式的点评。傅、罗起先不过是胡家客厅的不速之客，聊得过瘾就升级为登门拜访的

胡适

熟客,到最后,胡家客厅干脆就成了三人肆言无忌长谈的好地方。三人一会儿作萧然自得之状,一会儿有意气干云的豪迈,一会儿又拊掌而笑、称美良久。当年的文学革命与新文化运动,大抵便是在这样的切磋细谈中,慢慢地成形了。这期间,胡适与罗家伦合作翻译了易卜生的名剧《玩偶之家》,这个作品经《新青年》发表之后,在当年的青年知识阶层激起了很大的反响。1919年,在世界范围内享有盛誉的美国著名教育思想家、实用主义哲学家杜威携带他的夫人爱丽丝·奇普,在中国进行了长达两年的学术访问。胡适为杜威的最忠实信徒,胡适后来讲过一句话,"大胆地假设,小心地求证",成为实用主义哲学在中国的经典解答。当年,杜威在北大做过一系列精彩的演讲,胡适亲自担任杜威的现场翻译,罗家伦则被胡适邀请做演说的笔录。这样的时候,当年少年气盛的罗家伦,在夜阑人静的时分,也会抬头仰望夜空中银河的清晰身影,感叹机遇的可贵。

1918年秋季,傅斯年、罗家伦、顾颉刚、康白情数位情真意切的好友萌生了组织一个学生学社,筹办一个学生刊物的想法。这年的10月13日的碰头会上,确定月刊的名称为《新潮》,办刊的原则为"批评的精神,科学的主义,革新的文词"三要素。后来,开会再议,选出的两个主将是,素有"傅大炮"之称的傅斯年以及罗家伦。另有毛子水、顾颉刚、冯友兰、俞平伯、朱自清、康白情、江绍原、李小峰、张申府、高君宇、谭平山、何思源、汪敬熙、吴康、李小峰、郭绍虞、孙伏园、孙春台、杨振声、刘秉麟、孟寿椿、高承元、潘家洵诸君子为新潮社社员。这些人绝非泛泛庸碌之徒,后来,这些人在民国的学术政治界,大抵蔚然成为一种岩岩清峙、壁立千仞的壮丽景观。只不过,此时,他们都还只能在一株幼苗似的《新潮》刊物中,做一个小小的吹鼓手。

《新潮》的人马虽然招纳整齐,可是,其时这一班的学生在社会上的知名度不够,经济上也大抵不过是两手空空的穷光蛋。傅斯年、罗家伦这两位主事的哥们儿,就涎着脸皮去游说像蔡元培、陈独秀、李大钊、胡适、周作人这样的学界大佬,从精神与财力方面伸出手来拉小弟们一把。当时,傅斯年学的是文科,罗家伦则学的是英文科。

其时,北大文科的学长是陈独秀,周作人则是傅斯年的国语教师。陈独

1920 年夏新潮社成员合影

秀、周作人等人的《新青年》气势正如火如荼。《新潮》能办成一份充满朝气的青年刊物，陈独秀也是乐观其成的。可是，当时傅斯年正投拜于黄侃的门下潜心钻研国学。

我们现在知道，陈独秀、李大钊、胡适、周作人所代表的新文化运动，当时最大的一个学术对立面是以吴宓、胡先骕、梅光迪、刘伯明、汤用彤、陈寅恪、张荫麟为代表的"学衡派"。章炳麟、黄侃所提倡的"国粹主义"与"学衡派"声气相投，因此，当时陈独秀怀疑傅斯年、罗家伦可能是"学衡派"派来探营的间谍。为此，晚年的周作人在《知堂回想录》中写道："《新潮》的主干是傅斯年，罗家伦只是副手，才力也较差，傅在研究所也担任了一种黄侃的文章组的'文'，可以想见在一年之前还是黄派的中坚，但到七年（1918）十二月便完全转变了，所以陈独秀虽自己在编《新青年》，却不自信有这样大的法力，在那时候曾经问过我：'他们可不是派来做细作的么？'我虽然教过他们这一班，但实在不知底细，只好成人之美说些好话，说他们既然有意学好，想是可靠的吧。"

如此，陈独秀、李大钊对于傅斯年，罗家伦二人的疑窦方消。校长蔡元培是主张兼容并蓄之自由学风的，他批准由北大经费中拨 3000 元给《新潮》作为开办的经费，并且校方代为发行。李大钊则很干脆地腾出了自己的图书馆办公室,作为《新潮》编辑部以及聚会的一个地点。

1919 年元旦,《新潮》杂志发行了自己的创刊号。当时,傅斯年为创刊号撰写了十篇文章。罗家伦亦有"今日之世界新潮"、"今日中国之小说界"、"今日中国之新闻界"三篇文章贡献。

周作人

这里,必须指出一个有趣的事实,周作人在五四新文化运动前后,绝对是一位风雷激荡的思想重镇人物。当年,新潮社的傅斯年、罗家伦、顾颉刚、康白情等一帮激情澎湃的年轻人,在读过周作人写下的《人的文学》、《平民的文学》等作品之后,周作人便继蔡元培、陈独秀、胡适之后,成为这些年轻人一个颇为重要的精神领袖。

后来,傅、罗等人相继出国留学,周作人竟成为新潮社最后的留守人员。这就是《新潮》第二卷第五号卷末《本社纪事》中所记载的:"适值社员徐子俊、张申甫(即徐彦之、张崧年)两君将有欧洲之行,周作人君新加入本社,于是在京全体会员假中央公园开会,欢送张徐两君,欢迎周君,并开选举票。结果周作人君当选为主任编辑,孟寿椿君当选为主任干事。嗣由周君推定编辑四人,孟君推定干事六人。"张菊香、张铁荣所作的《周作人年谱》中,对这段历史做过扎实的考证。周作人担任主任编辑大约为 1920 年 10 月 28 日,他所接下的担子正是傅斯年出国留学后所遗留下来的。

总之,当年北大的学生刊物《新潮》,它的精神面貌是清新活泼的。《新潮》在《新青年》之后,迅速成长为倡导新文化运动的另一个很有影响的刊物。对此,罗家伦自己有一个回顾性的总结:

"《新潮》的政治色彩不浓,可是我们坚决主张民主,反封建、反侵略。我们主张我们民族的独立与自决。总而言之,我们深信时至今日,我们应当复位价值标准,在人的本位上,以科学的方法和哲学的态度,来把我们固有的文化,分别的重新估价。……新潮的第一卷第一期,复印到三版,销到一万三千册,以后也常在一万五千册左右,则声势不可谓不浩大。"

所以，提到自己在北大意气风发的那一段岁月，罗家伦自己用了一段俏皮话一言以概括之："如果说，蔡元培、胡适是北大的功臣；那么，我与傅斯年都是北大的功狗。"

4

五四运动的爆发，源于第一次世界大战之后，在1919年4月的巴黎和会上，国际列强悍然把德国在青岛的权益，转让给了日本，而无视享有主权的中国。这里面固然包藏了北洋军阀与日本军政府的私下交易，也涉及第一次世界大战中中国介入战争的程度，以及巴黎和会上中国盟友的态度、种种国际力量间的纠葛平稳，这才扭曲出来那样古怪的一个结果。这中国现代大历史走过时所留下的颇为暗淡的一页，却催生了中国新型革命力量的萌芽。五四运动即成为中国新型革命力量兴起的一个重要的标志点。

当时，巴黎和会失败的消息传回北京后，北京高校中一些有影响的学生团体，诸如新潮社、国民杂志社、工学社、同言社、共学社等社团，纷纷召开会议，讨论应变事宜。北京社会上一些有影响的政治团体与社会团体，对于这一事态也倾注了极大的热情。

1919年5月3日晚上，北大学生罗家伦、傅斯年、段锡朋、康白情、高君宇、许德珩等人，召集北大和北京各高校代表在北大政法礼堂开会。新潮社与国民杂志社是本次学潮中的活跃学生社团，段锡朋是国民杂志社的负责人。邵飘萍在当晚的高校联合会议上，介绍了中国代表团在巴黎和会上失败的经过，会议推选罗家伦、江绍原、张廷济等人为各高校的总代表。当时，与会的学生代表均倾向于举行和平的游行示威，最后议定于5月4日至天安门广场集合游行。

次日上午10时左右，同学狄君武到北京大学新潮社找到罗家伦。狄君武告诉罗家伦："今天的运动，不可没有宣言。"其时，距离预定的游行时间已近，罗家伦是八校公选的总代表之一，义不容辞。于是，罗家伦便站定在一

个长桌旁边,略微思忖了一下,当即濡笔挥毫写下了180字的宣言:

"现在日本在万国和会上要求并吞青岛,管理山东一切权利,就要成功了!他们的外交大胜利了!我们的外交大失败了!山东大势一去,就是破坏中国的领土!中国的领土破坏,中国就亡了!所以我们学界今天排队,到各公使馆去,要求各国出来维持公理。务请全国工商各界一律起来设法开国民大会,外争主权,内除国贼。中国存亡,就在此一举了!"

"今与全国同胞立两条信条道:中国的土地,可以征服,而不可以断送;中国的人民,可以杀戮,而不可以低头。国亡了,同胞起来呀!"

末了数句,家国之感尤为流溢于笔端,极富感染力。

5月4日这天是星期天,各高校的学生均无课。大约下午1点左右,各高校学生3000余人,即汇聚在了天安门城楼下。这天,段祺瑞政府的教育部代表、步军统领李长泰,警察总监吴炳湘二人,不知从什么地方听到了风声,二人便眼巴巴跑到了广场,试图劝阻学生的集会游行。李长泰当日的行头是一身旧式天鹅绒织花马褂,俨然一副微服私访的装扮。吴炳湘这人更有意思,他看了一眼天安门广场上群情振奋的人潮,脱口而出的一句话是:一会儿天气就要见热了,大家不如早点回去睡午觉吧。罗家伦瞟了吴炳湘一眼,回答更俏皮:大人您一把年纪了,也要注意身体哦。吴炳湘立即颔首应答:客气客气。李长泰、吴湘均二人也不敢贸然以武力阻止学生们的集会,游行活动便如期进行了。

这样,当天的游行示威便出现了颇为幽默的一面。八高校学生在道路的中间,一边走,一边高喊口号,吴炳湘统辖的警察部队则规规矩矩地跟随在队伍的两侧。据著名红色作家王统照的回忆:"在大队左右,纵长约计隔开十来个人的距离,就有穿了黑灰军服的军警持枪随行。"预定的游行路线很快便走完了,罗家伦等人就领着大家,到东交民巷的美、英、法、意诸国公使馆递交请愿书。可是,这天是星期天,各公使馆的主事并不在馆中,这令罗家伦等人有点意犹未尽。

于是,有同学再提议:不如大家在使馆区游行一圈吧,长长咱中国人的志气!但是,学生们的要求,却令现场警戒的巡捕房警察们大为踌躇。因

为,当年的东交民巷享有法外治权,普通的中国人除非经大总统徐世昌特批,一般是不得随意穿行使馆区的。学生们站在东交民巷西口焦灼地等待了近两个小时,巡捕房仍然得不到大总统徐世昌的具体指示,参与游行学生们心底里的一把无名之火便熊熊燃烧了。

于是,学生们议论的焦点便七嘴八舌地集中到了参与向日本大借款、亦是"二十一条"谈判的交涉者,时任交通总长曹汝霖、驻日公使章宗祥、币制局总裁陆宗舆三人身上。这三人的亲日在当时的北洋政府中是比较出名的。学生中不知谁大声地喊了一句:"大家往外交部去,大家往曹汝霖家去!"于是,游行队伍的注意力便转移到了曹汝霖居住的赵家楼。

赵家楼名字听上去似乎像巍峨峭壁的城堡建筑,实际上不过是分为东、西二组的平房结构。西院的格局为中式的,东院则为仿西式平房建筑。当年的曹汝霖在北京城有三个安乐窝,锡拉胡同与西观音寺的寓所住着后娶的两房小姨太,赵家楼公馆住着的是正房大太太以及曹汝霖的父亲曹老太爷。

实际上,5月4日这天,徐世昌在总统府有一个工作午宴,内阁总理钱能训以及曹汝霖、章宗祥、陆宗舆三个角儿均在场饮宴。警察总监吴炳湘见学生示威的矛头转向了曹汝霖的赵家楼住宅,内心有点不安,便打电话给总统府,说天安门外有学生手执白旗标语,为巴黎和会失败,攻击曹、章、陆诸位,请诸位暂留公府,不要回家。只是,曹、章二人当时对于学生的示威活动并未介意。下午3时许,曹、章二人同车回到赵家楼曹宅,吴炳湘闻讯后立即加派了三四十名警察守卫。不久,陆军部航空司长丁士源与一个叫中江丑吉的日本记者也到了赵家楼。

回到家中的曹汝霖很快就发现了自己的失策。曹汝霖后来在台湾回忆说:"(警察)队长向我请示,怎样保护法? 我说这是你们的事,怎么反来问我? 队长说,上头命令'文明对待',故连警棍都没有带,怎么好呢? 我苦笑道,你们看怎么好,即怎么办得咧! 警察即找木板石块之类去堵大门。我家向无警卫,墙不高,门又不坚。正在这时,丁问槎(士源)大踏步而进……他见警察在堵门,他说堵门有何用处? 我说,他们奉的命令,是文明对待,故连警棍都没带。问槎听了大笑道,好个文明对待!"

现场警察没有警察总监吴炳湘的亲自指令,无人敢动手镇压学生。这样,到了下午4点半左右,情绪激动的学生们便冲进了曹宅,人人口中高喊着"卖国贼! 卖国贼!"曹汝霖仓促间躲进了两间卧室夹层的箱子间之中。章宗祥、丁士源和日本记者中江丑吉三人则在仆人的引导下走避到地下的锅炉房。

混乱中,学生们没有找到曹、章二人。北京高师学生匡互生便取出了随身携带的火柴,决定放火。段锡朋被匡互生的举动吓了一跳,便阻止匡说:"我负不了责任!"这个时候,罗家伦、段锡朋等人显然已经控制不了局面了。匡互生坚决地回答:"谁要你负责! 你也确实负不了责任。"结果,匡互生仍然在赵家楼放了一把火。

章宗祥等三人在下面锅炉房,听到上面有人纵火,就再也存不住身了。三人跑上来,朝向后门乱跑。章宗祥身穿一身礼服,在人群中十分显眼,有学生认定他便是曹汝霖,就一拥而上,将章宗祥群殴了一顿。打到一半,人群中有人讲了一句:"这不是曹汝霖,打错了。"大家哄然散去。中江丑吉与曹家佣人,趁机把章宗祥抬到外面的一间杂货店去躲避。但是,后面有学生汹汹然追上来说,"这也是一个卖国贼,刚才并没有打错!"结果,章宗祥又重新被学生们拖回到曹宅挨打。

事情闹大了。有关这件事情的结局,《北洋军阀史话》一书介绍说:"由于曹宅起火，曹宅外面的军警便一面向天空发枪，一面扑救火焰。这时步军统领李长泰率领大批军队赶到，警察总监吴炳湘也召来大批警察，驱散了学生，同时逮捕了易克嶷、曹允、许德珩等 32 位学生。"

赵家楼被点燃后，曹汝霖宅邸相邻的 11 间房被烧毁，东院也基本上被焚毁。

章宗祥被送往同仁医院急救，此后两天没有大小便，医生说他命在旦夕。学生们开始担心章宗祥会因此死去，倘使北洋政府一意要学生们以命抵命，这事该如何了局呢？

这时，恰巧有一位叫郭钦光的北大学生死去了，这人原本患有严重的肺病，游行那天，又喊口号，又乱蹦乱跳，回到宿舍的当晚即旧病发作，很快即吐血身亡了。因此，罗家伦说："当时大家怕章宗祥和我们打官司，所以定下一个策略，硬说郭钦光是在'五四'那一天被曹家佣人打死的。于是，郭钦光遂成为'五四'运动中唯一牺牲的烈士，受到各处追悼会之无数鲜花美酒吊祭和挽章哀辞的追悼。"当然，这不过是一个小插曲而已，它丝毫不能动摇五四运动在历史上的定位。

"五四"天安门学生游行结束之后，这一群原本在历史中名气不大的学生，便有了在历史上崛起的机会。本文的主角罗家伦因此荣膺了一个"五四干将"的光荣称号，这是名垂青史的一种荣誉。另一个大龄青年 29 岁的许德珩，后来则成了有名的民主人士，为九三学社的发起人之一。17 岁的刘仁静年纪最小，最容易冲动，集会时此君一度激动得欲挥刀自尽，后来他一度列席于"中共一大"的代表。担任过代理北大校长、台湾大学校长的傅斯年，在"五四"中的表现有点可惜。我们知道，5 月 3 日夜晚，傅斯年还是一个热心的策划者。可是，到了"五四"这天的上午，八校学生的代表已经推选傅斯年为游行的副主席了，但是，当时傅胖子莫名其妙地挨了一个同学一拳，一怒之下便不干了。这一年傅斯年 23 岁，比罗家伦大 1 岁，后来，每次在朋友间提起五四运动，傅斯年便没有罗家伦的风头。

1919 年 5 月 26 日，罗家伦以"毅"为笔名，在《每周评论》第 23 期发表了一篇短文，题为《五四运动的精神》，第一次提出了"五四运动"这一概念。罗家伦当时热情洋溢地说："学生是运动的先驱，是最先觉悟，最早奋起的力量。他们无所倚傍，赤手空拳，为国家、为民族的命运奋斗。这显然是极可贵的牺牲精神。"由是，"五四事件"被现代的史家正式确定为"五四运动"。

美国哲学大师杜威先生是 1919 年 4 月 30 日踏上中国国土的。他有幸见证了五四运动从发生到发展的整个过程。当时，杜威在写给美国友人的信中，谈到了自己对于这场"科学"与"民主"启蒙运动的感想："这是一个奇怪的国家。所谓'民国'，只是一个笑话。可是，在某些地方，又比我们更民主些。这里有完全的社会平等，但妇女除外。议会，十足地是个虚幌的滑稽剧，但自动自发的舆论，现在这样，却有异常的影响力。"又说："顺便说一下，我发现我上次把这里学生们的第一次示威活动比作大学生们的起哄闹事，这是有欠公允的；整个事情看来是计划得很周密的，并且比预计的还要提早结束，因为有一个政党不久也要举行游行示威，学生们怕他们的运动（在同一时间内进行）会被误认为被政党利用，他们希望作为学生团体独立行动。要使我们国家 14 岁多的孩子领导人们展开一场大清扫的政治改革运动，并使商人和各行各业的人感到羞愧而加入他们的队伍，那可是难以想象的。这真是一个了不起的国家。"

为此，杜威仍在 1919 年 12 月的《亚洲》杂志上，撰文盛赞五四运动为"中国国家感情存在与力量的突出证明，如果还有什么地方的人对中国人爱国主义的力量和普及程度抱怀疑态度，那么这种证明就是深切而且令人信服的教训"。一年之后，杜威在《中国的新文化》一文中，再次肯定"五四新文化运动为中国未来的希望，打下了最为坚实的基础"。

5

这个时期，"主义与学潮"对于年轻的罗家伦来说，仍然是一件绝妙时物。可是，这却不妨碍罗家伦那一颗年轻而强壮的心，为一份猝不及防的爱情所奇异地击中。

扣响罗家伦爱情长跑发令枪者，是一位秀气到令人生怜的南方女孩，叫张维桢。她的父亲张钧丞先生，在当年的上海滩也算得上是一位海上闻人。她自己也是高学历的知性女人，后来修业于沪江大学政治系，为美国密歇根大学的硕士毕业生。以张维桢当年的身世背景，即便是把她跟民国时风靡于一时的林徽因等才女放在一处，相信也是毫不逊色的。只是张维桢这女子的本事，太令人惊奇。她居然令五四运动的风头健将罗家伦先生，一见之下，大为倾心。此后，罗家伦竟沿着张维桢所划定的爱情轨迹，无怨无悔地长跑了整整八年的黄金岁月。这就令后人在惊异于他们的一份晓风白莲的爱情之时，反而忽略了张维桢的"庭深春草绿，高门晓露寒"的才能。

后来，罗家伦在回忆起与张维桢的初次相见时，就说：

五四运动原本是告了一个段落的。可是，到了1919年年底之时，因为北京各高校的学生，要逼迫当年的北洋政府取消一个屈辱的军事协议，学生与政府间便又掀起了轩然大波。"当时，政府有命令通缉我和方豪等几个人，我当时住在嵩祝寺八号。到吃饭的时候，忽而来了八个马队，把我前门围住了。我从后门走到黄振玉的家里，由他家里带了一副黑眼镜和一顶风帽，逃到北大一院。因为他们正派我做代表，叫我和张国焘一同去（上海）。"于是，罗家伦与张国焘两个人便直接沿着火车轨道往前走，一直走到了天津的丰台。然后，他们便在那里登车，南下去了上海参加"全国学生联合会"。罗家伦在上海盘桓了月余，一直到北京的风声过去，这才又重新返回北京。

正是在这一段时间，罗家伦意外结识了从浙江湖州女校，来到上海声援学生运动的张维桢。

罗家伦人很丑，可是，这时他的名气很大。罗家伦自北京来到上海之后，便被上海的男女学生们簇拥着，作为一个英雄看待。罗家伦每天都要参加好几场情绪激昂的报告会。来自湖州的女教员张维桢，便是众多罗家伦钦佩者中的一员。

当时，张维桢手拿着一本黑皮软抄的笔记本，总是坐在第一排，她低头把罗家伦报告的要点，认真地记在笔记本上。张维桢写得一手娟秀的楷体蝇头小字，这引起了罗家伦的注意。他格外地多看了张维桢几眼。当时的张维桢,穿着一件锈红的灯芯绒长袖夹袍;一头瀑布般的乌黑头发,仅用了一根乌绒发带松松地挽住;脸色白净,施了一层淡淡的脂粉;额前飘逸的几绺刘海,流动了当年民国女子的一种特别韵味。

罗家伦一时发怔,侃侃而谈的语气,竟因此噎住了。

紧接着,罗家伦所做出的反应,却跟自己信誓旦旦的"罗氏爱情定律"撞了车。不久前,罗家伦曾经在自己主办的《新潮》杂志上,发表了《妇女解放》一文,当时,他潇洒写道:"婚姻是一种男女共同的生活,所以必先有双方人格上的了解。中国旧式的婚姻牵两个素不相识的男女结合,不必说了,就是现在根据'一面爱'或者'照片爱'的所谓的'自由结婚',难道有人格上的了解吗?"

这一次,罗家伦跟张维桢相见恨晚。他们之间只有一个短暂的接触,1920年初,罗家伦返回北京后,即忙不迭地给张维桢寄了两张风景明信片。接着是两张小型风景照片。意犹未尽的罗家伦,后来干脆又给张维桢寄出了一封长长的个人简历。

罗家伦的意思,张维桢懂得。张维桢莞尔一笑,就回赠了罗家伦一张小小的玉女单人照。这样的浪漫相当古典。后来,张维桢取笑罗家伦的表白,其实已经类似于旧时的才子佳人们,互赠扇子手绢式的鱼素传情了。

五四运动过后,著名实业家穆藕初捐出了五万银元,给北京大学奖励优秀的学子,资助北大把最好的学生选送到西方发达国家去学习。周炳林、段锡朋、罗家伦、汪敬熙、康白情五人,有幸成为享受这奖学金的第一批人。这件事情,在当年的北京教育界一度引起过很大的轰动。学界戏称罗家伦等人的留洋,为北京大学的"五大臣出使西洋"。

于是,到了1920年8月,罗家伦等一行人便来到了上海,准备从这里搭乘海轮,远渡美国留学。

起先,有关这一趟的沪上停留,罗家伦原本有一个跟张维桢再见的设想。可是,一场突发的疾病,却打破了罗家伦的如意算盘。后来,罗家伦向张维桢写信抱怨,"来沪七日,大烧凡四十二小时"。张维桢最初并不知晓罗家伦的苦痛。这个时期,正是国内各中小学的暑假期。张维桢按照信中的约定,特意从附近的城市赶到上海。她见罗家伦爽约,便离开上海做自己的事情去了。这令事后的罗家伦大呼郁闷。

不久,罗家伦的病好了,罗家伦自己远涉重洋的时间也到了。汽笛鸣响,罗家伦眼望着邮轮在无限的苍茫中,驶离了波浪起伏的上海码头。罗家伦心底的思绪,怎一个愁字了得! 如此,大病初逾的罗家伦仍哆嗦着握笔的手,给张维桢写道:"来沪未能一见,心中很难过。玉影已收到,谢谢。不及多书,将离国,此心何堪,余容途中续书。"罗家伦在写这段话的时候,不慎将一滴淡墨掉在了洁净的纸上。他望着在信纸上静静洇散的墨痕,尽量克制心中的落寞。

这时,张维桢仍在浙江湖州的湖郡女校教学。八月的湖州,秋风送爽,黛山在云层间隐约。张维桢最要好的两个闺中女伴是毛彦文与余雅琴。前者沾惹上中国比较文学鼻祖吴宓的毫光,后来名噪于整个民国时代。但是,毛彦文最终下嫁的,却是民国的老人熊希龄。余雅琴则与现代儿童教育家陈鹤琴先生结成了连理。当时的毛彦文与余雅琴,对于发生于张维桢与罗家伦之间的书信传情,了然于胸。毛彦文、余雅琴对罗家伦这个"五四健将"的声名也是如雷贯耳。毛彦文、余雅琴听到罗家伦即将到来上海,出于一种好奇的心理,仍竭力撺唆张维桢上海一见,两人表示愿意陪同张维桢上海一行,只可惜与罗家伦失之交臂。

邮轮驶入公海之后,心情恶劣的罗家伦,翻出了傅斯年不久前写给自己的信件来消遣。当时,傅斯年也是从上海吴淞码头,乘邮轮到英美留学的。当年,素有"民国第一牛人"称号的傅斯年,仅仅不过从上海的四马路一带匆匆一过,可他却在写给罗家伦的信件中,对于上海的市容市貌大加讨伐:

"在上海住的时间很短暂,没得什么益处。但见四马路一带的'野鸡',不止可以骇然,简直可以痛哭一场。社会组织不良,才有这样的怪现状;'如得其情,则哀矜而勿喜!'"

"我觉得上海有一股绝大的臭气,便是'好摹仿'。请看上海话里,一切名词多是摹仿的。不直陈其事,而曲为形容,拿甲来替代乙,拿丙来比喻丁,其结果无非令人肉麻罢了。至于行动的摹仿,更不要说。从摹仿'仓圣',以至于模仿'洋崽子',虽等差不同,要都是摹仿。良家妇女摹仿妓女的衣服,良家子弟再摹仿良家妇女的衣服,或竟直接摹仿妓女的衣服。"

最初,罗家伦读罢傅胖子的妙论,曾经对于傅斯年的幼稚嗤之以鼻。可是,此时心境不佳的罗家伦,却对傅斯年的妙论心有灵犀。于是,邮轮刚刚抵达彼岸,罗家伦即急不可耐地拉起了傅斯年的手,跟傅胖子声讨起了上海的世俗!

傅斯年大笑。

6

罗家伦在美国住下之后,起先选择的是一所叫"普林斯顿大学院"的美国大学。该大学虽然戴了一顶"大学院"的高帽子,求读的学生却不算多,只有 130 名学生。可是人家实行的是真正的精英式教育。全校有 100 名大学教授,师生的比例几近于一比一,一律要求大学教授们零距离地贴近学生,实施的是一种新型的快乐教育法。罗家伦最初的感觉,简直是爽透了。师生"一同寄宿,一同吃饭,一同谈天,一同讨论,一同游戏……",只布置很少的作业,这仍近似于当年北大师生间的一种对坐论证的学习风气。

于是,罗家伦倏忽又想起了留在国内的,江南三月寒林如画之间的张维桢。他的心,伊始流动着一种温润的心绪。

罗家伦给普林斯顿大学院下的第一个评语是,"美如春花,静如古寺"。这虽然有点日本古典美文中,《草枕子》、《徒然草》的唯美、寂静的况味,可是对于人在远方、思念佳人的罗家伦想来,已经颇有一种"无数檐花落定中"的伤情。于是,心绪如水的罗家伦,强忍住从心湖中漾起的涟漪,立即着手给上海近郊的"薇桢吾友"写信:"此地的风景好极了! 秋天的景象,衬出满林的霜叶。明媚的湖光,傍着低回的曲径,更映出自然的化工。晚间霜气新来,树影在地;独行徘徊,觉得淡淡的月色常对着我笑。唉! 我爱此地极了!

今寄上大学院照片一张,聊供清览。"开始,罗家伦在组织着这样的文字时,心境是忐忑的。不久前自己曾爽约于佳人。虽然是事出于病,无计可施,可罗家伦仍然害怕美丽的张维桢会因此生恨。如此,这罗家伦的第一封信便摆出了一份谈天说地的谦和姿态。罗家伦字外未写的意思是:你看现在的我,虽然身处于一种绿叶飘香、苔藓流芳的绝美环境中,可是,独在天涯成了一个孤零零相思客的我,面对这样一份清寂的美景,何尝不是平添了心底的惆怅呢?

罗家伦(后左),冯友兰(后右),杨振声(居中)1920年于纽约

张维桢是一位出身于名门的有教养的女孩子,对于罗家伦那样世家子弟的矜持心态,罗家伦不情愿解释,张维桢却也轻轻一笑,就此放过。

罗家伦语调轻捷地说道:此时霞光遍洒,此时众花含苞待放,此时谁个少女不善怀春,此时又有谁个少男不善钟情呢? 于是,罗家伦与张维桢之间的迢迢万里传书,便在清真、灵素、水影、阳春的一种时节中,徐徐地展开了。

过去的年轻人谈情,即使是双方都认为把恋爱关系确定下来的一种情形,相互间的交往仍然讲究一份矜持,这就是民国男女交往时的有气派、有架子。后来,事情过去数十年之后,老妪张维桢把自己贮藏到纸张泛黄的情书,如数家珍地指给女儿罗久芳看。罗久芳十分惊奇。原来传说中热情洋溢的父亲罗家伦,在与母亲十分频繁的情书来往中,竟十分不习惯于使用"我爱你"这样的字眼,他跟少女张维桢讨论得如鱼得水的话题,却是双方的学问心得。

例如1921年3月8日,罗家伦给张维桢写信说:"我听说你求学的情形,更使我高兴;希望你照着这个方针进行,先以能自由读外国书为第一要义。"接下来,罗家伦便为这句话下了一个眉批:"惟有'学问'乃是我们终身的事业。"当年,"五四"一代的年轻人,是"风声,雨声,读书声,声声入耳;国事,家事,天下事,事事关心"的朝气蓬勃的新青年,因此,罗家伦希望自己爱着的女子,能在风雨如磐的时局中,学一点中国的近代史,了解到中国近代积贫成弱的原因,以后才能与罗家伦一起去拯救国家。知国家之耻辱者近于勇。这是罗家伦的恋爱座右铭。这样,想到未来的九万里鲲鹏正举,罗家伦就常常忍不住要把张维桢作为自己将来趣味相投的伴侣,他颇为期盼那种"彼此间在做学问和做人上相勉励的"幸福生活能早点到来。

罗家伦与张维桢的幸福爱情生活中,罗家伦经常赠送张维桢的爱情礼物,便是各类的书籍。因此,1921年下半年,罗家伦从古木苍苍、杂草怒生的普林斯顿大学院转到哥伦比亚大学求学之时,为了让张维桢的思维,能跟上自己正在钻研的教育哲学和思想史,罗家伦特意给张维桢寄去了易卜生戏剧三种和王尔德戏剧三种的英文本,要知道这些书在当时的国内,是难得的精品。红袖添香、举案齐眉固然是每一个中国士子所向往的,可是像罗家伦这一类五四新青年,却不能满足于初雪浅浅时分的红袖添香了。他需要"诚恳的心思,愿随太平洋的水流到彼岸"。当两个爱着的男女目光在同一本书上相遇之时,虽然远隔重洋,也有一种怦然心动的感觉,那才是一种完美的精神享受。这是罗家伦最喜欢的一种含蓄的爱情境界。

后来,罗家伦成了故人,女儿罗久芳陪老妈张维桢到台北附近的乡村散心。晚晴的初秋溪山,溪中有静静游弋的鱼,有时劈开水面跃起,斜阳映照下望之,颇似一把银刀。女儿罗久芳问母亲:我发现父亲年轻时从来不吃醋的,父亲有点大男人主义哟。张维桢立即笑了。她认真地跟罗久芳讲:其实不是的,你父亲是一个外冷内热的诚实男子,年轻时爱着母亲的父亲,跟其他敏感、任性,甚至有几分孩子气的恋爱男子并无不同。

原来,虽然是心有灵犀的爱人,可是双方分离的时间久了,就会产生一种坐卧难宁的焦虑感。有一段时间,张维桢在准备上海沪江大学的入学考试,写给罗家伦的书信登时就变少了,罗家伦大为大满,那一段时间寄给张维桢的书信,便酸溜溜地有了一种陈年老醋的味儿:"你近来少写信。想是你朋友很多,忘记在远方的人了。"言外之意是,是不是身边追求你的绅士多了,有点不在乎远方的为爱受煎熬的罗家伦了? 张维桢颇理解罗家伦心底的那一份焦灼，便寄了一张个人的三寸放大玉照给他。照片后面还特意写上了一行娟秀的字迹："爱人罗家伦玉存"。罗家伦收到张维桢的照片之后，兴奋得在静谧的寝室中大叫了一声，把当时正在看书的傅斯年胖子，吓得当时即"咔"的一声站了起来。傅胖子探过脑袋去看罗家伦手中的东西，发现罗家伦正一笔一画地在张维桢的照片后面，再添上"感激欢喜的心，不必我说"的字样，傅胖子不屑地"嗤"了一声，骂罗家伦是在"发花癫"！罗家伦也不生气，他知道傅胖子正处于感情的空窗期，傅胖子对于自己的爱情生活应该有一种淡淡的酸酸的味道。这样，罗家伦在给张维桢提笔回信时，便故意一边写，一边大声地念了出来："就是你的照片，使我看了生无限的愉快。"

可是，即使是如此心心相印的一对爱人，有时也难免产生严重的误会。有一回，罗家伦听人讲，远在上海的张维桢把自己写的信，一一给其他的女孩子看过，罗家伦忽然勃然大怒。后来，他在给张维桢的去信中，就讲了一些很不好听的话。事后，罗家伦虽然后悔，又给张维桢写信解释，张维桢却一律予以冷处理。如此，罗张两人竟像一对小孩子在认真赌气，他们在一段较长的时间中，不再互问信息。

7

当年，从国内去欧美留学镀金的学生，大致分为两种情形。

一种是为学得一项专业的技术，弄得一个硕士、博士学位的文凭派。这一派的志向类似于洋科举，书中自有黄金屋，书中自有颜如玉，国外发愤数年，将来回到国内便预备娶娇妻、住洋房的。另一种则纯粹是为了满足个人学习兴趣的学问派。罗家伦所谓的"为学术而学术者"，也就是近似司马迁所说的"究天人之际，通古今之变"，以学问与精神为救国经世之最高追求和理想，至于硕士、博士帽子能否戴到头上则不太在意。这后一派的大将是陈寅恪。声气相投的朋友则有毛子水、傅斯年诸人。

罗家伦也红着脸想了一下。此后，他离开美国普林斯顿大学院、哥伦比亚大学，又先后浪迹于英国伦敦大学、法国巴黎大学、德国柏林大学，前后历时六年余，听过无数侃侃而谈的各类课程。可是，真正靠谱的，可以摆得上桌面的文凭，罗家伦认真地屈指数了一下，对不起，一个也没有。学问倒是装了一肚子。因此，罗家伦便有三分羞涩地把自己归结于"不爱红装爱武装"的学问派。

1923 年，罗家伦的学业资助人穆藕初遭遇破产，罗家伦不再收到自国内寄出的奖学金。于是，罗家伦只得匆匆结束了自己在美国三年的读书生涯，携带自己刚刚完成了初稿的《思想自由史》、《科学与玄学》两部书稿，与其他学生一起聚集到了德国。

1923 年 9 月，罗家伦、傅斯年、陈寅恪、俞大维、毛子水、何思源、金岳霖、姚从吾、段锡朋、周炳琳、宗白华、曾慕韩、徐志摩等一大批民国学术史上赫然大名的人物，不约而同地来到了德国的首都柏林。至于这时中国留学生为什么会对柏林情有独钟，恐怕当年他们所看中的，主要还是"魏玛民主德国时期"柏林各大学中洋溢的自由而民主的学术空气。

但是，那个时候，德国正经历着有史以来最严重的通货膨胀。通胀的最高峰期，一美元可兑换四万亿德国马克。留学生口袋中的有限外币，上午兑换的德国马克倘使没有及时用去，至下午即成为了一堆废纸。至于柏林城中的本地居民，无数中产阶级家庭一生的积蓄，都为通胀这一只老虎吞为乌有。许多本地家庭不得不用旧报纸生火做饭，主妇们在上面浇上水，以便"更耐烧"一点。当时，从欧美各地蜂拥而至柏林的中国留学生们在度过了最初的一点快活日子之后，很快便也为柏林城中的这一场空前的大萧条与大饥荒，逼到了十分狼狈的地步。

不过，尽管如此，中国的留学生们，却没有为困厄的生活所吓倒。像罗家伦、傅斯年那样乐观的一些青年人，虽然他们口口声声号称是纯粹的学问派，却也阻挡不住身体内部蓬蓬勃勃的男性荷尔蒙的分泌，于是，他们便有了属于他们那个时代的雷人雷事。

最近,坊间流传着一本赵元任夫人杨步伟女士写的《杂忆赵家》,不讲多少冠冕堂皇的大道理,直奔鸡零狗碎的原色生活,读来却令人觉得有趣。当年,赵、杨这一对夫妻也滞留于柏林。杨步伟女士因此为后人留下了一幅罗家伦、傅斯年柏林留学写真图。

杨步伟说:"那时还有一个风行的事,就是大家鼓励离婚,几个人无事干,帮这个离婚,帮那个离婚,首当其冲的是陈翰笙和他太太顾淑型及徐志摩和他太太张幼仪,张其时还正有孕呢。朱骝先夫妇已离开德国,以后在巴黎见到的。这些做鼓励人的说法,我一到就有所闻,并且还有一个很好玩的批评,说陈寅恪和傅斯年两个人是宁国府大门口的一对石狮子,是最干净的。有一天罗志希来说有人看见赵元任和他的母亲在街上走,我就回他你不要来挑拨,我的岁数,人人知道的。(志希! 你还记得吗?我想你回想到那时真是你们的黄金时代。)"

罗志希便是本文的主人公罗家伦。杨步伟仿佛是要最大限度地满足读者们的窥私欲,又语调闲闲地讲到:当时,罗家伦正与一位中国在欧洲的女人(名字不详)狗扯羊皮地来回折腾,并陪其自柏林到巴黎游览。据说在陪其看戏时,曾"看得她头昏目迷舌伸心跳——跳得隔两座尚可听得"。罗家伦回来将自己的这一段艳遇讲给傅斯年听,傅斯年凝视了罗家伦那只丑而大的鼻子,心中大悲,出来即愤愤不平地跟杨步伟女士说:"心跳而能使隔座者闻之,绝无此理。想是使君之心与她之心心心相印,近在咫尺故可得而闻焉。"又一板一眼地跟杨步伟女士分析道,"她自巴黎归,听说甚不喜巴黎,大维谓是你领他(她)看博物院之过。我当时想起《聊斋》上一段故事。一位教官行时送其七品补服于其所识之妓,此一思想,甚若对不起朋友,然当时此想油然而来,非由我召也。先生之志则大矣,先生择路则不可。"

女人是记仇的。虽然王元化先生在《九十年代日记》中,回忆见过的杨步伟女士也说:"她是一个热心肠的人。矮矮的,胖胖的,但动作却十分敏捷。至今我还记得她圆圆的脸上,一对大大的眼睛总是不时地眨动着,这是她的习惯。"杨步伟女士绝对没有西施貂蝉式的美貌,但罗家伦不能当着赵元任夫妇的面,说赵元任与杨步伟走在街上,就像一个长大的儿子跟他依然年轻的母亲走在一起。男人想拍一个已婚年轻女子的马屁也没有这种说法。所以,杨步伟便幽默地把罗家伦的这段风流轶闻记了下来。

许多年以后,罗家伦在《忆志摩》一文中,讲起了徐志摩与张幼仪的离婚,他的表情却仍是伤感的:"有一天,他(徐志摩)在一个中国饭馆里同几位朋友闲谈。这几位朋友都跟他说,你单是吵离婚,而不想法把你太太有所安顿,是离不成的。于是,天真的志摩居然认真地问计。他们说:'最好你为你太太找一个替人。'大家谈得随便的时候,志摩又提出找谁做替人好的问题。于是大家想到志摩的好朋友哲学家金岳霖还没有结婚,最好让志摩移交给他。哪知道隔开一堂屏风,金岳霖正在那边吃饭,于是金岳霖轻轻地把屏风推开,站在他们饭桌前面叫声:'嘿!'满座为之大惊,但是这班有风趣的人,彼此都不在意。"

金岳霖当然不愿意从徐志摩的手中接过婚姻的接力棒。因为徐志摩爱的,也是金岳霖的挚爱,他们拥有一个共同的精神恋人林徽因。何况,当时,金岳霖正跟一个新潮的美国女子秦丽琳,过着同居生活。金岳霖脸上的表情写着几个字:我现在不需要别的女人,我很满足。因此,后来,徐志摩与张幼仪在柏林离婚时,金岳霖不仅没有成为徐志摩的"接班人",反而与吴经熊一起成为了徐、张离婚的"见证人"。

赵元任、杨步伟夫妇即将离开柏林打道回国的前夜,罗家伦在赵杨夫妇的旅馆中滞留到很晚。起先,赵元任为罗家伦的兄弟友情所感动,跟杨步伟说,柏林桃花千万朵,不及罗兄送我情。赵元任复宽慰罗家伦说:罗兄不必做小女儿情态的伤感,等罗兄学成归国,我们很快就会在国内再见的。最后,罗家伦才话题一转,吞吞吐吐地说出了自己的来意:"可不可以借几十元出来,我们大家欠张幼仪的家用,应到期的钱还没到,暂挪我们一点还账。"当时,赵元任夫妇在穷困的留学生之中,绝对属于宽绰的小地主阶层。赵元任为人豪爽,不像当时某些吝啬的留学生,手头有了几个闲钱,便像老母鸡护住自己刚下的鸡蛋,千方百计地藏着掖着,生怕给旁人抠去。罗家伦说,赵元任梁山好汉宋公明"及时雨"的好声名,是显赫于外的。他这次就是慕名而来的。赵元任耳根软,最听不得人家的好话,当即翻箱倒柜地拍出了40

美元的大钞票给罗家伦。赵元任、杨步伟夫妇并肩于窗口望着罗家伦的离去。夜色中的罗家伦,竟然润滑如一条畅达的鱼。

罗家伦把借来的钱,立即交到离婚后寡居的张幼仪手中。当时,张幼仪既感激又伤感。是时为秋天的中夜,月光瓢泼如水。熟睡的柏林城中树木如墨,屋影幢幢。风欲静而夜啼,有秋季开的花香,若无还有地传送过来。想到徐志摩的绝情,张幼仪把睫毛长长的眼帘垂了下来,叹了一口气,跟罗家伦说:"我是秋天的一把扇子,只用来驱赶吸血的蚊子。当蚊子咬伤月亮的时候,主人将扇子撕碎了。"罗家伦一时觉得心中大动。

张幼仪

回到寝室,一时没有睡意的罗家伦,看到室友桌子上,有一本正摊开阅读中的松尾芭蕉《嵯峨日记》。罗家伦坐下默默地读了起来:我深怜你的声音缥缈而又多情,我深怜你的声音可悲而又无能,我深怜你的无能而又沉静,我因你绰约的身姿而泪湿衣袖。试问,这世上有谁没有为情所迷,而无限地忧伤呢?

哎呀,原来竟是这样子的。罗家伦从心底轻轻地叹喟了一声。罗家伦承认:那被徐志摩抛弃的楚楚怜人的张幼仪,没有把金岳霖套住,却深深地吸引了自己。

后来,张幼仪的侄孙女张邦梅,在为她执笔回忆录《小脚与西服》时,便有了这样幽静的一段文字:

柏林所有的中国人当中,有个人待我特别好,他叫卢家仁(译音),有一双好大的手,手上面毛茸茸的像只熊。他每个星期都来看我好几回,不是和我一起坐坐,就是陪彼得玩玩。以前我从没有和男人坐得这么近过,可是我猜想他是来看彼得的。当时多拉和我租了一个住宅的三个房间,卢家仁来的时候,彼得就和我们一起待在起居室,其他客人来的时候，我就叫彼得到别的房间和多拉玩。有一天我们坐着喝茶，彼得在铺在地板上的一块毯子上玩耍的时候，卢家仁问我："你打不打算再结婚？"虽然我当时还很年轻，大概才二十三岁，可是四哥写信告诉我，为了留住张家的颜面，我在未来五年内，都不能叫别人看到我和某一个男人同进同出，要不然别人会以为徐志摩和我离婚是因为我不守妇道。而且我明白我在家乡还有个儿子，我一直没教过他，在我善尽做母亲的责任以前，我不可以嫁进另外一个家庭。所以，我没敢把卢家仁那句语气温柔的话听进耳朵里，于是我看着我的茶杯轻声说："不，我没这个打算。"卢家仁听完，过了一会儿就走了，从此再也没按时来看过我。我没办法相信有人会爱上我，而且对卢家仁问起我结婚打算这件事感到别扭，我从没说过任何鼓励他问我这种事情的话。也许我当初根本不应该让他来看我的，难道他一直在追求我吗？那就是"自由恋爱"进行的方式吗？他爱不爱我呢？也许他只是想出出风头，才企图娶我？

张邦梅为姑奶奶写的这段个人史以英文写就，谭家瑜在译成中文之时，对于当时柏林的情境与人物均不熟悉，便随手把"罗家伦"译成了"卢家仁"。一些当年柏林的当事人证明，罗家伦对于当时的张幼仪曾经颇为呵护，所有与罗家伦有过交情的朋友，都会笑呵呵地证实：那家伙确实"有一双好大的手，手上面毛茸茸的像只熊"（梁实秋在《记罗家伦》文中，就说他"两手肥硕臃肿，如熊掌然"）。

这样，罗家伦的追求张幼仪，便发生于与张维桢失去了联络的那一段空窗时期。

不过，罗家伦虽然被张幼仪拒绝，可是，他的心中却并不懊恼。因为，他收到了徐志摩后来引用为《新月》发刊词的两句话：一句是《圣经·创世记》中开门见义地说，"上帝说，要有光，于是便有了光"；第二句是雪莱《西风颂》中被广泛传颂的名句："冬天来了，春天还会远吗？"罗家伦甚为喜欢，便工整地抄在了自己的日记本上。

果然,没过多久,罗家伦便恢复了与张维桢之间的联系,继续他少年壮志的马拉松爱情长跑。

8

但是,虽然罗家伦、傅斯年的柏林留学生活,在杨步伟女士的《杂忆赵家》中成为了一种红尘旧事,可是,当年,他们真实的留学生活却是贫寒到令人心酸的。

罗家伦在柏林时曾经遇上一件十分尴尬的事情。那是 1923 年冬,窃贼光顾了罗家伦的寝室,把罗家伦的随身衣物一扫而空。罗家伦当时沦落到了"裸体归天"的悲惨境地。可是,那促狭的傅胖子却仍然用三分调侃的语气劝慰罗家伦:"昨晤姬公,闻真人道心时有不周,衣冠而往,裸体而归,天其欲使真人返乎真元耶!不然何夺之干净也。""此事如在小生当死矣。失色犹可,尽失色则不提色。失书则从此不念书。若失去衣冠,将何以为中国之人,而度此严冬耶?是非投河不可矣。想当年精卫投海,亦但为失窃耳。今写此信,是告你,我有一外套,你此时如无解决之术,则请拿去。虽大,容或可对付一时。帽子,我也有一个,但恐太小耳。"好在傅斯年为急难中的弟兄奉献了一件半旧的上衣外套、一个小号的帽子,不管傅斯年如何取笑,罗家伦我自从容。

当时,所有在柏林的中国留学生都穷到了出世涅槃的境地。罗家伦本来是学业资助人穆藕初破产,失去了国内经济来源,方跑到美元大幅升值的柏林来规避风险的。他哪里晓得在最初的阳光灿烂之后,接下来,竟然会是那样久长的风刀霜剑。

好在罗家伦的运气,从来都是"吉人自有天相"的。

其时,恰值罗家伦的恩师、老校长蔡元培再次辞去了北大校长的位子,携继娶的妻子周峻,以及长女威廉、三子柏龄等一干人,第五次游学到了欧洲。罗家伦向蔡元培大吐苦经。蔡元培绝对不能坐视不理,于是便向自己的挚友、此番自己欧洲游历的实际赞助人——上海商务印书馆的监理张元济先生去信询问：能否伸出手来，再拉自己的得意弟子罗家伦君一把？蔡元培老先生的面子无人肯驳。如此，张元济便很大方地给罗家伦寄去了1500国币。这件事被穷极潦倒的傅斯年等留学生侦知，大家便像吸血的蚂蟥般朝着罗家伦一拥而上。所以，这一大笔款子，确实帮助罗家伦、傅斯年等后来国家的栋梁之才，渡过了留学柏林时那一段最困苦的岁月。

张元济

其实，张元济对于罗家伦的经济帮助，并不是仅此一次、下不为例。

1926年底，罗家伦已回国在南京东南大学执教，南昌老家中因事急需一笔现款。罗家伦再次向张元济求援。张元济二话不说，即按罗家伦之要求，将500元现金分寄南京、南昌二地。

罗家伦于初次借款的十年后，经济上方大有起色。于是，罗家伦便于1935年11月，给张元济寄还了1000元，张元济很生气："朋友通财，万不能认为债项。"罗家伦则十分固执：老先生不收下，即陷晚辈于不义。张元济的收款属于义不容辞。1936年6月，借为张元济预祝70大寿，罗家伦寄去祝寿金1000元。1937年2月，罗家伦再次寄去还款1000元。张元济的两次借款，与罗家伦的三次借款，实际上反映出了民国年间的、一种清真的书生本色。

张元济先生早期参加过前清光绪帝的维新运动，因此，自称为"戊戌党锢子遗"，他的思想倾向于温和的改良派。罗家伦为五四运动时期成长起来的一代知识分子精英，后来加入了国民党，缠身于一些无聊的政治活动，可是他的本质始终是书生意气的。罗家伦小张元济30岁，他们的政治倾向不尽相同，因此这两人的忘年之交着实令人羡慕。

1948年8月，国家处于一个天翻地覆的大时代即将到来的前夜。张元济写信给罗家伦，对于窳败的国民党政府信心俱失："国内事无可言。财政败坏，一至于此。翁先生束手无策，王云翁亦踵决肘见。昨晤一友，去年九月赴美,近甫归国,云去时美币一枚值我国币四万,今逾千万矣。试闭目凝思,再过十月,不知是何景象。吾辈岂真将见亡国之惨乎?"而罗家伦身为国民党党员,人仍在江湖中,必须强迫自己对于国民党的未来抱有希望。后来,罗家伦选择了去台湾。留在大陆的张元济则兴奋地咏哦"及身已见太平来"。罗家伦永远不可能成为张元济老先生所期望的,"纯粹"的文人。

当年,罗家伦第一次向张元济寻求经济援助时,在一时冲动之下,与爱人张维桢断去了联系,跑去跟张幼仪表白又感情受挫,其时,罗家伦的人生色彩可谓一片灰白。

说起来,蔡元培新婚的妻子周峻,以及当时陪蔡元培来到法国的长女蔡威廉,俱是民国名扬于一时的才情女子。据说,蔡威廉曾经惹动罗家伦的英雄柔肠,罗家伦便跑去向恩师蔡元培请示:可否将自己升级为东床娇婿? 蔡元培答应替罗家伦去试探蔡威廉的口风。蔡威廉则表示,罗家伦固然有相当敏捷的头脑,可是他不是自己喜欢的类型,她理想中的爱侣应该是倾向于浪漫的艺术气质的。对于儿女婚姻大事,蔡元培先生的作风相当民主,女儿蔡威廉和罗家伦擦不起爱情的火花,做父亲的蔡元培也不能勉强。可是后来,这件事情在当时的北大校园中传开了,便有人编撰了一份蔡先生给罗家伦的婉拒信:"婚姻之事,男女自主,我无权包办。况小女未至婚龄,你之所求未免过分。"蔡威廉久已有闺中女子的一份嫣红,且在本次游学欧洲时,终于与留法学生林文铮萌动了爱情的幼苗。不过,这件事情,却颇令蔡元培为罗家伦的"落花有意、流水无情"之情境而觉得憾然。

当时,罗家伦处于窘迫之中,蔡元培先生之所以一开口就想到了向老友张元济求援,是因为张元济在蔡元培临行之际,曾经托蔡先生代为物色一个人品清嘉的乘龙快婿。张元济说,只要人好,家庭条件差一点也没有关系,他可以资助未来女婿的所有留学费用。蔡先生便想到罗家伦是一个相当不错的人选。

张元济爽快地答应了罗家伦所需的款项之后,蔡元培老先生便旁敲侧击地,向罗家伦谈起了张元济择婿的事情。这个时候,罗家伦的鸾星先动。他于 1924 年 8 月 30 日跟失散许久的爱人张维桢,重新修好了联系的通道。

这时期,罗家伦心底重新盛满的,俱是少女张维桢那份淡淡的锦熟容颜。如此,罗家伦写信婉拒了蔡元培的好意:"无论与何人订婚,皆愿于订婚前有半年以上之友谊。……最好于友谊发生时不必定有婚姻观念当先,以免反而拘束。"蔡元培之前曾经给老友张元济预支过一份秋华的信息,孰料竟然是好事难成,蔡元培便把罗家伦的回函悄悄地转给了张元济。张元济虽有怅惘,却也不能强求。张元济与罗家伦也始终保持了那份娴美粹然的友情。

这一次回复到正常爱情轨道的罗家伦、张维桢两人,感情不再有一点点的波折。他们之间的感情,升温得很快。从前的罗家伦,因为从没有从容认真地得到过一份爱的滋润,他给人的感觉似乎是比较粗放的。现在,罗家伦的一颗心找到了一个可停靠的蓝色港湾,他自在从容地沐浴于张维桢的爱情中,张维桢这才发现在罗家伦那一颗大丈夫的心中,其实也是缠绕着柔情似水的。张维桢曾经做过体育教员,体质于健康中自有一份端庄流丽的优美。于是,罗家伦便引用《诗经》中爱情诗"有美一人,硕大且卷,寤寐无为,中心悁悁","有美一人,硕大且俨,寤寐无为,辗转伏枕"来称赞张维桢。他以为张维桢的美,正体现出一种中国传统的伟大庄严的姿态美。

1925 年 5 月,罗家伦首次寄赠了张维桢一副颈珠。这礼物从侧面反映出了罗家伦对于亲密爱人的密如针脚的心思:"我选的一种颜色,自以为还清新,配夏天的白衣服或粉红衣服,都很好看。望你不嫌弃,作为我游览展览会的纪念,并作我想起你的纪念。"罗家伦想象戴上颈珠后的张维桢,"好妇出门迎,颜色正敷愉",浑身上下散发出一种丰润和悦的女性魅力。

其实,每一个恋爱中的女子,对于来自情人的甜蜜话语,即使重复地说上一千次,也没有哪个会觉得厌倦的。何况罗家伦是那样的富有才华,每次都能想到新颖词语赞美张维桢。罗家伦称赞张维桢是"翩若惊鸿,宛若游龙,容曜秋菊,华茂春松",说惊鸿游龙的活泼是张维桢的,秋菊春松的饱满也是张维桢的!张维桢的举手投足中、所展现出来的美,无一不体现着中华千年文化中,女子的健康、硕大、庄重的美感。张维桢在恢复联系之前,已有近五年的时间没有见过罗家伦的真人了。可是,现在又再接到罗家伦的密集来信。张维桢对于罗家伦分明有一种邻家大哥哥的初恋感,仿佛罗家伦昨天刚刚离开,依然还清楚地记得他的音容笑貌。张维桢为自己感动:原来真切地爱着一个男子,竟然可以是这样子的! 于是,1926年新年来临之际,张维桢便给罗家伦寄去了蜜枣和松子糖。这对于罗家伦也有一份暗示作用,预示着像蜜枣与松子糖般甜蜜的生活,很快便要来临了。

于是,罗家伦急不可耐地想回到国内,与阔别已久的亲密爱人重逢。1926年4月,结束了所有学业任务的罗家伦准备起航归国。只有到了这时候,归心似箭的罗家伦才狼狈地发现,他把身上所有的钱都用在了买书上,却忘记留下回国的盘缠和运书的费用。他写信给张维桢嘲笑自己。张维桢毫不犹豫地给罗家伦寄出了500法郎,解决了他回国的川资。

不过,命运仿佛故意折磨这对有情人。之前,张维桢为了完成自己的学业,曾经申请美国密歇根大学的奖学金,后来,很久杳无音讯。张维桢便把这件事情淡化了。1926年7月23日,盼望了许久的罗家伦终于回到了上海。可是在此时,张维桢美国密歇根大学的入学通知却到了。这样,这一对久别的情人,只有月余的相聚时光,接下来面临的又是一段长长寂然的分离时光!

因为相聚的时间实在是太少了,所以罗家伦、张维桢相聚在一起的时候,便特别感觉到了时光流动的生动与鲜活。他们每天临入睡前,望着外面的窗户人家,一盏盏的浅色的灯光,像天上的星星似的悄悄地熄了,他们便会愉快地想:今天我的爱人也在同一座城市中,在这样自然的灯光下入睡。第二天一大早,天空才只来得及现出一线的薄明,上海街道的一切均还包裹在一层薄暗微茫的光线中,但是这一对幸福的恋人却已早早地醒来了。他们是最早在上海的法国公园见面的一对年轻人,那里有高大的乔木,也有如缎子般的绿茵,在20世纪二三十年代的时候,曾经被视为上海知识青年恋爱的天堂。

罗家伦因为确定自己是真心爱着的,所以什么事情都喜欢抢在张维桢的前面说。罗家伦这数年周游欧美诸国,心中本来就挤满了各种奇闻异事,便要急如星火地向张维桢诉说。有人说，每一个恋爱中的男子，实际上都是一次新生的过程，他们会在下意识中，把恋爱中的女子看成自己的精神母亲。哪有小男孩不喜欢跟自己的精神母亲，吱吱喳喳地讲外面的闲静小事的？这一层心思，张维桢照例能够懂得，因此张维桢便微笑着倾听着罗家伦的讲话。有时，两个人在夏末秋初的明艳日光中，并排在公园中静静走着。那样的时候，便觉得连语言也是多余的。张维桢用眼角捎了一眼身旁的这个年轻健壮的男子，罗家伦穿着笔挺的西装，双脚的移动，令人联想到了山间刚刚下来的一只轻捷有力的兽。这清真可爱的印象，便令她真切地觉得了罗家伦的好。

这样甜蜜的约会，两人一天也不肯中断地，持续了两三周。有一次，罗家伦便轻轻地捏起了张维桢的手。张维桢感到自己被罗家伦轻轻触碰着的手心，血管的微微搏动。之前，张维桢的手，还从来没有被一个年轻的男子，这样小心地触碰过，因此，她也还从来没有体验过这样微妙的心悸感觉。那一刻，从张维桢心底涌上来的感觉只有一个：眼前这个男子是真心的。这人世间，以前从来没有过、今后也只可能有，眼前的这个男子这样情真意切地爱着她。于是，当时，在那样浓艳、壮阔的一种人生背景下，罗家伦与张维桢便把终身的幸福悄悄地订了下来。

张维桢赴美留学，一直到次年的秋天，方学成归国。

1927年11月13日，罗家伦与张维桢这一对有情人，终于举行婚礼。至此，这一对历经周折的爱人，终于成为眷属。

新婚之夜，携娇妻喜入洞房的罗家伦，曾经喜极流泪地手赠爱妻张维桢情诗译作一首：

要是我能同你，
爱呵，秘密的，
和造化小儿定计；
抓住这苦恼的宇宙安排，

罗家伦与张维桢的结婚照

一把搦得粉碎！

可能依咱俩的铺排，

重造得更称我们的心意！

诗的原作者叫莪默(Omar Khayyám)，为中世纪时一位相当出色的波斯诗人。五四一代的成名人物，像胡适之、周作人、徐志摩等人，在裘车肥马的得意之时，都曾翻译此诗以宣泄心中的快意。当时，三十娶妻的罗家伦也不愿意免俗。罗家伦将情诗递交到爱人的纤纤玉手，深情地吻了一下张维桢光洁的前额。他款款情深地轻咬了一下张维桢的耳垂，悄语：何以表白，唯有赋诗！

这样，罗家伦与张维桢的这段爱情传奇，在民国的学术界，便流传了一个风雅的段子。据说，新婚后不久的罗家伦，便接到了清华大学校长的任命书。他上任的第一件事情，便是去拜访柏林留学时期的老朋友陈寅恪，顺便赠送陈寅恪一本自己新近主编的书，叫《科学与玄学》，上面记载了张君劢、丁文江辩论的一些旧事。

陈寅恪对于罗家伦《科学与玄学》一书似乎兴致不大，他随手一翻便放在桌上。随即，陈寅恪笑眯眯地望着罗家伦说："志希，你又娶老婆又升官，尚未请老友喝一杯喜酒，这笔账我先替你挂起。今天，我就暂且先送你一副喜联，你觉得如何？"罗家伦赶紧说："正求之不得呢，我即刻让人买上好的宣纸回来请仁兄濡墨。"陈寅恪复笑，用一口糯软的南方口音作答："这个倒不必了，你只需认真听讲便是。'不通家法科学玄学，语无伦次中文西文。'这对联中镶嵌了'家伦'两字。"罗家伦听到这里，立即仰头哈哈而笑。陈寅恪继续一本正经地说："我还没有说完呢，听完了你再笑。我的横批是：儒将风流。你在北伐军中官拜少将，此为儒将；你新近娶得个漂亮老婆回家，岂不是风流？"

罗家伦击掌称妙。回去便跟冯友兰、陈岱孙几个朋友说了。这个段子，后来从朋友圈子中传了出来，一时，竟成为了民国学界一段风雅轶闻。

9

　　刚回到国内的罗家伦,一度担任过东南大学的史学教授。后来,却卷入了民国政治,曾担任过蒋介石的政治秘书、北伐军战地动员委员会文化教育方面的负责人,算得上是一个北伐功臣。

　　1928 年,蒋介石北伐成功。于是,新组建的蒋介石南京政府,为了标榜自己推崇大学教育的诚意,一度推行大学院制度,所请的第一任院长便是罗家伦的恩师蔡元培先生。蔡先生根据自己对弟子罗家伦的了解——当时,

任清华校长的罗家伦

罗家伦虽已投身政治,但是他的本性,却仍属于宁愿为知识、理想、自由而殉道的一类文人,政治于罗家伦的气质未必合适——推荐罗家伦为清华大学校长的人选。1928 年 8 月 29 日,由南京政府的外交部部长王正廷正式签署了罗家伦为清华大学校长的任命书。后来,有人羡慕地说:像罗家伦那样 31 岁即出任一所名牌大学校长的际遇,在中外的现代教育史上,都是难得的。

　　实际上,罗家伦在清华园执掌校长大印的时间并不长,从 1928 年 8 月至 1930 年 5 月间,大约不过 20 个月的时间。可是罗家伦对于清华大学的发展却是开拓型的。罗家伦在 1928 年 9 月 18 日的清华大礼堂宣誓就职大会上,即以"学术独立与新清华"为办学宗旨,提出了清华大学的"廉洁化、学术化、平民化、纪律化"四项办学指标。如此,清华能把握自 1928 年至 1937 年的十年民国黄金建设时期的机遇,从最初的一个半旧半新的学堂,一跃而为一个巍巍然屹立于世界各大学校的现代化名牌大学,除了周诒春、曹云祥诸位前校长的奠基性工作,罗家伦具有一个承前启后的相当重要的作用。

　　罗家伦走马上任伊始,仅带了在东南大学任教时自己所欣赏的郭廷以、

戈定邦、唐培经三个学生,以及中央党务学校的马星野、唐心一两位学生。这五人只能在未来的校长室做秘书,承担一些具体的事务工作。罗家伦真正得力的哼哈二将,却是请来当年北大时的同窗好友杨振声与冯友兰,分别出任教务长与秘书长的重要职务。罗家伦在就职时,虽然曾口口声声向清华的师大们说明自己的自由主义倾向,但之前的罗家伦在做蒋介石的秘书之时,也曾经一再表白自己的"国民党忠实党员"的身份;加上清华的两个重要位子——教务长与秘书长,罗家伦一上手便礼请了两位北大派的干将来掌握,因此罗家伦治校伊始,便有清华的教授与学生,在暗中失声惊呼了一声:呀,这国民党与北大的势力,要联手来侵占清华园了。

不过,不管当时的人们,对于罗家伦的治理清华存在过怎样的议论,现代研究民国教育史的专家们,则基本上肯定了罗家伦在清华期间的四大作为。

第一大作为,便是他一力促成了"国立清华大学"的新生。

我们知道,清华的起源,来自于"辛丑条约"之后的庚子赔款。1911 年,美国人在促成"清华学堂"的成立之时,并没有多大的雄心,他们只是想办起一所留美的预备学校,资助中国学生赴美留学,以便在中国的知识界培养一点亲美的种子。因此,它起步时"殖民"与"买办"的气息是颇为浓郁的。为了改变这种过分依赖美国的状况,清华第二任的校长周诒春,即已提出了将清华提升为正规大学的规划。但是,一直到曹云祥校长治校之时,清华才于1925 年成立大学部。当时,曹校长将清华灵活地划分为游美预备部、大学部和国学研究院三个学制。但是清华想要进入国立正规大学的行列,仍然困难重重。

1928 年,罗家伦走马上任时,蒋介石顾忌美国的感受,在发给罗家伦的"清华大学校长"委任书时,仍然不敢冠上"国立"二字。罗家伦大为不满。他请民国的大书法家谭延闿先生,为自己写了"国立清华大学"六个颜体大字,然后,请来当年北平的所有新闻媒体,集体观摩"国立清华大学"的学校招牌之揭幕仪式。罗家伦给蒋介石通电话:清华原有的学校招牌太旧了,卑职换了一块新的,请总司令指示! 蒋介石忖度罗家伦是敢说敢做敢承揽的一类书生,便不再多讲,便责成有关方面理顺关系,从速将清华园纳入国立大学的体系。终于,在罗家伦手上,实现了数代清华校长的梦想。为此,冯友兰颇有感慨地说:国立清华大学的问世,实为中国现代教育史上的一座里程碑。

第二大作为,罗家伦强硬地从贪官污吏手中夺回了"清华基金"。

前面我们已经讲过,清华学堂的经济开支是靠"庚子赔款"支撑起来的。当年,美国为确保这项资金专款专用,曾经成立了一个由美国公使和中国外交部共同负责的"清华基金保管委员会"。后来,这笔资金的实际使用权,却落在了少数的外交部实权人士手中,学校董事会也对该项基金负有一定的监督责任。

不久前,罗家伦在履行战地政务委员责任时,曾经于偶然中看到过清华基金账目报告,他发现有一笔外交部的股票,正栏填的却是当时外交次长陈篆的名字,仅此一项,陈篆即堂而皇之地将20万"清华基金"转入了私人的账户……如此,罗家伦上任伊始,即在给学校董事会的报告中,猛烈抨击外交部的少数官员投机倒把、大肆以"清华基金"中饱私囊。例如,罗家伦冷颜疾言地说:"清华基金向来是一个哑谜,很少人能够明白其实情。""大家知道清华有800万基金,但追问实际,就不免使人气短,必须彻底清查,严究以前的损失。"罗家伦忘了,学校董事会对于"清华基金"也是负有监督之权的。罗家伦指责"清华基金"管理混乱,实际上也是在指责学校董事会的监督缺失。学校董事会决定给这位年轻的校长一点颜色看看。于是,1929年4月,学校董事会全盘否决了罗家伦提出的学校发展规划和相关预算。

罗家伦立即以辞职为反击手段。罗家伦的态度很坚决:这劳什子破校长,一个媳妇,有教育部、外交部、清华董事会三个婆婆管着;同一件事情,大婆婆喊你往东、二婆婆喊你向西,小婆婆则让你立正。这样的校长,不让人家整出神经病来才怪呢。咱罗爷不伺候了,谁愿意伺候,民国政府请谁去干!

罗家伦摆出辞职的姿态,并不是真心想走,而是想把"清华基金"的控制权拿回教育线,以及教育部对之的专辖权。清华师生莫不认为罗校长在做一件大好事,便发动声势浩大的示威活动来声援罗家伦。罗家伦自己的反击手段也是澎湃有声。他回到上海的家中,即向各大报刊披露了权威会计师事务所对于"清华基金"的查账结果,其舞弊、贪污和流失的严重情况,引起了社会各界的震惊。美国驻华公使从罗家伦处知悉了"清华基金"的猫腻,也向南京政府表示不满。于是,罗家伦说服民国大佬戴季陶、陈果夫二人联名提案,又事先取得了蒋介石、谭组庵、孙科三位政府大员的支持,终于将清华基金的主权拿回了清华,而清华今后的管理权也专辖于教育部。如此,因教育、外交两部共管而衍生出来的清华董事会也失去了存在的基础。此役罗家伦赢得痛快淋漓!

此后,"清华基金"为了避免由校长支配所带来的误解,实际上是交由教育部辖下一个叫"中华教育文化基金董事会"的组织代为管理的。该董事会的第一任正、副董事长为蔡元培、蒋梦麟,操作具体事务的则为胡适、任鸿隽等专家学者。以后历届中华教育文化基金董事会之成员组成,均大抵遵循罗家伦时期由专家学者视事的组织原则,这是清华后来能贯彻"教授治校"之理念的,一个相当重要的经济基础。

第三大作为,罗家伦及时为清华更新了一大批教育设施。

"清华基金"拿回清华之后,中华教育文化基金董事会的代管团队,俱是罗家伦心意相通的同道中人。花钱已不是一个问题,问题是应该怎样花。于是,罗家伦起草了一份《整理校务经过及计划》的报告,提出了兴建图书馆、生物馆、学生宿舍和气象台等六大基础工程。罗家伦说:"大学里知识的发源地,就在图书馆和实验室里。"为此,罗家伦做出硬性规定,以后学校的年度开支预算中,必须将图书仪器的添置费增加到 20% 以上。清华图书馆的图书结构起先是偏重于西文书册的,不久即跨进到中西图书并藏,后来更发展成为跟北大图书馆、国立北平图书馆鼎足而立的三大图书馆之一。国立清华大学能从罗家伦的改制至抗战全面爆发的短短十年间,培养出钱钟书、费孝通、王力、季羡林、曹禺、王淦昌、钱伟长、钱三强、何泽慧、王大珩、赵九章等一大批大师级的人物,应该与罗家伦当初重视人文环境配套建设有

国立清华大学时期的图书馆阅览室

很大的关联。

第四大作为,是罗家伦对学术独立理念的深化。

学术化与学术独立化,清华受欧美学风影响,在周诒春、曹云祥二任校长手中即已打下了一定的基础。罗家伦到来后,使学术独立的思想更加深入人心。这方面的内容说起来不过是一两句话,做起事情来就繁密而复杂了。

罗家伦刚到清华时发现一个奇怪的现象:后勤不教书的职员之经济待遇,普遍好过一线教书育人的专家教授。罗家伦感到十分震惊。这应该是过去清华的辖治长期归口于外交部所带来的弊端。外交部的一批老官僚,一时失意,无其他地方可去,便纷纷看中了清华这个避风港可以养老。这些人的来头大,在外交部的关系也还有,所以在工资与生活福利方面也就好过在一线做实事的专家教授。人家一般的高校,校长致辞最通常的称谓是"教职员",可是,北平的学界嘲笑清华的结构是"职教员"。当初的清华,为贯彻教授治校的理念,曾经在校长的权力之外,设立"评议会"、"教授会"两个教职员组织,以制衡校长的滥权。另外,还有一个"学生联合会"的组织,恼起来的时候,同样是校长与教授们都惹不起。民国时期的大学,学生是"皇帝",教授是"神仙",校长是"走狗",校长是为教授与学生们服务的。但是,在罗家伦莅临清华的时期,"清华最高机关的评议会及各委员会,其中主要成员,大多为各部职员,而非各系教授",这就极大地挫伤了广大教授治校的积极性。

罗家伦的措施,便是想把颠倒了的本末重新扶回来。首先他精减后勤闲杂人员,将职员数由 95 人减至 72 人,一下子便砍去了 23 个名额。当时,清华教授的待遇,比北平的北大、燕京等各大高校都要低,罗家伦承诺经济待遇上要向北大看齐,将正教授的薪俸上浮到了 360 元至 500 元,其他各级别教师的待遇均有一定的提高。教授们高兴地说:来了罗校长,我们也可以将原先的"职教员"更正回"教职员"了。

不过,也不是所有的教授们都可以开心地笑出声来。罗家伦说:"要大学好,必先要师资好。"又表示今后在选聘教授时,坚决"不把任何一个教授地位做人情,也决不以我自己的好恶来定去取"。所以在罗家伦手下想要拿高薪的教授们,手中没有一点教书育人的真本事,还真的混不过去呢!因此,在罗家伦续聘的专家教授中,原有55名教授,因暮气与惰性,被辞去37人。罗家伦从国内各大高校广泛招揽了一批充满朝气的年轻人,充实教授队伍,像当年的萨本栋、周培源、杨武之、朱自清、俞平伯、叶公超等人,都是30岁上下的青壮年。当然,对于原先清华的文化重镇,罗家伦始终是执礼甚恭的,诸如陈寅恪、赵元任、金岳霖、陈达这样超一流的专家学者,罗家伦则亲自登门恳请留任。

罗家伦用人一个最大的特点便是唯才是举,没有什么个人的偏执心,也不理会民国学界的小团体小派别。当时,在清华执教外文系的吴宓,"五四"新文化大辩论时,吴宓曾经将罗家伦骂了一个佛祖升天!这次罗家伦来到清华做校长,吴宓心里哪里还能淡定,便请赵元任代为探一探罗家伦的口风。罗家伦哈哈而笑:"吴宓有什么可慌的?当初我们争的是文言和白话,现在他教的是英国文学,根本不是同一码事情。"后来,吴宓果然是有惊无险,每月的薪水还提升了40元。当日的吴宓日记中暗喜:"宓之月薪,已内定增为三百四十元。宓向不持与人比较或虚空立论之态度,自家能增四十元,亦佳事也。"

但是,一些滥竽充数的洋教头就没有吴宓那样的好运气了。清华园中有一个著名的饭桶教授,是来自美国的史密斯。这人名誉上是英文、拉丁文教授,但是上课时从来没有什么理义阐述,他的拿手绝活便是一堂课叫这个学生读一段课文,等到一段课文快念完了,又让另一个学生接下去再念,如此反反复复,生命不止,念课本不止。全体学生对他厌烦死了。但是,这个人在美国公使馆有人事关系,前面的数任校长均奈何不了他。罗家伦做过革命军中的少将,他可不能容忍这种事情,一拍桌子,立即请史密斯走人,同时被出局的外教有6人。果然,罗家伦这边刚动了史密斯,那边便惊动了美国公使出面为他说情。罗家伦很客气，说什么"公使先生也不想让外界误以为，史密斯先生即代表了当前美国的学术水平"之类的话语，这令美国公使赧然，不能再说出求情的话。

罗家伦的求才若渴还表现在对历史系主任的聘用一事。当时，罗家伦已经礼请来了自己的老师朱希祖先生。朱先生资格老，中国史又做得精，大家都认为由朱希祖来坐系主任这把交椅名至实归。可是，罗家伦却另有盘算，觉得让自己的老师朱希祖来领导历史系，朱先生的世界史是一块短板，这就令清华的历史系很难做成国际知名的品牌。于是，罗家伦想到了学贯中西的蒋廷黻先生。当时，蒋廷黻博士已经接下了天津南开大学的聘书，罗家伦便跑到蒋廷黻在天津的家中去恳请。罗家伦认真地跟蒋廷黻说："如果你不答应到清华来帮我的忙，我就坐在你家不走。"罗家伦说到做到，他果然在蒋家"磨叽"了蒋廷黻一个晚上。蒋廷黻挺不住，后来果然答应了罗家伦的要求。

其实，在制度的建设上，罗家伦还做过一些鲜为人知的尝试。例如，他整理原有学系，关闭一些不实用的学系，强化理学院；大幅度地扩大招生，以培养更多的国家人才；改良学术刊物，促进学术交流。当年，清华园是不招收女生的。罗家伦讲，要破了这个陋俗。可是，如果要把这个问题提交"评议会"、"教授会"磋商，则不知要费用多少个春夏秋冬。罗家伦的处理很明快，自己提笔在招生简章上加了"男女兼收"四个字，问题就解决了。他后来特招同样数学吃了鹅蛋的钱锺书，则明显地存了一分惺惺相惜的英雄意气了。

当然，罗家伦在清华园也走过麦城。谈到罗家伦的四项治校原则，冯友兰肯定地讲："学术化的成功最为显著，军事化的失败最为彻底。"其中，冯友兰所谓的军事化，便是罗家伦在德国柏林留学时，从那里的大中学学来的，德国人试图用它来训练一种一体化的国民素质。罗家伦将它搬到清华园之后，将全校学生分成了四个方队，各设方队长一名；要求学生一律穿制服，早晚点名，按点作息；无故缺席要记过，三次小过算一次大过，累计三次大过即开除。起先学生的感觉还好,大家相互调侃,可以改掉睡懒觉的坏习惯。后来到了冬天,能够早晨六点起来上操的学生就寥寥无几了。冬季微雨的一天,只有罗家伦与教务长杨振声两人穿了制服马靴,精神抖擞地站在训练场上。同学们都躲在寝室中,往窗玻璃上呵着白气,取笑操场上的罗家伦、杨振声像两只猴儿。这早操一项,在学生们的"集体抵制"下,最后消失得无影无踪。这件事情,令罗家伦跟学生会的关系一度相当吃紧,这后来也成了罗家伦黯然离开清华的一个诱因。

想当初,罗家伦挟"国民革命"之余威,羽扇纶巾,雄姿焕发,以少将军衔入主清华园,他在清华园中开局的几步棋走得都不算坏。他曾经有在清华园中,好好地做一番事情的大梦想。

只是,后来,时局有了很大的变动。1930 年 1 月,阎锡山公开与蒋介石决裂。5 月 1 日,中原大战正式拉开帷幕。阎锡山出重兵阵列于华北。以当时的情形而言,罗家伦属于蒋介石江浙一派国民党成员,他是非走不可的。当时,像蒋介石、李宗仁、阎锡山等一些国民党的政治强人,都有附会风雅的怪脾气。仗要打,血要流,人要杀,政治上的肮脏照旧,却每个军政大佬都喜欢摆出重视教育的姿态,或许当时的政治强人们都认为这是名垂青史的好机会。阎锡山仗打得稀松平常,却也对入主清华园兴趣盎然。他推荐山西籍的乔万选为清华大学校长的新人选,这才在暗中发起了驱逐罗家伦的学生运动。

后来,罗家伦在总结自己入主清华园的 20 个月校长生涯时,曾经有过这样一句话:"我不知道什么顾忌,人家对我的仇恨我不管,我为的是清华的前途,学术的前途。"罗家伦不论在什么环境下,做什么事情,总是充满信心的。于是,后人在总结罗家伦的失败时,便又有人讲:罗家伦毕竟不是一个完人,他那时才 30 多岁,年轻好胜,好展现自己的才华,思想激进,对于现实中萎靡的状况毫不容情,所以他在无形之中,就得罪了相当一部分的人。再加上他的国民党政治背景,而且他在办几件大事之时,也切实利用了自己在国民党上层的关系,这就令标榜自由与独立的清华人,颇有点看不上罗家伦。此后,罗家伦试图破除清华人的"小群意识",他引进了一批有北大背景的教授,这也触犯了当年某些清华教授中,"清华人管清华"的心理底线。所以,当时在清华学生会的压力之下,罗家伦摆出了走的姿势,教授会却没有站出来挽留。如此,罗家伦在这样一种复杂的政治、文化、学术环境与利害冲突的情景下,除了选择娜拉式的出走明志,已经没有其他的空间了。

关于罗家伦在清华园经营20个月所取得的成绩,有两个人的评价是颇为中肯的。

一个是罗家伦的老朋友、国学大师陈寅恪,说到罗家伦的出色之处,他也不为亲者讳:"志希在清华,把清华正式地成为一座国立大学,功德是很高的。"台湾的苏云峰教授研究清华校史,所取得的成就至今无人能及。他认为在清华的百年发展史上,周诒春、曹云祥、罗家伦、梅贻琦四位校长,是值得让后人景仰的仁者。周诒春、曹云祥拓荒,罗家伦拔刺,无为而治的梅贻琦校长则开创了清华园的"杏花疏影里,吹笛到天明"的一个风流时代。因此,苏云峰击掌赞许道:"现在很多人只知道梅贻琦是清华大学的功臣,而不知道罗家伦的奋斗成果与经验,实为梅氏的成就,铺下了一条康庄大道。"

10

辞去清华校长之后,罗家伦受命为中央政治学校教务长兼代教育长。虽然仍然做的是教育行政工作,但是这个学校的来头很大,校长由蒋介石亲自兼任。罗家伦大树底下可乘凉,日子过得一度颇为悠闲。

但是,像罗家伦这样的教育干将,到得吃力的紧要关头,总有人惦记起他。其时,组建仅仅数年的中央大学,因学潮澎湃,前后数任校长一直未得上手,将教育秩序引上正轨。罗家伦北大时的老师、时任教育部长的朱家骅,便亲自登门来礼请罗家伦再度出山了。罗家伦起先颇为犹豫,怕再弄出一个骑虎难下的清华局面,这糗就出大了。朱家骅劝他:志希,我们这些做实事的人,善做者,愈是挫折愈长精神;不善做者,稍遇小挫,才喉头生痰瘤呢。何况,教育是什么?那是关系到国家民族前程兴衰的一件大事,岂容你半途袖手不管的！罗家伦这才为之敛容正听。

国立中央大学正式挂牌于1928年5月。它的早期雏形，为清光绪二十八年(1902)张之洞署理两江总督时，所创办的三江师范学堂。民国4年(1915)，扩建为南京高等师范学校，这是该校步入现代教育的一个开始。1921年，再在"南京高师"的基础上筹建东南大学，成为中

原国立中央大学正门及大礼堂

国最早期的国立综合性大学之一。以后，相继经过了"国立第四中山大学"、"国立江苏大学"的时期。

国立中央大学在罗家伦入主前的一段时间，可以用"乱象环生"四个字来形容。

1928年5月至1930年10月的"国立中大"校长为张乃燕。任期内张乃燕曾经三次请辞。第一次请辞，因民国元老吴稚晖不肯蹚浑水而未果。后面两次请辞则主要为办学经费困扰，校长没本事提高广大师生的生活学习质量，只好拍屁股走人。1930年底，原中山大学校长、国民党中央执委朱家骅接手国立中大事务，他任校长的一年余，日子也不好过。于是，只好学了张乃燕的样，三上辞呈。那个年代的学生，本来就牛气冲天。1931年9月28日，中大学生为声援九一八事变后的东三省抗日；至中央政府机关游行示威，外交部部长王正廷言语间颇为傲慢，学生们便拳脚相加，殴打了王正廷。这种事情发生，校长必须第一时间站出来承担责任，这是朱家骅一上辞呈的缘由。随后的两次请辞，仍跟"国立中大"的经费有关。江苏省政府停拨"国立中大"经费，"国立中大"教职员有三个月未领到薪水，师生看朱家骅的眼神早已充满了怨怼，朱家骅直觉学潮一触即发，于1931年12月底坚决辞职。(蒋介石体谅他，数日后即被任命为教育部长。)

接下来，"国立中大"之局面果然一发不可收拾了。1932年1月8日，国民政府发布桂崇基为校长，遭到学生的反对与殴辱。1月31日，改任命著名

朱家骅

科学家任鸿隽为中大校长,任坚辞不就,只好请"国立中大"的法学院院长刘光华代理校务。6月27日,行政院好说歹说,终于劝动教育部政务次长段锡朋,至"国立中大"代理校长。这段锡朋是一个倒霉蛋,上任仅数小时,即跟学生比起了全武行。这段锡朋的手脚显然没有学生的灵活,长衫被撕破,头面部也被弄了一个鼻青脸肿,径赴鼓楼医院治伤。朱家骅大怒。在蒋介石的支持下,便于1932年6月29日,下令解散了国立中央大学,教师解聘,学生一律离校"听候甄别"。7月初,国民政府组成中央大学整理委员会,聘请蔡元培为委员长,李四光为副委员长代行校长职务,负责处理相关的善后事宜。

因此,在上面一种情形之下,任何一个人再担任中大校长一职,都应该是战战兢兢、如履薄冰的。罗家伦之上位,真可谓天将降大任于斯人也。

1932年9月5日,是罗家伦到"国立中大"上班的第一天。朱家骅打电话问他要不要派几个军警护送。罗家伦笑着回答:如果是这样,我便不是去做校长,而是去做一个囚犯了。罗家伦只叫了一辆黄包车把自己拉到"国立中大"的校门口。当时,有学生会与教授会的代表们到校门口迎接他。罗家伦的亮相方式,令好斗的"国立中大"学生大为意外。罗家伦谦虚说:我这次来中大主持校务,事先与大家约定以三个月为考试期。如果大家认为我这个校长是好的,可行的,希望三个月的考试期满,大家继续配合我的工作,完成好各自的教与学任务。如果大家仍然觉得我这个校长是坏的,也不一定要等到三个月期满,大家头一天弹劾,第二天我立马走人! 当时,"国立中大"的多数师生动极思静,而且,罗家伦走马上任所做的第一件事情,便是跑到江苏省政府去把积欠教职工们的薪水弄了回来。

罗家伦跟大家约定的"三个月"考试期到,"国立中大"师生们望着罗家伦的神色,仍然是笑容可掬、春风拂面的。走在"国立中大"的校园中,树木青翠入骨,书声楚楚动人。如此,罗家伦的校长一职也就无风无浪地继续做了下来。

由此,罗家伦带领国立中央大学,走进了十年黄金的发展时期。

1932年10月11日,罗家伦对国立中央大学的全体师生,发表了题为《中央大学之使命》的治校演说。该演说既传承了他在清华任职时的教育理念,也有根据当时严重之时局,对广大师生更加殷切的期盼。今天读来,于现今大学教育仍不无可借鉴之处。

罗家伦说:"现在,中国的国难严重到如此,中华民族已临到生死关头,我们设在首都的国立大学,当然对于民族和国家,应尽到特殊的责任,就是负担起特殊的使命,然后办这个大学才有意义。这种使命,我觉得就是为中国建立有机体的民族文化。我认为个人的去留的期间虽有长短,但是这种使命应当是中央大学永久的负担。"

为达到这样的目的,罗家伦提出了树立"诚、朴、雄、伟"之优良学风的要求。

所谓诚,即谓对学问要有诚意,不以它为升官发财的途径,不以它为取得文凭资格的工具。对于我们的使命更要有诚意,不作无目的的散漫动作,坚定地守着认定的目标走去。要知道从来成大功业、成大学问的人莫不是备尝艰苦、锲而不舍地做出来的。我们对学问如无诚意,结果必至学问自学问,个人自个人。

所谓朴,就是质朴、朴实的意思。从前讲朴学的人,每著对一书,往往费数十年;每学一理,往往参证数十次。今日做学问的和著书的,便不同了。偶有所得,便惟恐他人不知;即无所得,亦欲强饰为知,很少肯从笃实笨重上用功的,这正是庄子所谓"道隐于小成,言隐于荣华"的弊病。我们以后要体念"几何学中无王者之路"这句话。须知一切学问之中皆无"王者之路"。崇实而用笨功,才能树立起朴厚的学术气象。

所谓雄,就是"大雄无畏"的雄。今日中国民族的柔弱萎靡,非以雄字不能挽救。现在中国一般青年,每每流于单薄脆弱,这种趋势在体质上更是明白地表现出来。今后吾人总要以"大雄无畏"相尚,挽转一切纤细娇弱的颓风。男子要有丈夫气,女子要无病态。不作雄健的民族,便是衰亡的民族。

所谓伟,就是伟大崇高的意思。今日中国人做事,往往缺乏一种伟大的意境,喜欢习于小巧。我们今后总要集中精力,放开眼光,努力做出几件伟大的事业,或是完成几件伟大的作品。至于一般所谓门户之见,尤不应当。到现在民族危亡的时候,大家岂可不放开眼光,看到整个民族文化的命运,而还是故步自封,怡然自满?我们只要看到整个民族存亡的前途,一切狭小的偏见都可消灭。我们切不可褊狭纤巧,凡事总须从伟大的方向做去,民族方有成功。

罗家伦从当上国立中央大学校长的那一天起,即抱了一个绝大的梦想。他千方百计想要把"国立中大"开办成为像牛津、剑桥或是哈佛那样的名校。

有人说,一所名牌大学的真正魅力在于它的校长。而罗家伦则认为真正体现一个校长的事情,则在于他的聘人。罗家伦做国立中央大学校长,在请老师时有两项原则,这是有目共知的。其一:"聘人是我最留心最慎重的一件事。抚躬自问,不曾把教学地位做过一个人情,纵然因此得罪人也是不管的。"其二,当年大学教师的聘用有专任、兼任的区别,罗家伦的观点是一个人做任何事情都必须专心,一分心做事的成色便不足了。因此,罗家伦在聘用教授时也务求其专任,"凡可请其专任者,莫不请其专",这是罗家伦稳步提高大学教学质量的一个窍门。罗家伦数年的"国立中大"校长做下来,中大兼任的师资已经从 110 人降到了 34 人。而在罗家伦人格魅力的感召下,加入"国立中大"共襄教育盛事的学者名流,却一时如过江之鲫。例如,当年堪称国内一流的理学人才:数学博士孙光远、曾远荣二人,化学博士庄长恭,生物博士孙宗彭,物理博士罗宗洛、施士元二人,地理博士胡焕庸、王益崖二人以及前清华大学教授胡坤院、两广地质调查所所长朱庭祜、名师张其昀等人。其他广为今天读者熟悉的名家还有:经济学大师马寅初,艺术大师徐悲鸿,诗人、美学大师宗白华以及国宝级的农学家梁希、金善宝,天文学家张钰哲,医学家蔡翘,建筑学家刘敦桢和杨廷宝等。在此期间,先后被罗家伦礼聘为各院系带头人的著名专家还有:孙本文、张广舆、陈剑修、查谦、汪东、李善堂、李学清、庄长恭、孙光远、戴修骏、马洗繁、郑晓沧、艾伟、蔡无忌、邹树文、周仁、卢恩绪、戚寿南等人。时人评价这一阶段的"国立中大",

是花烂映发,无处不善;天才卓出,标榜佳致,居然有江山万里的气势!

1937年,是罗家伦主持中央大学的第五个年头。

早在一年前,罗家伦根据中央大学蒸蒸日上的发展势头,即向教育部提出:中央大学定位于首都一流大学,可是在国家用人之际,却仅仅只能维持上千人的办学规模,这未免让国际社会轻视了我堂堂中华的发展志向。因此,他建议在南京郊外择址新建一座能容纳5000名至1万名学生的,国际一流的中央大学。这个时期,"国立中大"在社会间的声誉日盛。学校的名气出去了,校长讲的话在政府的上层便有分量。根据罗家伦的设想,国民党四中全会很快通过了建设新中央大学初期240万元的建筑费。选定的新校址在南京城南门外7公里处的石子冈。先期的土木工程也已经开始动工。但是,七七事变发生,中日间爆发了全面的战事,罗家伦的宏伟大学梦,在这"霜天月落夜将半,谁共澄潭照影寒"的沍寒时局中,终究化为了一帘旧梦。

11

罗家伦的十年中央大学校长生涯,大致而言,可以分为两个截然不同的时期。第一时期,从1932年9月到1937年新校址的规划,这是中央大学迅速发展壮大的时期。第二时期,则从1937年11月,中央大学在重庆的率先复课开学,一直到他的黯然辞职。这期间,罗家伦的校长生涯,已经存在了环境与人事的种种不如意之处。但是,罗家伦却曲体人情,为办学而孜孜不倦。当年,内迁至大后方的各高校中,以国立中央大学的办学成就最高。

中日战事全面爆发后,先是七七事变,后来是"八一三"淞沪会战。罗家伦看出这是一个大而积弱的国家,对于一个小而凶悍国家的长期战争,开始的战争形势未必对中国有利。这期间,国立中央大学先后四次被日本飞机轰炸。其中的一次,罗家伦和中央大学、浙江大学、武汉大学三校合组的考试委员会,正在中央大学图书馆里用餐,敌机轰鸣着从天空掠过,大家认为交战方的敌机应该以军事目标为主,他们不会有事的。可是当值的警卫人员是一个责任心很强的小伙子,坚持要求他们到地下室暂避。罗家伦等刚走进地下室,敌机丢下的炸弹,便地动山摇地在图书馆的周围炸响了,图书馆顿时被夷为平地。日本人的轰炸,造成了中央大学五名建筑工人和两名校工的死亡。罗家伦这才意识到这场战争之"全面"的深刻意义,敌人想打击的不仅仅是军事目标,敌人还想全面打击我们的教育艺术以及精神的其他层次,以动摇中国持久抗战的决心。罗家伦因此决定迁校。

当时,对于中日间的这场战事,许多人还没有意识到这场战争的严酷性,有些人甚至以为很快便会讲和。而负责南京保卫工作的卫戍司令部,则担心因为中央大学这样一个大单位的迁徙,而动摇南京城中的军心民心。这个时候,罗家伦再一次显出了他性格中敢担当的果断一面。他要求晋见蒋介石,娓娓而谈大学先行内迁的必要性,最后,由蒋介石亲自把西迁重庆的计划确定下来。关于这件事,后来担任南京大学公共管理学院副院长、当时的中央大学学生王运来愉快地回忆说:"那时候德国驻华大使叫托德曼,一直在尽力调和中日问题,于是,有些人就取笑罗家伦,叫他'托德快'(逃得快)。"

当时,罗家伦得到了航运业的巨头民生公司卢作孚之大力帮助。卢作孚接下的主打运输是把要川军运送到华北前线去跟日本人打仗。回程时民生公司许多客轮的舱位都是空的,卢作孚即免费把"国立中大"的图书、仪器全部运往重庆。有时,舱位小,器材大,到现场指挥装载的卢作孚便下令:这些东西,未来不知道能造就多少国家的栋梁之才,割舱装货!正因为有许多像卢作孚这样热心于教育的社会人士的鼎力帮助,至1937年10月下旬,"国立中大"已将所有的图书仪器全部安然运抵重庆。

这次搬迁,事隔多年后,当时的法学院院长马洗繁先生仍然印象生动。大约在搬迁的半年前,马洗繁就发现校长罗家伦在监督总务部门预订900多只大木箱,而且特别叮嘱箱子里面一定要钉上防止颠簸的铅皮。当时,马洗繁心里纳闷,罗家伦一个堂堂的大校长放着那么多正经事不去干,穷折腾那玩意儿干什么?到了真正大搬迁的时候,所有的图书仪器都放进罗家伦事先准备好的大木箱之中,一点都不会损毁,马洗繁这才大声称妙。搬迁工作

国立中央大学(重庆沙坪坝校本部)

接近尾声时,罗家伦在南京的校园中进行最后一次的巡察。他发现医学院院长戚寿南愁眉苦脸地守着医学院供解剖之用的 24 具尸体,还舍不得离开。戚寿南向罗家伦校长诉说:搞现代西医,没有这些尸体解剖打基础,那都是浮松的!罗家伦立即出面请担任运输的单位大力通融,戚寿南的那 24 具解剖学尸体,最后也有条不紊地转移到了重庆。

关于中央大学的这次集体西迁,有一个故事,曾经感动了后来一代又一代的"国立中大",甚至包括新中国成立后改制为南京大学的师生们。

那是 1937 年的 12 月初,在南京市郊,中日军队已经大规模地驳上枪火了。罗家伦从市区的学校本部出来,最后来到位于市郊丁家桥的农学院畜牧场。

罗家伦原先的估计中,这个畜牧场也早应该是人走场空的。可是,当罗家伦去到那时,却发现畜牧场工作人员一个都没少。原来,当时学校花钱从外国进口了许多良种的鸡、鸭、猪、牛、羊等,老场长一时从感情上割舍不下,便跟全体工作人员留在原地,等着校长来夺定了。但是,这个时候,南京郊外的河道上,除了一艘等待校长罗家伦的运输船,已经没有任何航船了。罗家伦只得决定放弃禽畜,全体员工跟着自己一起撤退。场长与畜牧场员工,一下子全部流出了难过的眼泪。

这时,一个叫王酉亭的教工自动地站了出来,他仍然愿意负责将这批宝贝般的禽畜,从陆路赶到重庆!罗家伦当时就为王酉亭的决心惊呆了。但是,与王酉亭一同怀有此毅然决心者还有另外三个年轻人。于是,罗家伦任命王酉亭为这批禽畜的护送负责人。王酉亭等四人由此便驱赶着这一批禽畜,开始了抗战历史上颇令人称奇的一次长途跋涉。

中科院院士刘敬坤先生在他的回忆录中提到过这次传奇的迁徙:"这支大军过安徽,经河南,入湖北,走宜昌,接着坐船抵达重庆。"走了一段路,时令进入真正的寒冬。母牛中有两只竟然生下了很漂亮的小牛犊。兔子却是不耐寒的,在白霜铺地的季节大抵冻死。半途中,遭遇过数次从火线溃退下来的国军,鸡与猪被捉杀了不少。这支动物大军在极端恶劣的战争环境下,历时一年,最后凭着一股纯洁纯忠的意志,终于抵达了宜昌,整个行程约3000余里地。在宜昌,交通部门的负责人听了王酉亭等人的事情,大为感动,立即为王酉亭四人打电话通知重庆的中央大学,并且免费将这一批备受颠沛的牛、羊等活口,直接运送到了重庆。

罗家伦原本对这批禽畜已经不抱任何希望了,可是,从宜昌打来的一个长途电话,却预告了王酉亭等几个传奇英雄的胜利归来。到了王酉亭抵达的那一天,校长罗家伦再也坐不住了,他驱车去嘉陵江边迎接王酉亭。后来,罗家伦走到重庆化龙桥附近,便与王酉亭四人的禽畜大军相逢了。对此,后来的罗家伦回忆说:"我于一天傍晚的时候,由校进城,在路上遇见了它们,这些牲口长途跋涉,已经是风尘仆仆了,赶牛的王酉亭先生和三个校工,更是鬓发蓬松,好像苏武塞外归来一般,我的感情震动得不可言状,就是看见牛羊亦几乎和看见亲人一样,要向前去和它拥抱……"

罗家伦当时给予了王酉亭等四人英雄的待遇。中央大学近万名师生那天停了课,全部站在和暖、宁静、闲适的草地上。王酉亭等四人步入校园时,罗家伦安排女生往他们的身上挂花环,当时,中央大学校园中掌声响起,响彻云霄。

在这里,让我们特别地记一下这四位普通中国人的名字:王酉亭、吴谦、曹占庭、袁为民。见过王酉亭的国立中大校友,都说王酉亭是一个个头不高,头发花白,说一口江苏涟水方言的倔强中年汉子。也许在王酉亭等人的自觉中,只不过是做了一件作为一个中国人应该做的事情。但是,他们却在无意之中,诠释了中华民族每逢危难的紧要关头,一种百折不挠的民族魂!

后来,曾经有人向罗家伦问这样一个问题:你认为什么是国立中大的精神?罗家伦略作思索,告诉人家这个问题无需多做解释,你只需记住在中日交战的严峻时刻,"国立中大"曾经有一群风餐露宿蓬头垢面的人,以及他们无声的动物大军,为了心中坚定的信念,行走于马蹄帆影、黄沙黑浪的恶劣环境中,就行了。

事后证明,罗家伦排除众议所做出的西迁重庆之决定,是相当及时的,也是十分必要的。因为它在严酷的战争环境下仍然为当时的中国,保存了一个建制相当完整的大学。

1937年11月初,西迁至重庆的国立中央大学,率先在大后方招生复课。在此后的八年艰苦抗战中,罗家伦所领导的国立中央大学不仅没有萎缩,反而呈现出青峭数峰的绿色。从那个风雨如磐时代走过来的一代人,后来再回想起重庆的青葱岁月,便说:只要看着国立中大中的堂堂国学、弦歌不辍,这人的心底呀,就平添了一份涟漪恬恬的春意。

位于松林坡的中央大学旧址

"国立中大"迁到重庆之后,分成了四大方块:重庆沙坪坝本部、柏溪分校、成都医学院和贵阳实验学校。其中沙坪坝本部地盘不大,仅是一个小山丘,只是重庆大学后面的一个松林坡,但在整个迁移到大后方的所有高校中,办学成就却非常惹人注目,入川后第二年就吸引了来自全国各地的知识青年,原有的学位远远不能满足要求。这样,罗家伦才从沙坪坝溯嘉陵江而上,再建了一个柏溪分校。

现在的人们,只要提到抗战时大后方的高等教育成就,脑海中首先闪现的便是"西南联大"那一块永不褪色的金字大招牌。这固然是不错的。但是,提醒大家必须正视一个事实。

罗家伦自"国立中大"搬迁到重庆后的第一天,即开始谋求扩大中央大学的办学规模,当时,聚集于重庆成都一带的专家学者还真不少,罗家伦便利用这难得的人才大际遇,广延名师,增设新兴系科。例如,将过去在南京时期的教育学院升格为师范学院,同时增添了七系一科,1938 年,再创办"国立中央大学研究院",开设 9 个研究部。1938 年,民国的高等教育为了适应战时经济,暂时在大后方试行统一招生,当时,从全国各地来到重阳、成都的考生,约有 60%以上的人,是把罗家伦的中央大学作为第一志愿来报考的。截至 1941 年罗家伦离开中央大学时,全校合计设立 7 个学院(文、理、法、工、农、医、师范),1 个研究院,56 个系科,9 个研究部,1 个专科学校,1 个附属中学,以及医院、农场、工厂等一系列下属单位。专职的教学人员有正、副教授 183 人,讲师 39 人,助教 179 人;在校大学生 3153 人,全校开设课程约 829 种。1941 年,国民政府为了彰显其弘扬学问的美意,曾予以当时超一流的教学人才"部聘教授"的光荣称号。入选的前两批 45 个名额中,中央大学竟有 12 人,由此也可见其师资力量的雄厚。

国立中央大学在当年大后方的中国高校中,人才济济,学业隆盛,地位尊荣。作为这样一所出色大学的校长,罗家伦曾经意气风发地讲过这样一段话:"我们抗战,是武力对武力,教育对教育,大学对大学,中央大学所对着的是日本东京帝国大学。"果然,到了 1948 年,当时有一个国际教育对全球的高校来了一个梁山好汉式的排座次,国立中央大学以它无可置疑的实力进入了前 50 名。那时的东京帝国大学被它甩开在身后!

可是,就在罗家伦的教育事业做到如逢花开,如瞻岁新的兴浓时分,罗家伦却被人中伤了。罗家伦于 1941 年暑假之后,提交辞呈正式离开中央大学,官方给出的解释是,罗家伦做中央大学校长已经十年,此际倍感身心憔悴,因此提出离职。但是,据知情人士透露,罗家伦于事业的兴旺之时,做出此无奈之选择,是与政府高层的人事变动紧密相关的。

我们回顾一下罗家伦的走马上任,自然是得益于他的老师朱家骅的知遇之恩的。当时,南京的国立中央大学犹如一团乱麻,朱家骅认定罗家伦是兼具人情和美的一类峭拔干才,力挺罗家伦,罗家伦果然不负厚望,很快便在中央大学中打开了一片气序清和的天地。下一任教育部长王世杰也是罗家伦的一个知己。重庆时期,蒋介石手中攥着厚厚一叠告罗家伦黑状的信件。蒋介石问王世杰是怎么回事,王世杰语气轻淡地回答:木秀于林,风必摧之。志希这个人做事太讲原则了,这方面便难免遭人诋毁。至罗家伦辞职之时,教育部长已经换成陈立夫了。有人说,罗的去职,大致与 CC 系势力大力向中央大学渗透有关,这也不是没有依据的。据当年的教育部次长顾毓琇披露,由于政学系的大佬顾孟余,在关键时刻站稳了脚跟,没有追随汪精卫出走叛国,这令蒋介石大感欣慰。因此,一开始,蒋介石曾答应顾孟余安排一个中央研究院院长的崇高位置。可是,中央研究院内部人士坚决抵制顾孟余的进入,这才考虑把顾孟余转岗为中央大学的校长。这样讲起来,这整件事情的来龙去脉,应该是大老板蒋介石先起了"礼遇"顾孟余之心,听到风声的罗家伦这才赌气向上面打辞职报告。最后,蒋介石竟顺水推舟地,成就了罗家伦欣然将中央校长让贤于顾孟余的一段"官场佳话"。

1941 年秋,黯然离职的罗家伦一度在家赋闲,夫人在外忙于国民参政会的事情,这却使得罗家伦有了更多的时间来陪两个未成年的女儿。日暮途远,生涯蹉跎,放下烦扰,正在此时。这世上还有什么事情,比陪同自己未成长的女儿一起游戏那样的小事,更能慰藉一颗徘徊的心灵呢?可是,罗家伦仍未能完全地解脱,他想起过世快一年了的恩师蔡元培,那样的优雅,那样的高深,于是,罗家伦提笔慢慢地写来:"不才的门生像我,每逢艰难挫折的时候,一闭眼睛,就有一幅先生的音容笑貌的影子,悬在脑际。想到先生临危受困时的雍容肃穆,七十几年的努力不懈,什么暴躁不平之气,都该平下去了。"这样的时候,罗家伦人生的底色,又流动了一种温润的情绪了。

12

1943 年,无事可做的罗家伦终于被蒋介石想起,委任了一个新疆监察使与西北建设考察团团长的职务。罗家伦此行的使命有点复杂。作为一个新疆监察使,他必须担任起监视当时的新疆诸侯盛世才的责任。可是,像盛世才那样狡黠傲慢的一代枭雄,又岂是书生本色的罗家伦所能羁绊的? 如此,罗家伦便将任务的重点放在对大西北的全面考察,为将来抗战胜利后的大西北建议提供决策依据。

罗家伦于 1943 年 6 月由重庆动身,一路上出剑门,越秦岭,过灞桥,登华山,再向西经邠县进入甘肃,抵达平凉。开始的风景还是不错的,于是罗家伦诗兴大发。

高歌:

> 燕子矶边五月榴,那如红叶带霜稠。
>
> 若聚名城品秋色,八分浓艳在兰州。

又写:

> 河湟重镇建名城,鼓角重开霍(去病)赵(充国)营。
>
> 新种白杨千万树,绿荫深处认西宁。

可是,罗家伦考察团翻过六盘山之后,景色却为之一变。这里曾经是冯玉祥西北军的大本营,但是,罗家伦看到"沿途左公柳被冯玉祥驻兵西北时砍伐殆尽"。由此,也可见当年冯玉祥驻军西北时的环境恶劣。罗家伦在诗中写道:"我欲高歌陇上行,陇头流水咽无声。满山黍麦炊烟少,何处远人来此耕?"

当时,冯玉祥为了破除迷信,扩大自己部队的影响,还曾经命令兵士把汉唐碑碣上的文字磨光,古代雕像的头部砍掉,再刻上西北军雄性十足的口号。罗家伦不是太习惯冯玉祥的作风,于是仍在日记中写下:"西北古迹文物所遭之浩劫,莫此为甚。"由此可见,许多我们熟悉的历史人物,他们的表现也是多方面的。具体到布衣将军冯玉祥而言,他的一生虽然朴实真诚,向往进步,但是他的文物保护意识确实是差了一点。

1947 年,罗家伦任蒋介石政府的印度大使(印度脱离英国独立)。

1950 年,罗家伦 54 岁,返回台湾,定居台北。

1957 年,61 岁的罗家伦,整编自己的诗作《心影游踪录》《玉门出塞集》《海色河声集》等著作。1958 年,担任国史馆馆长。

1969 年 12 月 25 日,罗家伦因肺炎、血管硬化等症状并发,病逝台北荣民总医院,享年 72 岁。

罗家伦和夫人张维桢育有二女,长女罗久芳,次女罗久华。长女罗久芳继承了罗家伦的诗人气质以及历史学方面的渊薮,曾获得美国密歇根大学历史学博士学位。罗久芳根据父母一生的经历,曾经写成《罗家伦与张维桢:我的父亲母亲》一书。

罗家伦与他的师友胡适、傅斯年相比,气质显然是较类似于胡适。他虽然曾加入国民党,一度以一位国民党理论家自诩,可是,他的血质中,却始终流淌着老"北大人"自由主义的气质,因而在国民党常常表现出其格格不入、仗义执言的一面,颇令国民党内一些强调意识形态情结的党政大佬们心情不爽,这也是像胡适、罗家伦这一类民国知识分子心境纠结难平的地方。罗家伦过世后,他的朋友与学生,都曾经提到过他的志虑忠诚,慎思明辨。他做学问的底子也很好,中外古今,融会贯通;对于文学、历史、哲学、玄学的各类别,都有颇为独到的见解。也许,罗家伦能够安静下来做学问的话,他的学术成就和影响力应该是可以与他的同窗好友傅斯年并驾齐驱的。

可是,无论如何,罗家伦的人格风范、智慧才华,以及他在高等教育方面所做过的有益尝试,都给我们后来者留下了一个鲜明的印象。

故事四

赌书消得泼茶香，当时只道是寻常

邵洵美出身于清末民初的一个没落贵族大家庭之中。不过，他生命中最具活力的时期，却是与民国的摩登上海紧紧联系在一起的。邵洵美于16岁那年，与表姐盛佩玉定下百好之好，这奠定了他情感生活的『花影吹笙，满地淡黄月』之唯美景色。

<h1 style="text-align:center">1</h1>

前面介绍的三位,一个以乡下人自诩的沈从文,一个大鼻子罗明伦,还有一个为爱情辩证法创始人的叶浅予,大抵都算得是民国年间的有趣之人了。

可是,接下来,笔者要介绍的这一位达人秀邵洵美先生,与上述三人相比,却仍然"一风微吹万舟阻"地显出了自己独特的风格。本文仅将邵洵美的事儿做一个剪影,识者自有"半峰残月一溪水"的水墨印象,淡淡地留在心底。

其实,说到邵洵美,他生命中最具活力的时期,便是与民国的摩登上海紧紧联系在一起的。摩登上海若星月粲然于夜空,邵洵美便有着茉莉花开放时的洁雅。上海的摩登,于一种闳壮巨丽的历史大波涛中,荡然远去了;邵洵美这样的人,也就萎靡成了一棵无人注意的小草,毫无风采。所以,要讲清楚邵洵美,首先必须对于民国上海的摩登有一个大致的轮廓。

邵洵美画像,徐悲鸿作于 1925 年

那么,什么是民国上海的摩登呢?

文学大师茅盾在经典名著《子夜》中的开局篇写下过一段话,对于上海摩登的概括颇为到位。笔者不妄引用如下:"太阳刚刚下了地平线。软风一阵一阵地吹上人面,怪痒痒的……暮霭挟着薄雾笼罩了外白渡桥的高耸的钢架,电车驶过时,这钢架下横空架挂的电车线时时爆发出几朵碧绿的火花。从桥上向东望,可以看见浦东的洋栈像巨大的怪兽,蹲在暝色中,闪着千百只小眼睛似的灯火。向西望,叫人猛一惊的,是高高地装在一所洋房顶上而且异常庞大的霓虹电管广告,射出火一样的赤光和青磷似的绿焰火。Light,Heat,Power!"后来,民国的电影天才孙瑜在执导《天明》影片时,欲渲染一种大上海声光色影的动感,便也不客气地把茅盾描写过的这个经典现场,移用做了电影的开场。

20 世纪二三十年代,上海是东亚诸国中最具国际化的温馨都市。西方一些主流媒体对于当年上海的评价是:"上海,东方的巴黎;上海,西面的纽约;上海,地球上最世界主义的城市。"当年,有一位叫苏梅的女士,写了几句打油诗描摹上海街道的摩登:

> 飞楼百丈凌霄汉,车水马如龙,南京路繁盛谁同!
>
> 天街十丈平如砥,岂有软红飞。
>
> 美人如花不可数,衣香鬓影春风微。

这样,上海既然号称摩登,她的城市脉动,便是新鲜有力的。她不像西安、南京、北京、杭州等文化古都,留下了许多传统的文化积淀与文化痕迹。因此,上海的都市文化品格,以中西杂糅、井然有序的精美建筑群为底色,既有一些在繁华街道上悠然漫步的,身穿高开叉旗袍,连肌肤都能看得分明的时髦少妇;也有涡旋于《良友》画报的西装革履的翩跹公子,以及大胆、前卫的海派艺术家;更有在明艳阳光下闪着白光的西式咖啡馆、招摇过市的电力街车,以及闪烁着暧昧光泽的灯红酒绿的跳舞场……

当时,全国最时尚的都市娱乐杂志《良友》,正在大力鼓吹一种令中国知识分子倍觉新鲜的、"布尔乔亚"的小资生活方式。《良友》第 102 期,有一篇《二十四小时之生活》的美文,对此曾有过细腻的描绘:早起给身边爱人一个柔美的轻吻。然后,是出到室外锻炼,洗漱,吃可口的早餐,浏览晨报上最新消息,带上礼帽开着私家车上班(没有条件者这一节可改为打的士),在办公室里处理公务,简单的午餐、午休,下午继续公务。下班后与好朋友一起在城市公园散步聊天。华灯初上之时,或者回家享受太太的一顿爱心晚餐,或在外面的饭店舞厅中,享受一番夜上海的醉纸迷金的无限风情。当然,不管在外面玩到多晚,回到家中,哪怕柔美的爱人已经朦胧入睡,一定要在她吹弹可破的粉嫩脸颊,再印上一个春风拂面的爱吻。

这样一种城市有产阶层的日常生活图景,于甜美中似乎已有了一种"暖风熏得美人醉"的颓荡风情了。邵洵美便是在如此颓荡风情之摩登上海,过得如鱼得水的那一类唯美的男子。

2

其实,许多时候,人们很容易将邵洵美的行事做派,跟中国中古时期的魏晋士族弟子联系到一块。我们知道,魏晋的时代,"蓬莱文章建安骨,中间小谢又清发"。具有魏晋风度的士子,首先必须要有一个曾经显贵的政治背景,在魏晋的朝堂中获得相当稳定的政治地位,尤其必须是数代蝉联为政的官宦家族,才被上流社会认可为名士望族。例如当年"岩岩若孤松之立"的琅琊王氏家族,"朗朗如日月之入怀"的颍川庾氏家族,"飘如流云,矫若惊龙"的陈郡谢氏家族。邵洵美也出身于清末民初的一个没落贵族大家庭之中。

邵洵美祖籍为浙江余姚人。他的曾祖父邵灿三考正规科举出身,咸丰时做到漕运总督的极品大员。邵家的数代荣耀史,便是由邵灿翁开始给力的。

邵灿

邵灿名下生育有三子。长子邵曰濂,官至太常寺正卿,这在京官中已经熬出了一个很大的名分。次子早殇。三子即为邵洵美的祖父邵友濂老先生,字筱春,对外又号称小村。邵友濂追随李鸿章办外交成名之后,人们便尊称他为小村先生。邵友濂的早年科举生涯没有父兄的流畅,邵友濂长到做官交际的年龄,邵灿干脆给幼子以监生的名分捐了一个官身,出任工部员外郎一职。

邵友濂早年即为湘军中的栋梁曾国荃所激赏,以后更成为湘军支系的淮军序列中的重要成员。所以,他早中期的宦途,充满了灿灿的阳光。

邵友濂于清同治十三年(1874)时,以总理各国事务衙门汉章京的身份,为大清国办理外交事务。这是邵友濂从事外交生涯的一个起点。清光绪五年至清光绪七年(1879—1881),邵友濂作为出使俄罗斯大臣曾纪泽的主要副手,协助交涉与沙皇俄国的一切外交事宜,因此获得一个干练之臣的好名声。再相继出任江苏省苏松太道兼江海关道、河南按察使、台湾布政使等要职,不久,即升任为湖南巡抚兼署湖南提督,成为掌握一方军政大权的地方大员。

清光绪十七年至清光绪二十年(1891—1894),邵友濂出任台湾省巡抚。这是他做官的一个重要时期。在以后编撰的台湾省地方府志中,邵友濂与刘铭传、唐景崧并称为对台湾近代史产生过重大影响的三大巡抚之一。

邵友濂担任台湾巡抚的三年间,大抵以休息养民为主要责任,故而,邵友濂所兴建的形象工程不多。他做的一些事情颇为细屑,诸如设立台湾省通志局,修建省后台湾通志,移云林县治至斗六门(今斗六市),设台北府南雅理番捕盗同知等。但是,邵友濂将台北市作为未来台湾一省的经济政治中心确立下来,对于后来的台湾规划影响很大。

其时,清光绪朝的国家财政十分糟糕,军费居高不下,对外赔款日增,自1885至1894的近十年间,国家财政开支每年都要拉出一个200万至700万现银的巨大窟窿。从前的台湾是穷省,建省晚,底子薄,过去的地方财政一向有赖于中央财政的输血。像刘铭传主政台湾时期,兴办的铁路等大型基础建设,必须依赖当年的国家财政从福建协济银、上海海关税银的收入中予以济补。至邵友濂接手台湾行政的时期,大清的中央财政已经处于一种焦头烂额的窘迫,上述的两项下拨款戛然而止。邵友濂诸事尚未上手,便接下了刘铭传留下的478056两银子的财政赤字。

邵友濂虽然号称能臣,他也做不来无米之炊的营生。因此,邵友濂只得把刘铭传主政台湾时期的一些费时费财的新政建设,例如台湾铁路、煤务局、矿油局、番学堂等停了下来。有关此一节,后世研究台湾地方史的史家们,对于邵友濂的历史定位争议颇大。有人认为邵友濂停止新政的行为是目光如豆,为己市恩。也有人觉得邵友濂是"高洁而熙熙和易"的。他把过快的基础建设的步子放缓,确实让当时捉襟见肘的台湾财政,得到了一个喘息的空间。

1895年,中日间爆发的甲午一战,李鸿章苦心经营20年的北洋海军全军覆没。清政府派张荫桓、邵友濂二人为全权大臣赴日本乞和。可是,此一役,日本人视李鸿章为最大的政治对手,点名一定要重臣李鸿章出来主持和谈。张、邵二人无功而返。

邵友濂经历了这一个列强攘夺分裂中华、政府政治横溃黑暗的非常时期,顿然对于宦途,产生了一种"愧无半策匡时难"的深深倦怠。邵友濂归国后不久,即托病引退。

邵友濂病逝于1901年。他一生以办外交,做实事而见长,也算得晚清难得的干练之臣之一。

邵友濂急流勇退之后,选择在上海繁华的斜桥街过起了悠哉的寓公生活。

盛家在静安寺路上的老公馆"斜桥盛家"

宅第是1882年邵友濂担任苏松太道兼江海关道的地方官期间即建造好的。当时,上海是邵友濂的管辖范围,做事情颇为方便。如此,邵友濂便将坐落于静安寺路400号的"斜桥邵家",修建成为东西两幢的两层楼房。府第内楼横堂列,廊庑四缭,台榭池馆,奇巧巨丽,前后花园,木映花承,逶迤衡直,幽雅秀美。

这样,当时,上海斜桥街邵友濂的"斜桥邵府",李鸿章五弟李凤章的"斜桥李府",以及大清"第一红顶商人"盛宣怀的"斜桥盛府",便成为了上海滩上杰然特起的豪华三府！

邵曰濂、邵友濂兄弟俩，天生睦好，连娶老婆这样的事情，都是你看着我，我瞧着你来办的。邵友濂见哥哥邵曰濂在娶过五个老婆之后戛然歇手，邵友濂便也在有了五房妻妾之后断然罢手了。这兄弟俩另外一个共同点便是，所有的子女都是最后娶的那个老婆生育的。邵曰濂生有一男一女，他从京城告老退休之后，回到了浙江萧山一带定居。

邵友濂长子叫邵颐，他的元配夫人为李氏。李氏的生父为淮军中的百战悍将李昭庆。李昭庆为前清大佬直隶总督兼北洋大臣李鸿章的幼弟。李昭庆死得早，李鸿章极其痛悼幼弟李昭庆的竟尔弃世，因此把侄女李氏养育在自己身边，看得比自己的亲生女儿还重。因李鸿章在淮系的官僚处于一个领军的位置，邵友濂则为淮系中的一员得力干将，李鸿章首先向邵友濂提出了结儿女亲家的意思。这样的婚配在从前的官僚体制中十分常见，既表达了李鸿章对邵友濂的倚重之意，也增强了李、邵两大家族彼此之间的凝聚力。邵颐与李氏夫人，生育一女，取名畹香。畹香长大后嫁给了安徽蒯家蒯光典的儿子蒯景西。只可惜，李夫人红颜凋落，很早就病殁了。

邵颐继娶的第二位夫人，来自北京史家。史氏也是一个官宦千金。只可惜，邵颐在娶回史氏后不久，即撒手人寰了，因此，老大邵颐一房便来不及制造嫡传的男丁承祧香火。史夫人青春丧夫，孤灯空房，却自愿发誓终身为邵颐守节。邵洵美印象中的这位史妈妈，似乎也是那种澹雅古典得教人不胜欷歔的平静女子。她的穿着极朴素，即使夏天来到也严整到密不透风，说着一口很好听的京白韵腔，平时难得开颜一笑。史氏有一个奇怪的毛病，有时，很安静地坐在那里，也会突然地昏厥，醒来后却又好端端地什么事也没有。老一辈人说，这是闷出来的病兆，血虚。后来，邵洵美跟人家提起自己的这位史妈妈时，讲她的轻愁料峭中，有一种岁月宁静的沧桑感。邵友濂生前对于这位坚贞如雪的长房儿媳是敬重的，便把邵家在上海牯岭路毓林里置办的数幢房产，留给她以为防老的资产。后来，邵家在老二邵恒手上败落之后，作为长房长孙的邵洵美，忽然游兴大发地想去欧洲留学。溺爱邵洵美的史妈妈便把数年间从毓林里收来的房租悉数从银行提出,以为邵洵美游学欧洲的资金。所以,邵洵美对于家庭中的这位史妈妈,其实还是蛮有感情的。

邵颐去世时,家中的另一个男丁幼弟邵恒还只有 7 岁。

长兄邵颐既已往,单根独苗的小男孩邵恒,便承载起了邵氏家族的全部希望。

老二邵恒也是在襁褓中即定下了娃娃亲,对象便是素有"中国商父"美誉的大清帝国第一号买办,后出任邮传部大臣的盛宣怀之四女儿盛樨蕙小姐。

四小姐盛樨蕙(左)

邵友濂、盛宣怀同属淮系大佬李鸿章的麾下红人。只不过,捐班入官场的邵友濂发轫于外交。而盛宣怀则纯粹以私人幕僚的身份,给李鸿章做过一段时间的秘书。李鸿章看好盛宣怀的行情,便把实业经商的财经项目,交给了盛宣怀来打理。

当时,李鸿章与左宗棠之间的关系,长期势如水火。李鸿章很早就知道左宗棠手下有一个理财高手叫胡雪岩。李鸿章希望盛宣怀可以凭借自己的理财天赋,在商战中把胡雪岩的气焰压下去。

1883 年春,胡雪岩比往年囤积了更多的生丝,试图操纵生丝市场。为此,胡雪岩合计向汇丰银行借贷了近一千万的现银。这笔巨额的贷款,胡雪岩是以各省的协饷作保证的。盛宣怀敏锐地觉察到胡雪岩的资金链已经绷得很紧。

当时,胡雪岩为左宗棠筹借的 80 万两军款也到了还贷的时期。外国银行当然向胡雪岩催要。当初朝廷让胡雪岩出面向外国人借钱时,曾经许诺用协饷来偿还。照历年的惯例,大抵在胡雪岩的借贷期满期间,朝廷的协饷也就解到了地方,上海的苏松太道兼江海关道长官会自动把胡雪岩急需的协饷送入胡府,以备他应急之用。可是这时候上海的苏松太道长官是邵友

盛宣怀

濂。盛宣怀笑嘻嘻地找到邵友濂说："我们淮军老营的兄弟们，早就看不惯胡雪岩的乔张作态了。我一直在找机会把他干掉。现在，胡雪岩自己把机会送上门了。胡雪岩前一阵子吃生丝吃得太猛。他把所有的现金都投进了生丝生意。只要想办法让胡雪岩还不上外国银行到期的 80 万两贷款，胡雪岩这一次就大难临头。所以，小村先生这一回务必帮我一把。将协饷的划拨时间往后推迟 20 天还是我只要有 20 天的时间发动攻击，胡雪岩就必倒无疑！"过去的行政官僚体系办事情，全靠人情脸面来动作。协饷早 20 天、晚 20 天给胡雪岩那还不是轻而易举可以办到的事情？邵友濂自然爽朗诺之。

可是，这 20 天对于胡雪岩来讲，可谓惨痛到家了。首先，盛宣怀串通各外国银行，一起向胡雪岩逼款。左宗棠这时被调动到北京的军机处行走，根本来不及出手相救。胡雪岩只能从自己开办的阜康银行中，动用储户的存款，以填塞眼前这个 80 万现银的大亏空。胡雪岩当时的心底也颇为坦然。钱是他胡雪岩替政府借的，只要中央财政的协饷及时拨出，他自己的阜康银行便可以运转自如。

但是，盛宣怀的商业攻势却排山倒海般地杀到了。盛宣怀估算着阜康银行的现金流出量，就在阜康银行水土严重流失之时，盛宣怀串通好一批攻击性很强的绅商大户，蜂拥而至提款挤兑。盛宣怀还故意请人在上海的报刊媒体上，散布一些危言耸听的消息，讲胡雪岩生丝生意失败，欠外国银行 80 万以上的巨款，阜康银行早已被胡雪岩淘空。一般的储户，对于报刊上一些风花雪月的消息可以付之一笑。但阜康银行倒闭损失的是自己的血汗钱，大家宁可信其有，不可信其无。于是，上海滩针对胡雪岩阜康银行的挤兑风潮，便一石激起千层浪地搞大了。

胡雪岩在杭州老家接到上海的告急电报，便星夜赶往上海去救火。途中，胡雪岩请上海坐镇的财务总管迅速找苏松太道邵友濂催要朝廷下发的协饷。但是，财务总管在苏松太道官邸吃了闭门羹。胡雪岩这才真正地发慌了。他人一到上海便亲自到上海道台府与邵府两处地方寻找邵友濂。但这个时候,胡雪岩哪里找得到邵友濂的踪影!邵友濂早就不知道躲藏到上海的那个旮旯里,等着看胡雪岩的玩笑了。

胡雪岩无计可施,只得把地契与房产全部抵押出去。之前囤积的大量生丝,胡雪岩也只得忍痛作价十分之一大拍卖。但是,胡雪岩现钱回笼的速度,始终赶不上从上海漫延到各地阜康银行的、汹涌澎湃的挤兑提款速度。至此,胡雪岩方明白,是盛宣怀串通邵友濂计算了他!

胡雪岩仰天长啸:"我胡某人纵横商界数十年,一辈子做好圈套让别人钻,没想到这一次,强中更有强中手,我胡某人竟然也会有今日!如今,我胡某人的人气已散,春风难再。只得于画檐蛛网的断肠处,回忆过去的风流!"如此,一代红顶巨商胡雪岩,竟在忧愤失意中寂然地死去。

上海斜桥街的邵家、盛家、李家三大公馆,在雪雨风霜的政治历练中,便如《红楼梦》开场白中所讲过的一句话:这数家连络有亲,一损皆损,一荣皆荣,扶持遮饰,俱有照应。并由此在各高门大户之间蔓延出了,一种曲房邃阁、花竹掩映、极其幽奥的关系网。

3

邵友濂毕生曾聚积起近两千万银两巨大家财。但是,邵恒出生太晚,父亲邵友濂等不到他真正地长大成人,便驾鹤西去。所以,真正等到17岁的邵恒把盛樨蕙小姐迎娶入门的时候,家中主持家务大局者,便只剩下了邵恒的生母柴太夫人以及长嫂史夫人两位女流之辈。

能够娶回盛府四小姐盛樨蕙,对于17岁刚刚成年的男孩子邵恒而言,那绝对是一件值得骄傲的事情。盛宣怀一生生育八男八女,八个如花似玉的女儿,是紫气红尘民国年间的八只金凤凰。而四小姐盛樨蕙因为生母是盛宣怀最宠信的刁夫人,就更加为千万年轻男子所瞩目。

盛宣怀一生,向金庸小说中的韦小宝大人学习,前前后后曾有过大大小小的七房妻妾。其中，董夫人、刁夫人、庄夫人都是盛宣怀所喜欢的。董夫人是原配，地位自然无人可以撼动。刁夫人、庄夫人则是盛宣怀于滚滚红尘中结识的两位红颜知己，盛宣怀只要想到她们光洁的脸庞，柔嫩有弹性的胸，咕咕的轻笑，一种与爱与女人有关的柔软而又暧昧的欲望，便会温扑扑地涌上心头……

刁夫人的可珍贵，不在于她的出身，而在于她的人意山光、俱有喜态的举止。刁夫人原来自于青楼。一日，盛宣怀到青楼中去盘桓，盛宣怀在与刁夫人春风一夜之后，他既为刁夫人于缠绵悱恻间的溪水涡涡所沉醉，亦为刁夫人于大庭广众之下的一种布局明媚所折服，因此花重金将为刁夫人自青楼中赎出，最初，也只不过是存一份红袖添香的想念罢了。实际上，刁夫人大约在董夫人病逝前的四年，即以侍妾的身份来到盛家。

可是不久，盛宣怀即惊喜地发现，自己新纳的这位如夫人竟然是极聪明伶俐的。刁氏对于家中的长辈与嫡系的董夫人表现得谦恭知礼。长辈们给予这个年轻女子的评价是"犹之惠风，荏荏在衣"。董夫人也在丈夫盛宣怀跟前极口称赞刁氏的"风日水滨，人淡如菊"的清嘉气质。董、刁二位夫人走在一起，一正一如，不呷醋，竟然产生了姐妹的依依不舍情分。后来，董、刁二位夫人之间竟形成了一种难得的默契：董夫人仿佛是梁山好汉们的压寨夫人，她坐镇盛府，管男管女，把盛府的门楣弄得红红火火。刁夫人则更像巾帼英雄，跟着盛宣怀在生意场上踏平五岳三峰，如此，商场上只要有人提到盛宣怀这位娇声叱咤的刁夫人，便大抵上会用一段诗来描绘："冰雪佳人才自高，常将玉笛向人吹。曲中无限花心动，独许盛郎一人听！"盛宣怀听到畅怀大笑。

董夫人遽尔崩逝后，十余年间，盛宣怀绝口不言再娶正妻。偌大一个盛府，就好像《红楼梦》中的荣国府，上上下下均听刁夫人一人的号令。刁夫人也要强似霜花满地的凤姐，里里外外均操持到井井有条。族亲眷戚当着盛宣怀、刁夫人恭维：这未来盛府正夫人的位子非刁氏莫属了。刁夫人脸泛红云，表情极谦卑：小女子蒲柳之质，哪里担当得起那样的重担？是夜，盛宣怀于衽席间的表现极尽缱绻。他于心荡目摇的美爱间，口口声声地发誓：一定要给刁氏一个说法。可是,光阴在轻轻的一摇晃间,转眼即流逝了十数年,盛宣怀始终迟疑着不肯给刁夫人一个正妻的名分。

"那么,盛郎到底还在犹豫什么呢?应该是始终对自己的青楼背景耿耿于怀吧?"刁夫人暗自思忖,"中国有一句俗话,自古半老佳人可共。而自己于不知不觉间,真的已到了徐娘半老的年龄呢!"想到这一点,素来干练好强的刁夫人脸上即浮现了一层淡淡的忧虑神色。

其实,以刁夫人素来晓风吹园林般和煦的性格,谁也没有想到刁夫人最后竟然要做出那样刚强的选择!

这一天,日子已进入初夏。房子向着花园的方向满眼碧绿。厢房边爬着的深红的蔷薇、紫色的藤萝花均依次开了。刁夫人是日颇为清闲,便动手拆看已经分家在外居住的男孩们的请安信札。她打开一封男孩写来的家信。那男孩颇为轻慢地写了一句"向刁姨娘请安"的话语。刁夫人看了又看,一种人生失败的悲凉,像一道迅速开裂的裂缝,阴凉地从心尖上悄然地漫延了。

原来,自己在盛家忙前忙后,对盛家的老老少少做到情周意至,无可挑剔,然而,在那一帮傲慢的盛家男人眼底,永远都只不过是一个卑微的"姨娘"!想到这里,刁夫人觉得自己的近半辈子要强都是惆怅月、寂寞花,这世间最没意思的事情,便是做一个外表刚劲、内里柔软的女子了。于是,到了半夜的时候,听着在花园中风吹花木的飒飒的响声,刁夫人把心一横,竟然一根绳索把自己送上了绝路!

唐代的罗隐曾经有一首咏蜜蜂的诗:"不论平地与山尖,无限风光尽被占。采得百花成蜜后,为谁辛苦为谁甜?"这其实也是刁夫人一生最真实的写照。盛宣怀也料想不到明慧过人的刁夫人会为自己安排了如此决烈残缺的结局!

事后,盛宣怀真是犹如万箭穿心,追悔莫及。盛宣怀觉得自己已经是担着罪孽的一种生民了。因此,他想尽一切办法,给予刁夫人生前莫及的尊荣。

首先,盛宣怀在盛家宗谱里为刁夫人开列专传。过去的女子在宗谱中是没有权利享用开列专传的荣耀的。刁夫人是盛氏女眷中绝无仅有的一人。盛宣怀又特别安排刁夫人的棺衾进入他与董夫人合葬的墓茔之中,这当然也是一种推重。

刁夫人名叫刁玉蓉。刁玉蓉夫人名下只生育了四小姐盛樨蕙这一个女儿。盛家到了四小姐盛樨蕙这一代,族谱上的字辈排行到了"颐"字辈。根据盛宣怀的规定,盛家在给孩子们取名字时,男女机会均同,盛宣怀名下的孩子,无论男女,这名字的中间都必须是一个"颐"字。只有刁玉蓉夫人名下的四小姐是特立独行。盛宣怀把这个美丽的小人儿亲昵地称呼为"樨蕙"。其中,无限的父爱,明眼人一眼就可以看出了。

邵恒这个女婿,是盛宣怀小心翼翼为爱女盛樨蕙选定的。盛樨蕙出嫁时,盛宣怀为了补偿对刁夫人的疚悔之情,极尽铺陈豪华之能事。

以后,盛宣怀的外孙女、盛府八小姐盛方颐的女儿彭蔚宜女士,曾经在母亲的生前听说过这段往事:"四姨(盛樨蕙)是外公最疼爱的女儿,出嫁时的嫁妆是盛家小姐中的冠军,仅银元就是 100 万元,其他金银首饰还不算。"邵恒、盛樨蕙结为夫妻之后,邵恒有一个很争气的特长,就是子嗣兴旺。邵恒、盛樨蕙一房后来有六子一女:长子邵云龙、二子邵云鹏、女邵云芝、三子邵云骏、四子邵云麒、五子邵云麟、六子邵云骧。其中,排行第三的云芝、云骏是一对龙凤胎姐弟。这就彻底扭转了邵府自太祖邵灿创业以来,邵灿、邵友濂连续两代子孙不蕃的颓势。这自然是一份惊动邵氏列祖列宗的大功劳!

其实,自从邵氏的掌门人邵友濂遽尔病逝,临危受命的柴氏太夫人便一直是战战兢兢,如履薄冰。母亲望着青葱年龄的邵恒,每日里过得担惊受怕的。可是,现在最艰难的数年总算熬过来了。老祖母柴氏太夫人眼瞧着邵恒、盛樨蕙,一个接一个地为邵家生产承祧祖宗香火的小男孩。悠悠万事,唯此为大。柴氏太夫人脸上早已笑开了花。

据说,数年前,邵友濂临死之际,人已经相当虚弱了。可是,邵友濂顾及一家之长的尊严,仍然让人把他放进一张躺椅,抬到正厅的上方。他的头上,搭着一块湿毛巾退烧。妻子柴氏、长房儿媳史氏、幼子邵颐以及侍妾管家等一大帮子的人,则屏气凝神地站在他的下面。

当时,天下着大雨。房子前檐泄下的雨,像一道粗而白的瀑布。邵友濂当众立下遗嘱:鉴于长房史氏青春守节无后,邵恒日后长大成婚后所生的第一个男孩,必须嗣承到长房邵颐名下为子。

所以,这邵云龙的好运,是天生的。他既是邵友濂名下的长孙,又是长房史妈妈的过继儿子。柴氏太夫人掌管邵府的期间,考虑到史氏、邵云龙稚子寡妇的特殊身份,邵府长、二两房一直没有将家财分断。只是邵府所有工商田庄产业的生息,按照邵友濂生前立下的规矩,必须是长、二两房一房拿走一半的。邵云龙的身份是长房长孙。按照过去传统民间的习俗,邵云龙即便还是一个襁褓中的幼子,他的名下即已稳稳当当地据有了邵府一半以上的财产。

邵友濂死时,儿子邵颐的年纪太小,根本谈不上理财的能力。所以,邵府的一切日常事务,便由邵府的老母亲柴氏太夫人勉为其力地承担起来了。

柴氏太夫人乃一介女流。从前丈夫邵友濂在世时,柴氏太夫人虽然一直掌管着邵府的内务大权,只是管理邵府那样一个庞大的家族产业,与掌管家庭内务有很大的不同。柴氏太夫人有点力不从心。

其实,邵氏产业大约在邵友濂理财的膨胀时期,邵友濂受到郑观应、盛宣怀等洋务主将的影响,邵氏家族的生意已经兴趣盎然地渗透到棉纱、电报、银行、机械等一些新兴工业行业。柴氏太夫人从前是一个连坐椅子也要扶正了,再规规矩矩坐下的传统女人,严格遵守老祖宗的三从四德训诫来办事,现在忽然要她临阵磨刀来干这个,她哪里做得来?再则,以柴氏太夫人名门贵妇的身价,倘使真的要她整天风尘仆仆地出去,跟商场上的一班黠猾男子计较那些钱款的进出往来,似乎也是一件不成体统的事情。

如此,柴氏太夫人乃召集族中长辈计议,可否请自己的娘家弟弟过来帮一把手。这个时期,柴氏太夫人是邵府中一言九鼎的实权人物。族中一批穷苦亲戚,多仰仗其接济过活。柴氏太夫人的话,有谁愿意提出不同的意见来呢?柴氏太夫人的提议,自然在一片嗡嗡然的赞同声中通过了。

事实证明,后来邵三代的邵恒,之所以迅速地成长为上海滩众纨绔子弟的一个标杆人物,应该是与邵恒的这位亲舅舅——柴大管家的恶意纵容,存在着莫大的干系。

讲起来,邵恒的这位柴舅公,在当时的上海滩也属于在江湖上"兜得转"与"跑得开"的一路人物。柴家过去的门槛儿也不低,只是后来家道中落了,这柴舅公才流落为承色陪坐的帮闲人物。柴舅公在入邵府帮忙之前,曾经凭着言语清楚的口齿,游刃有余地出没于上海的社交场合。当时,柴舅公倚仗姐夫邵友濂的官势,上九流下九流的人物,诸如达官巨绅、社会闻人、律师、医生和警捕侦探及白相人等等,也结交得几个。眼下,柴舅公衣冠簇簇地坐镇于斜桥邵府。偶然有奸淫邪盗的白相人,想敲诈邵府的孤儿寡母,他们兴冲冲地走进游廊曲槛的邵府,却见柴舅公点着一壶水烟,"吧滋吧滋"地抽吸着,白相人即知触上了霉头。白相人在告一声"得罪"之后,大抵都得慌忙地告退。这乃是斜桥邵府请来柴舅公坐镇,明眼人吃不来光棍汉的亏的好处。

不过,这柴舅公也有不好的地方,喜欢背着主人拿腔作势地揽权。这柴舅公在姐姐柴太夫人以及长房史夫人跟前,行事做人,摆出一副勤慎恭肃的样子,背地里对邵府下面一帮做具体事务的人员,却大行顺我者昌,逆我者滚蛋的狐媚霸道作风。短短一年不到的时间,邵府中得力的人手,俱被这柴舅公收服为心腹爪牙。于是,在姐姐柴太夫人与长房史夫人的耳边,充斥的全部是关于柴舅公"机敏有才干"、"商务奇才"、"财会圣手"之类的溢美之词。渐渐地,这柴舅公便成了邵府中须臾不可或缺的灵魂人物。

进入青春期的邵恒,长得很快。柴舅公知道,邵三代的邵恒也是一个聪明伶俐的人物。为了控制邵恒,柴舅公就用上海滩上的声色犬马去麻醉他。

邵恒、盛樨蕙结婚后,母亲柴太夫人觉得邵恒肩上的负责重大,便让弟弟柴舅公带着邵恒在外面交际应酬,正式开始用心学习持家经商的真本事。

柴舅公对于姐姐柴太夫人的托付,向来是爽朗诺之的。不过,这一回,柴舅公把外甥邵恒带到外面见世面,可不是真心想教外甥什么济世立身的本事。柴舅公带外甥邵恒在灯红酒绿的上海滩上行走,一个最显著的用心,便是让邵恒见识一番十里洋场上吃喝玩乐的种种新奇手段。少年人玩心重，贪图享受，只要邵恒耽于上海滩那一些花团锦簇的享乐，柴舅公在邵府的地位便稳若磐石。

那时候，上海滩，在中外纨绔阔佬的眼中，已俨然成为一个令人意乱情迷的"魔都"。

首先，当年，上海滩最多人做的生意便是鸦片。鸦片店多过米店，烟馆大过饭馆。可千万不要认为这些鸦片馆，全都是龌龊不堪的。也有很多鸦片馆，是专为富翁政客们设立的。葛元熙在《沪游杂记》中说，他见过的芙蓉馆，其内部陈设的华丽，一点也不输于今天的五星级豪华酒店，"上海烟馆甲于天下，铺设雅洁，敬碗灯盘，无不精巧。初惟眠云阁最著……馆内桌椅，多用红木，镶嵌石面。飞去青蚨一二百片，既可邀朋，又能过瘾。"柴舅公带邵恒在其中出入过数次。邵恒喜欢，很快就成为烟馆常客。

另外，上海街头那些穿着薄袜、高跟鞋、短裙、时髦浅色单衣来来往往的摩登女郎，也使得邵恒入迷。法国作家兼外交家保尔·穆杭（Paul Morand）对此描绘道："她是璨烂的，她的黑色的辫发卷在耳朵上，好像澳洲产的 Mrinos 羊底角一样。她使我想起了那些市场上的招牌：'原产的女子，东方的尤物，美——陶醉——仙境——光明。'……于是，我也不再清醒过来，觉得我是在她的身旁，她便把我放在她的腿里，立刻用着一种贝类的反射作用的动作，把腿挟紧了。"其时，上海滩上有十余万美貌如花的女子从事着皮肉生涯。她们因客人的消费层次不同，而派生出了不同的名称：收寓、长三、幺二、花烟间、野鸡等。其中，似乎长三、幺二的品味要好一点。邵恒很容易根据个人的兴趣爱好，寻找到自己的乐趣。

据说，这时上海滩富人层流行的十大风雅享受为"桂园观剧"、"新楼选馔"、"云阁尝烟"、"醉乐饮酒"、"松风品茶"、"桂馨访美"、"层台听书"、"飞车拥丽"、"夜市燃灯"、"浦滩步月"等。又有上海滩五大娱乐之说："吃（酒楼盘）、喝（洋酒）、嫖（美女）、赌（上赌场）、戏（电影戏曲）。"

邵恒不差钱。柴舅公为了激发宝贝外甥邵恒在吃喝玩乐方面的巨大潜能，只要邵恒提起了"钱"的事儿，总是有求必应。邵恒有亲爱的柴舅公大人做其坚强的后盾，那一切的快乐均不在话下。如此，斜桥邵府邵恒阔少的声名,在上海滩的欢场中便迅速地声名鹊起。

于是,每天下午的2时过后,斜桥邵公馆那气宇轩然的大门,就会准时地打开。邵恒专用的牌照为400号的sruderbaker轿车,便会辗着邵公馆那整洁的路面,发出"沙沙沙"的轻响,纠然地驶向十里洋场。据说,邵恒在上海的社交界逛荡,后来养成了一种阔绰的消费习惯。他每天都要携带一笔令一般中产阶级咋舌的款子出门,当天花不完,便寝食难安。起初,邵恒经常为此苦恼。不久,他就轻易地找到了解决问题的办法,即在每天的最后一个娱乐场所,把所有的余额作为小费全部抛洒出去。这样,邵恒在许多的酒楼舞厅等消费场所,便升华为一个传奇式的人物。许多的伙计舞女都盼望着邵恒能在一天的最后时刻,像传奇英雄佐罗般出现。运气好者,一个晚上就可以从邵恒手上赚得相当于草根阶层数月生活费的一笔小财。

柴舅公把邵恒伺候得快乐似神仙,邵恒也就没有心机跟着柴舅公学习什么财政管理了。在这样一种现状之下,柴舅公也就不客气地实施蚂蚁搬大象的手法,将邵府的财产一点点地移到了自己的私囊之中。

其实,邵府究竟有多少财产,这个问题当年上海的娱乐小报曾经热烈地讨论过。可是,当时没有人能真正地讲得清楚。这个问题,好像邵府的女主人柴氏太夫人也搞不清楚。柴舅公有意把它做成一笔糊涂账,即使把老主人邵友濂从九泉之下请回,他恐怕一下子也只能是黑咕隆咚的一笔阎王账。邵家族人凭感觉,猜测柴舅公生前曾经下狠心斫去邵府一大笔钱财,至于这一大笔钱的上限在何方,便真没有人可以讲得清楚了。

柴舅公死后,邵恒只得皱紧眉头接下了邵府的财政大权。当时,邵氏族人曾经请律师楼的专业人员进行资产调查,大约只剩下不到一千万两银子的财产了。但这其实仍然不失富豪的身份。邵恒一边打盹,一边听着专业律师的财政报告,他只要听说自己仍然有一辈子花不完的现钱,就开心了。如此,柴舅公死后,邵府各级替邵家打理财产的经理、账房们,在柴舅公手上所形成的欺上瞒下的经营作风并没有多少改善。邵恒这个掌门人,时辰到了,只是例行地伸手向各级经理人要求上缴利润。

有时,理财的经理、账房们耍赖,向邵恒大叹苦经,仅仅上交一点少得可怜的款项。邵恒也知道那人在使用奸猾的手段,侵吞邵氏的财产。但是,由于邵恒于家族理财几乎是一个门外汉,平时很多不该签发的单据,当时竟然都稀里糊涂地签了出去,这个时候,邵恒即便想启动司法程序,把对方告上法院,也一时无奈何对方。邵恒只得把对方开除了事。但人家却已经在邵恒的难得糊涂中,净揩得一辈子不愁吃穿的油水了。

虽然是这样,邵三代的纨绔男邵恒,一辈子仍然过得是有脸。尽管邵恒的幸福指标是穷奢极欲的,尽管在邵恒嫌寒憎暑的理财过程中,邵家的产业一再斫伤,但是邵灿、邵友濂曾祖、祖父二代栽下的这棵财富之树实在是过于枝繁叶茂了。超级败家男邵恒先生使出了浑身的解数,一败再败连三败,可邵府的家产仍然撑起了"瘦死的骆驼比马大"的骨架。有人说,邵恒是纨绔男中的一员福将,信矣。

后来,年老的邵恒,不再有精力到外面去过那一种灯红酒绿的生活。他仍然抽鸦片,蓄养年轻的小妾,只是待在花影阴翳邵府小花园的机会多了起来。于是,他快活似神仙地跟人家说:我现在很快乐,我点燃的芙蓉烟,在我的笑声里掉到地上去了。我现在开着 Bing Crospy(美国爵士红歌星平克劳斯贝)的唱片 Here Lies Love,他那生动的歌声,跟着萨克斯的旋律,更使我愉快了。

这样说来,好像邵恒的纨绔,也是与时俱进的。邵恒老境臻致之年,受邵四代邵洵美的影响,竟然喜欢上了美国流行歌王平克劳斯贝。

不过,邵三代邵恒与邵四代邵洵美之间,代沟仍然是明显的。

有这么一件小事。说是有一次,从欧洲游学归来的邵洵美正坐在邵府花园的石凳上,读波德莱尔的诗集。他读到下面一段诗句,忽然产生了一种全身过电的唯美到的感觉:

> 大街在我们的周围震耳欲聋地喧嚷,
> 走过一位穿重孝,显出严峻的哀愁,
> 瘦长而苗条的妇女,用一只美手
> 撩起她那饰着花边的黑色裙裳。

手持书卷的邵洵美

这时,恰巧邵恒从花园路过。他看见儿子手捧一本书,进入了一种痴绝的状态,大为好奇。便上前一探究竟。但是,邵恒一看之下,心中颇不以为然。他哂笑长子邵洵美:你这不中用的东西,就为这几句诗弄到魂不守舍吗?我怎么觉得这样的句子,是在描写四马路上那些笑脸逢迎的女孩子呢?

这一天,上海初秋的黄昏,很快便降临了。斜阳静静地投照在邵府私家花园,使园中植被更加积翠堆蓝。只是,在这样朗然入目的黄昏景致中,邵恒、邵洵美父子被拉长的身影,却流动了一种微感凄凉的说不出的情调。

4

以上一段长长文字,笔者大抵把邵洵美之前的邵府三代家族史,进行了一个梳理。

简单地讲,邵府在邵洵美之前的曾祖、祖父二代,基本上处于财富的原始积累阶段。进入邵三代的邵父邵恒时期,先人既然已经把大大的蛋糕香喷喷地做好,邵恒的人生宗旨是:人生几何,乐得挥霍。

所以,从邵三代的邵恒,一直到邵四代的邵洵美,在传统中国人的眼中,恐怕都得被划入纨绔一族。只不过邵恒、邵洵美的纨绔,有流俗与高雅的区别。邵恒像《红楼梦》中的贾赦,到嘴的都是肉,给人一种饥不择食的感觉。邵洵美的品相则趋向于贾宝玉,天生一种"一雨润千山"的艺术气质。所以,像邵洵美这样文字唯美、做事婉约的邵四代纨绔子弟,便令人津津乐道到如今了。

邵洵美,父亲取的名字叫邵云龙,1906年生。五六岁时入家塾读《诗经》,背唐诗,进行传统的古典文学教育,这是那个时期所有大家子弟,所必由的教育之路。读完家塾,邵云龙便进入上海的圣约翰中学接受一种全然西式的教育。14 岁时,邵云龙被送进了南洋路矿学校成了一个寄宿生(这学校实际上是盛宣怀搞洋务时出钱兴办的,为上海交通大学的前身),1923 年毕业。

这期间,邵云龙印象中最深刻的一件事情,大约是 1916 年时外祖父盛宣怀的去世。这个时候,邵云龙已经 10 岁,母亲盛樨蕙带领邵云龙以及已经出世的几个弟妹浩浩荡荡地回盛府奔丧。民国史上记载,盛宣怀的这一场丧事,耗资 30 万两白银,盛况空前,前后持续三年,成为民国年间可与北京袁世凯"大丧"争风头的另一场豪华葬事。

当时,上海《民国日报》以及其他的各大小报刊,争先恐后地推出了《盛宣怀出殡纪盛》报道专题。1917 年 11 月 19 日,是盛宣怀大出殡的日子。整个上海市万人空巷,赶到盛宣怀灵柩的经过路段,一睹这数十年一遇的死后哀荣。据说,送葬的队列从斜桥盛府(吴江路),一直延伸到上海外滩,长达十余里。为此,当年的租界当局特地安排了大量警力,进行交通管制,以保证整个仪式的顺利进行。

曾经以撰写《上海竹枝词》出名的海上名人余槐青,在当天的日记中记下了这一盛况:"前清邮政大臣盛杏荪(盛宣怀的字)出丧,远道来观丧仪之盛,为前所未有。"并即兴口占《海上竹枝词》一首,反映这空前绝后的大奇观:

> 丧仪绚烂满长街,古今中西一例排。
> 经费宽筹三十万,破天荒是盛宣怀!

回盛府奔丧的邵云龙,对于盛宣怀的逝世,却没有那种逼上来的悲怆感。外祖父平时为人颇为威严。作为外孙的邵云龙,一年中也难得有几次回到盛府做客。印象中的外祖父总是在例行的数句问候语后,便高高在上地端坐于太师椅上,接受孙辈们的礼拜。因此,讲起有关外祖父的印象,邵云龙的脸部表情其实是茫然的。真正令邵云龙感兴趣的是,平时难得见面的表兄妹,忽然间有了阔绰聚会的时间。这使得邵云龙产生一种微凉的兴奋。

正是在盛府治丧的这段时间,邵云龙才对自己的表姐盛佩玉,有了一个比较明晰的印象。

年轻时的盛佩玉

盛佩玉表姐仅比邵云龙年长一岁。她出生于茶花柔婉、秾华初放的十一月初冬,因此家中的小名又叫"茶"。她的父亲是盛宣怀的长子盛昌颐,也是邵云龙的大舅。盛佩玉称呼邵云龙的母亲盛樨蕙为四姑。他们是嫡亲的表姐弟。其时,盛佩玉正处于童年向少女萌动的前夜,她的臀部尚未长阔,乳房也尚未丰盈,邵云龙与她之间自然不能有什么故事发生。

后来,回忆两人当年相处的情景,邵云龙说:当时,整个家族处于热孝阶段,盛佩玉的打扮是一身的素色。那个时候的盛佩玉个子比邵云龙蹿得快,站在一起时,就明显地高了半个头。盛佩玉辫子上扎了一根黄头绳,穿一件蓝白花衣裳,跟邵云龙走到一起,俨然一副小姐姐的模样。但是,这却是邵云龙所喜欢的。

记得是盛宣怀大出殡的前一天下午,邵云龙、盛佩玉待在三进厢房厅堂的天井旁,抬眼仰望着天井上方飘过的云絮。洁白的云朵,变幻出各种很奇怪的图形,一律从天井上方疾驰而过。倏地,天空就下起了冰雹,小者如珠如玉,大者如鹅卵石,乒乒乓乓地一起乱打下来。家里的仆役一时来不及关窗,便不知打碎了多少玻璃。其中,以外祖父盛宣怀住过的那间楼上卧房碎的玻璃最多。

盛佩玉一本正经跟小表弟邵云龙说:我们从来还没有见到过这么大的冰雹呢!一定是祖父的魂魄要回到天上去了。邵云龙对"茶表姐"肃然起敬。原来一个人要走了,竟然能弄出这么大的动静!不过,邵云龙想象着外祖父逝世后,他所住过的房间,那一份人去楼空的静悄,散着一种窗碎魂飞的寥落。邵云龙忽然觉得自己的鼻子酸酸的，心里很不好受。

喧闹的丧事一闪即过。与"茶表姐"一起度过热热闹闹的数十日光阴之后，邵云龙仍然回到了斜桥邵府，继续过他平淡的日子。

邵云龙对于女子的动心，开始于15岁的白华朱实时期。

当时，他只崇拜三个中国文人：周作人、刘大白与冰心女士。特别是冰心的清幽、明丽、自然、和谐的文字，充满了对于"人类之爱"的颂扬。有一段时间，少年邵云龙读得特别入迷。

不久，邵云龙读到了冰心的一段话："爱在左，情在右，在生命的两旁，随时撒种，随时开花，将这一径长途点缀得花香弥漫，使得穿花拂叶的行人，踏着荆棘，不觉痛苦，有泪可挥，不觉悲凉！"邵云龙一时觉得脑袋空空，手捧着冰心的书不知所措。他一时情绪激动，泪水突然便顺着双颊慢慢地流了下来。

少年邵云龙忽发奇想。他猜想，具有冰心这样可爱名字的一个女作家，大约也可以成为像一个可爱小母亲那样的情人姐姐吧？于是，少年黑白岁月中的邵云龙，便理直气壮地给冰心姐姐寄去了一封热情似火的求爱信。后来，邵云龙表情赧然地跟他真正的情人姐姐盛佩玉讲：他写那封信用了整整一周的时间，有十数页的信纸呢。也不知是哪个环节出了问题，是冰心觉得他过于幼稚呢，还是邮局把他的信弄丢了，反正，邵云龙那一段时间，一听见邮政的单车铃声在邵公馆门上响起，便做贼心虚般地一个箭步跑到大门去一探究竟。可是，少年邵云龙始终没有收到冰心姐姐的回信。这件事情一度弄得邵云龙在私底下有点难为情。不过，外界吸引少年人的事物很多。不久，邵云龙就把这件事忘记了。

暑假期间，邵云龙跟着其他的官宦子弟，学会了开汽车。

嗣母史氏对于邵云龙，有一种近似于痴迷的溺爱。邵云龙颇为追慕其他富家弟子开着汽车在上海外滩一飚而过的潇洒，于是便腻歪在史妈妈身上，央求她给自己买了一辆福特车。此后，有一段时间，邵云龙便经常有事没事地开着崭新瓦亮的福特车，在上海的大街上到处游逛。慢慢地，在邵云龙的身边,就结聚起数位游手好闲的富家子弟。邵云龙在这一伙人之中,年龄最小,但由于他在每次的聚会时都舍得会钞,大家也就俨然把他推崇为一个大哥了。有一次,又是邵云龙跟这一班纨绔子弟的酒楼聚会。他们给邵云龙介绍了一位交际花。纨绔子弟表们当场起哄:自古英雄出少年,邵公子就是我们中间的一个少年英雄。哪有真正的英雄身旁没有一个齿白唇红的美女陪伴的呢?邵云龙觉得这样的提议也未尝没有道理,便决定摆数围酒宴,这就算确定了邵云龙与交际花的恋爱关系。

其实,这个时候的邵云龙,对于男人与女子之间的关系,不过是萌动了一种朦胧的幻想罢了。说到真正的恋爱,邵云龙还真的没有经历过呢。不过,当时既然大家起哄,邵云龙不好意思拂逆了众弟兄们的一片热情,于是就在爱多亚路大世界斜对面的红棉酒家大摆酒宴。

从外表上看,红棉酒家在上海滩众多的豪华酒店中不太起眼,但是它的价格昂贵却是大名鼎鼎。传说,某次有三位写字楼的白领到该店小酌便饭,结账时竟花费了百余元的高价。当时,普通劳动者一个月的生活费也不过十余元。这一餐便饭的开销,竟抵得普罗大众一个人大半年的生活费!红棉酒家由是在上海富人阶层的口碑中身价大涨。

这一天,邵云龙、交际花以及一帮相熟的朋友,在红棉酒家的楼上雅间吃饭聊天,好不快活。忽然,从楼下走来一个自称姓邵的黑衣人滋事寻衅。众公子哥儿见对方只有单身一人,不由得一起哈哈大笑。大家一拥而上,企图群殴黑衣人。黑衣人显然是一个狠角色。他二话不说,抽出一把短枪,朝着嗷嗷叫着的冲在最前面的一位富家公子的大腿上,"砰"地打了一枪。众公子见对方抽枪行凶,大家都是识得厉害的。一惊之下,众公子哥儿便像炸了群的鸟群,各自逃去。黑衣人也从容而去。当时,在现场者,以邵云龙年龄最小。他吓得浑身哆嗦地愣在了原地。

随后赶到的警察听店小二指证凶手自称姓邵,就不管三七二十一地把邵云龙投进了监狱。这件事情虽然很快弄了一个水落石出,但是邵家大公子邵云龙在外面喝花酒、开枪行凶的丑闻却在上海滩传了出来,这的确有损"斜桥邵府"读书大宦人家之声名。老祖母柴太夫人听到消息后,当时就气了个倒仰!

一口气舒缓过来之后,柴太夫人连声斥叱邵云龙不懂事,并责罚长孙长跪于祖宗牌位跟前闭门悔过。但是,这件事情还没有完。不久,那交际花便又领了一帮地痞无赖找上邵府,要求青春补偿费,否则便要在娱乐小报上,连载与邵云龙的风流韵事。邵府失不起面子,只好花钱买平安。

这整件事情,实际上是交际花与黑道做成的圈套。他们知道邵云龙不谙世事,这才存心讹诈。邵父邵恒后来在外面吃花酒,听说了整件事件的原委,便在家庭会议上说了出来。邵云龙固然大为失悔。但此后邵家长辈老祖母柴太夫人、母亲盛樨蕙以及史妈妈等人的警惕性万分的灵敏,把邵云龙看了一个水泄不通。

出了这样的事情,下一个季节开学,邵云龙便不好意思再到原先的圣约翰中学上学了。于是,家里人做主,把邵云龙转到相对比较偏僻的吴淞"南洋路矿"学校继续学习。

这一来,把邵云龙看成命根子的老祖母柴太夫人、史妈妈二人,心里更加放心不下了。邵云龙已是一个兴趣大开、充满活力的 16 岁大男孩。他有手有脚却仍然不知人世的深浅,万一再闯上什么祸事,16 岁的孩子不经惊吓,邵云龙就给毁了。

于是,久经人事的老祖母柴太夫人提议:牛犊子大了要上笼头,男孩子大了要订婚。男孩子只要娶了老婆,慢慢地把一颗野心收拢,也就慢慢地懂事了。柴太夫人说:要做好这件事情,门当户对是一个基本的条件。外面大户人家的女孩,之前上门稀罕我们云龙的,还真的不少。只是,枥梨橘柚,一时难以判断其真假,万一弄回一个性子乖舛的,委屈了云龙,反为不美。我估摸,这种事情要办妥当,还是应该在知根知底的亲戚人家中找。这样,邵母盛樨蕙便带着为长子邵云龙找媳妇的任务,笑吟吟地回到了娘家盛府。

邵云龙在邵四代所有男孩中的条件,可以说是得天独厚。盛、邵两家虽说是世谊通婚的血亲,这时候也打点起了百倍的精神为邵云龙张罗。其时的盛府掌门人庄夫人与盛樨蕙一起,把盛府那些如花似玉的女孩子,翻来覆去地逐个掂量了一遍。最后,盛家老大盛昌颐的庶生女儿盛佩玉,便风姿盈盈地映入了四姑盛樨蕙的眼帘。

盛宣怀一生育有八子八女,但真正长大到了婚嫁年龄的,只有五男六女。其中,盛宣怀的元配夫人董氏生有三男(老大盛昌颐,老二早夭,老三盛同颐)三女(仅长女盛蔼颐存活,余二女早夭)。这一房颇为不幸。母亲董氏去世得早。后来,盛佩玉的父亲盛昌颐与三叔盛同颐都死在了祖父盛宣怀的前头。

所以,后来的民国年间,人们见到盛二代中真正大出风头者,一个是庄夫人生的老四盛恩颐,一个是侧室刘氏所生的老五盛重颐,最后一个是侧室柳氏所出的老七盛升颐。其中的盛老四因为母亲庄夫人是盛氏的掌门人,风头最健,在社会上产生的影响也最大。

其实,盛佩玉的父亲盛昌颐如果不是早死的话,后来的成绩应该远在盛佩玉的三个叔叔之上。首先,盛昌颐凭自己的真本事,在光绪辛卯年(1891)考取了顺天乡试的举人,这在盛二代诸子中是一个了不起的壮举。20余岁时,跟随朝廷的大部队出征过高丽,抗击过沿海倭寇侵扰。因为这个,后来盛昌颐被由湖北候补道实授为湖北德安府知府,并被光绪帝加封为从一品封典,正二品顶戴。当时,凭着盛宣怀在朝廷中的威势,假如盛昌颐能活得久一点,他在官场上的形势,自然能爬得更高,看得更远。

盛昌颐的一生虽然短暂,但是,作为旧式官场中的男子,他也不想让自己的生命底色过于粗糙。所以,盛昌颐娶过一妻五妾。

盛昌颐的正妻为浙江温州兵备道宗源瀚的次女,名叫宗恒宜。她有一个弟弟叫宗舜年,是民国有名的藏书家,在社会上的名气很大,一度曾与郑孝胥等前朝遗老交往甚密。庄夫人去世后,盛氏在为五房子嗣分割财产时,宗舜年作为长房的妻舅,一度以观察员的身份见证了整个过程。

盛佩玉的生母殷氏,为盛昌颐的五个如夫人之一。殷氏出身于姑苏的一个矮墙浅屋小户人家。父亲虽读过书,一生的际遇并不好,靠在街头给人家画扇面、写对联勉强糊口。殷氏长大后,跟了盛昌颐为妾,殷氏这才告别了从前的一种茅檐土壁、槿篱竹牖的贫寒生活。

过去有气势的大户人家,丈夫外放到地方上做官,正妻一般是不愿意追随丈夫到外地,去过那种相当艰苦的生活的。所以,盛昌颐实授为湖北德安府的地方官之后,宗恒宜也不愿意跟着盛昌颐到寥落的湖北去生活。宗恒宜留在上海的"辛家花园"镇守大本营。照顾盛昌颐起居的光荣任务,宗恒宜就全权委托给年轻的小妾殷氏了。所以,实际上,盛佩玉是诞生于盛昌颐德安府任上的。

可是,不幸的是,盛佩玉刚满周年,父亲盛昌颐却在40岁这年,病逝于德安府的任期之中。盛佩玉跟着生母殷氏一起扶持父亲的灵柩回到了上海的"辛家花园"。盛佩玉作为盛家孙女的身份,至此得到确认。按照过去大户人家的习俗,盛昌颐死后,盛昌颐这一房的所有妻妾子女均必须为其守孝三年。

守孝三年期满。宗恒宜打量着依然处于嫣然百媚青春时期的五位姨太太。宗恒宜自忖:这样的芬芳馥郁,即使她们有人愿意留下在盛府守节,到后来也只怕是打熬不住的。不如现在把她们放走嫁人吧,免得以后做出不三不四的事情,玷污先夫盛昌颐的名声。

于是,宗恒宜便把五位姨太太召到大厅,和悦地跟她们说:"老爷宾天已满三年,按说你们已经尽到了对于老爷的情分。我看你们几位都还年轻,盛家不做耽误人青春的缺德事。所以,我决定发放你们回去各自的娘家,从今以后婚配自由。我已经跟账房上打好招呼,你们每人离开时可以领一笔足以自立的安家费,老爷生前赐给你们的私房首饰衣物也可以带走。但是,老爷的骨肉则必须留在盛家。你们以后倘若想念孩子,一年可以回盛府探望一次。"

姨太太们度量今后的情势,正忧心大太太宗恒宜会把她们强留在盛府,过那种无情无趣的寂寥生活呢。宗恒宜竟然网开一面,放这些笼中鸟回归自由,五位姨太太对于大太太自然是感恩无限。于是,在领过安家费之后,五位姨太太就像摆脱金钩的游鱼,挨个消失在外面无限苍茫的景色之中。殷姨太抱着年仅 4 岁的盛佩玉，大哭一场。最后，也回到了苏州娘家，再醮他人。

盛佩玉的生肖属蛇。

随着岁月的走过，盛佩玉慢慢地出落而为细挑身材，容长脸面，唇不点而含丹，眉不画而生烟的古典美人。

盛佩玉的机缘也好。

盛佩玉（左）与堂姐妹

当时，在长房盛昌颐的名下，大太太宗恒宜嫡生的有独子盛毓常以及盛毓菊两个女儿。盛毓菊是盛昌颐一房的长女，生于 1898 年 12 月，后来嫁给李鸿章的侄孙李国芝。李国芝家财大势大，属于李鸿章三弟李鹤章的家族世系。当时，宗恒宜自己的两个嫡生女儿已经先后进入了婚嫁的阶段。盛佩玉比另外两个庶出的姐妹更娴静温顺，因此得了大太太宗恒宜的欢心。中年寂寞的宗恒宜，一度将盛佩玉须臾不离地携带在自己身边，视为一个温厚可疼的亲信。

因此，后来盛佩玉在回忆宗恒宜这个大妈时，曾经感叹：宗夫人什么都好，就是人的体格太大了。"我和大娘睡一床，她是很大的块头，我先睡上，她再上床，还对我讲：女孩子睡觉要有睡相，要侧着睡，不好朝天睡。其实有她这样大的身子睡着，当然没有多少余地了，我也不得不侧睡。我小时候，母亲要我裹小脚，是大娘反对的，所以我免了受这个痛苦。"

至盛佩玉的四姑盛樨蕙找上门来，为自己的长子邵云龙提亲那年，盛佩玉已经是一个 17 岁的大姑娘。按照当年大户人家的惯例，像盛佩玉这样进入"五月榴花照眼明"时期的女孩子，便到了应该有一个丈夫的年龄。

如此，庄夫人让宗恒宜、盛樨蕙这一对嫂姑坐在一起，庄夫人慢慢地向宗恒宜说出了，盛樨蕙想在邵盛两家之间结姑表亲的那一层意思。

宗恒宜还有什么可不愿意的呢？盛佩玉虽然是自己名下的女儿，但毕竟不是自己亲生的。凡事只要是有家庭中的长辈牵头，宗恒宜便乐得逍遥。再则，盛樨蕙是盛佩玉的亲姑姑。邵云龙这孩子也是双方家长知疼知热眼瞧着长大的。邵云龙的条件得天独厚。有人说邵云龙是口含金元宝出世的。他作为邵府的长房长孙，天生就具有独享邵府一半财产的资格。邵云龙口中含着的这一块金元宝，可比书中贾宝玉含着的那一块注定要做和尚的通灵宝玉，值钱多啦。至此，庄夫人作为盛府的掌门人，便一言九鼎地把这桩婚事订了下来。

因为双方家长都是知根识底的至爱亲朋。邵云龙、盛佩玉在举行订婚仪式时，便没有按老规矩大操大办，只是搞了一个简单的程序。盛府的未来女婿邵云龙由父亲邵恒领着，后面跟着十数位用礼担挑着彩礼的仆人。礼担的头挑是用红布包着的"拜盒"（内放钻戒、黄金制成的首饰，必须成双；聘礼120个大洋才算得上大礼，邵府自然远远不止这个数目。上置万年青、吉祥草一束，以及写着"敬求台允"的帖子，帖子的纸张是两层外红内绿的，这就是民间所谓的"红绿书纸"了），后面依次跟着的是"36洋红"（上等绸缎衣料36件），食品担必须有64的个数，例如，包头64对、油包64只、麻饼64只等，最后是老酒8担。邵云龙这一天的打扮颇传统，穿着隐花蓝缎长衫，黑色毛葛马褂。父亲邵恒走到一半尚不满意，又把自己戴着的一顶瓜皮帽，扣在了儿子邵云龙的脑袋上。一行人乃施施然往盛府长房居住的"辛家花园"而来。

这一次，盛佩玉、邵云龙仅仅只是打了一个照面，根本来不及细谈。

从邵云龙这边想来，听说家里给定下的女孩子是盛府那边的茶表姐，他的心底即已瞬息缤纷地摇曳出了一种"花影吹笙，满地淡黄月"的唯美景色。盛佩玉出生的年份属蛇。如蛇的美女中，江南自古就流传着一个完美的白素贞。

邵云龙小时候曾多次随父亲去听京剧《白蛇传》。当年，上海京剧界活跃的是唱花旦的名伶琴雪芳，以及在上海大世界乾坤大剧场演出的张文艳、孟小冬、吕月樵、露兰春、小金玲等一班沪上坤旦。记得有一次，乾坤大剧场请来了荀慧生饰白素贞唱《白蛇传》的全本，张文艳扮小青，许仙是谁扮演的，因为当时还小，邵云龙就记不清楚了。但是，那一次，荀慧生缠绵的唱腔，垂头、晃身、咬唇、衔手帕的小身段动作，以及灵动的眼神，令父亲邵恒此后足足沉醉了半个月。这是邵云龙印象深刻的地方。因此，后来邵云龙专门买回剧本《白蛇传》，随手一翻，却是白娘子携小青从峨眉山来到西湖的一段唱词：

> 离却了峨眉到江南，人世间竟有这美丽的湖山。
>
> 这一旁保俶倒映在波光里面，那一旁好楼台紧傍着三潭。
>
> 路桥上杨柳枝把船儿轻挽，颤风中桃李花似怯春寒。
>
> 虽然是叫断桥桥何曾断，桥亭上过游人两两三三。
>
> 对这等好湖山愁眉尽展，也不枉下峨眉走这一番。

这样白描式的语感，把个繁华盛丽的三月西湖讲得比画还好看。当时，邵云龙即幻想：唉，什么时候自己也能学到那一身穿越时空的本事，回到古代西湖做一回破落秀才许仙，与那白娘子千年等一回？

因此，见过了自己"百年修得共枕眠"的意中人回来，邵云龙后来就把这一段甜美的往事，写进了《偶然想到的遗忘了的事情》一文。邵云龙说：

> 家人时常对我说，我和蛇是有缘分的。那年我还没到一岁，奶妈把我放在摇篮里推到后园去玩，我睡着了，她恰好手里做鞋子的线没有了，于是乘我熟睡的时候，跑回屋子里去拿。拿了线走进园子可把她吓坏了，一条六七尺的黄蟒蛇圈盘在我的摇篮周围。她不敢走近，也不敢做声，于是又拼命跑回去叫了许多人来。一个最老的女佣轻轻地说，千万不要惊动，这是家蛇，是保护主人的，不要紧。她又对蛇说道，奶妈回来了，你放心去吧。那蛇竟似乎懂得她的话，慢慢地游走了。家人对我说，我问祖母，祖母说是的，我问母亲，母亲说真的。从此我更爱蛇了。

邵云龙是喜欢古诗的。自盛府定亲回来,邵云龙想到自己一生之命运,竟如此奇妙地与盛府的茶表姐维系一起,即兴奋得失眠了。他干脆起床挑灯夜读古诗。他读到《诗经·国风·郑风》中的一段文字,称美良久,一时竟为之痴绝了:

> 有女同车,颜如舜华。将翱将翔,佩玉琼琚。彼美孟姜,洵美且都。
> 有女同行,颜如舜英。将翱将翔,佩玉将将。彼美孟姜,德音不忘。

徐志摩后来为好友邵云龙搞了一个现代译文,清浅易懂,也转录于下:

> 有位姑娘和我在一辆车上,脸儿好像木槿花开放。跑啊跑啊似在飞行,身佩着美玉晶莹闪亮。姜家大姐不寻常,真正美丽又漂亮。
> 有位姑娘与我一路同行,脸儿像木槿花水灵灵。跑啊跑啊似在飞翔,身上的玉佩叮当响不停。姜家大姐真多情,美好品德我常记心中。

"佩玉琼琚",原来"盛佩玉"的名字,竟然是如此清贞的一段渊源!于是,邵云龙再将"洵美且都"细细咀嚼,他觉得用这样的美词来修饰自己的爱人盛佩玉,其实也是一点不过分的。难道说盛佩玉的面颊,不是像木槿花一样又红又白的吗?她走起路时的神态,不也像云雀鸟的飞翔,自由轻盈吗?植物中的木槿花,为仲夏夜的梦之花,朝开暮谢,却不忧伤,迎着阳光,心生欢喜。所以,像盛佩玉那一类颜如木槿的女子,在邵云龙的感觉中,就是夏天清晨一朵轻盈含露的花。想到这里,心潮起伏的邵云龙,当即濡笔写下"邵洵美"三字。他今后就改用这个名字。他要用自己的一生,去记住这段美好的年华。

邵、盛两家是10月底讲定的婚事,可是,邵府也同时把邵云龙(以后该称之为邵洵美了)12月出国的日期确定了下来。

当时,送子女出国留洋镀金,在上海的一些簪缨富贵之家,已经成为一种时尚。

关系太过的暂且不去说它。其实,这时,就在邵、盛两府的内部,赶时髦出国的,也大有人在。例如邵洵美的四舅盛恩颐夫妇,邵府的姐姐邵畹香,都曾经去过英法等欧洲国家游历。回到国内后,一番吹嘘,一番炫耀,不知使上海滩多少追赶时尚的少男少女们,羡慕得要死。邵洵美最初迷上的是英国浪漫诗人雪莱的诗作。后来,心细如发的邵洵美发现雪莱最喜欢在诗中,充满激情地咏哦一种如电如露的灵鸟——云雀。可他走遍了上海的大街小巷,甚至是近郊的大小树林也没有遇见一只云雀。他这才开始对雪莱的故乡英伦三岛产生了刻骨的相思。他到底要到时候才能踏上英国的土地,亲自去感受一番那英国夏天耀眼的热浪,雨中的草莓,如茗的夏风,以及云雀鸟冲入云霄的那浏亮的歌唱声?

于是,邵洵美一本正经地向邵府长辈提出了游学欧洲的要求。

对于这件事情,身体状态每况愈下的老祖母柴太夫人,当然很不开心。邵恒、盛樨蕙夫妇的态度则模棱两可。邵洵美就不依不饶地缠着史妈妈,讲西洋留学的千般好、万般好。史妈妈终于答应为邵洵美支付留学的费用。邵府其他长辈的态度,这才全体趋于同意。

邵洵美这一趟出远门,以两至三年为一个期限。

考虑到这时邵洵美、盛佩玉刚刚订婚,便要面临一个长时期的分离,彼此心底肯定恋恋难舍,双方家长在邵洵美出国前,便有意让两个年轻人见上了数面。

据盛佩玉回忆:这种见面,大抵是盛佩玉上邵府去。为了避免家族中的闲言碎语,每次出门时,大妈宗恒宜都会让盛毓菊等两个亲生女儿陪同。毓菊大姐与二姐这时候均已成婚,生活有闲皆有钱。到了邵家之后,盛佩玉跟邵洵美粉脸含羞地坐在庭园中凉风香韵的荷花池畔轻言细语。盛佩玉的两个姐姐,加上邵母盛樨蕙、邵家姐姐畹香,正好凑足了一桌麻将人数。四人二话不说,推倒麻将牌即开战。大家各取所需。

邵洵美的嘴巴一向来是能说的,口滑舌甜。他说自己很早就喜欢上茶姐姐了,大约是在 10 岁那年,见过茶姐姐,心里面就装下了茶姐姐一个美丽

的身影。当时,还叫了一首叫《季候》的情诗呢。邵洵美生怕盛佩玉不相信,当即从坐姿改为立姿,表情饱满地朗诵:

> 初见你时你给我你的心,里面是一个春天的早晨。
>
> 再见你时你给我你的话,说不出的是炽烈的火夏。
>
> 三次见你你给我你的手,里面藏着个叶落的深秋。
>
> 最后见你是我做的短梦,梦里有你还有一群冬风。

没有一个女孩子是不喜欢甜言蜜语的。即使盛佩玉在心底设定:假如10岁的邵洵美真的写出了如此漂亮的情诗,那他绝对是一个天生的情圣了。但是,盛佩玉却从来没有当面去戳破他。盛佩玉总是春风满面地微笑着,暗暗地给予他鼓励。毕竟在一个女子的相对漫长的一生中,能够听到这样充满爱意的小小谎言的时期并不长。

邵洵美干净的脸,写满了诚恳。邵洵美问盛佩玉对于今后的他,有什么要求。盛佩玉即姿媚可人地向邵洵美竖起了三根手指:第一,不可在外面玩女人;第二不可吸烟;第三不可赌钱。这是盛佩玉所观察出的,过去大户人家弟子所具有的三大痼疾。盛佩玉于"花时天似醉"的甜美时光,向邵洵美提出,是希望邵洵美能走出这样的怪圈。

记得当年,随着邵洵美起启日程的日益逼近,邵洵美还哄着盛佩玉,在外面的照相馆中照了一张合影。照片中的盛佩玉,一绺刘海齐眉垂下,嘴角翘抿,弯成一湾浅浅的月牙,一袭大红缎面质地织锦旗袍,松松地笼着。当时,盛佩玉的脸上,现出一种风日清和的微笑,这令人联想到月钩初上时分的紫薇花。而偎依盛佩玉而立的邵洵美,也只能用漂亮两字来形容,甚或令人疑心这男孩子是不是漂亮得有点过度了。照片中邵洵美穿了一件白竹布的长衫,笑得很恬静,甚至有三分女孩子的羞涩。他的黑亮的头发,相当帅气地从中间分成两绺,这是民国潮男们的流行发式,笔者从找到的徐悲鸿、徐志摩等民国风流男的早期相片中,均发现了这种发式。邵洵美的鼻梁高挺,这使得他的一双灵动的眼睛,看上去水汪汪的,颇有几分情窦初开的模

那一世的风情

邵洵美与盛佩玉订婚照

样。所以,后来徐志摩说,邵洵美的眼睛会放电,女孩子一不小心,会电死人。也有从邵洵美白净的脸、清秀的眉目上,仍然看出了三分"纨绔子弟"的味道。

邵洵美对于自己年轻时的秀美长相,颇为自得。进入老年之后,有一次,邵洵美端详着自己年轻时与盛佩玉的合影照,半开玩笑半矜持地问盛佩玉:怎么样,年轻时,我这模样,应该对得起你这大美人吧? 盛佩玉白了邵洵美一眼,不无幽怨地回答:漂亮有什么用? 跟了你,大半辈子吃不完的苦,受不尽的颠簸,还不是一个银样镴枪头?"

所以后来盛佩玉在回忆年轻时代的邵洵美偏要说:"洵美给我的印象是个聪明的人。文字好,人长得并不俊,长脸,身材矮了些。"这个时候,盛佩玉为邵洵美设立的"三大纪律",全部为邵洵美在岁月的夕阳芳草中破戒了。一生的爱怜,一生的牵挂,俱已云淡风轻,盛佩玉虽然略微遗憾,却始终没有后悔过与邵洵美的一生共渡。

当时,盛佩玉听人家说,英国的冬天冷得要命,在外边擤鼻涕,不小心擤出去的可能是鼻子。盛佩玉便赶忙亲手织了一件白毛线背心送给他。过去,大户人家的女孩子,妇德、妇言、妇容、妇功是四项基本功。只是进入民国年代之后,许多富贵中的女子都变懒散了。茶姐姐在邵洵美临行之际送一件手织的毛线背心,邵洵美很容易揣摩到了盛佩玉密密匝匝的情丝。邵洵美大为感动,一时诗兴大发,便写了一首《白绒线马甲》的情诗,发表于《申报》之上,作为自己的爱情宣言:

> 白绒线马甲呵! 她底浓情的代表品,
> 一丝丝条纹,多染着她底香汗;
> 含着她底爱意;吸着她底精神。
> 我心底换来的罢?

白绒线马甲呵!

她为你,费了多少思想;

耗了多少时日;受了多少恐慌。

嘻,为的是你么?

太美的光阴总是短暂的,转眼即到了邵洵美启程的日子。

邮轮从上海的口岸驶向公海之时,站在邮轮上挥手致意的邵洵美这边还是万物明亮的,前来送行的盛佩玉那边的人与物却一下子云雾苍茫了。

青年邵洵美从前从来不知道什么叫乡愁。但是,在那一刻,他却对上海这个熟悉的城市产生了一种深深的依恋。这是因为,在这个熟悉又陌生的城市中,有了一个全新的、他所爱着的女孩。

5

邵洵美 1924 年底离开上海乘船赴欧,至 1926 年 5 月启程回国,邵洵美逗留于英法诸国,实际上不过一年半的时间,但这对于邵洵美的一生事业却是至关重要。他的唯美文学理念,以及对于出版事业的终身热爱,即萌生于这一时期。

邵洵美所乘坐的邮轮,沿途经过香港、新加坡、菲律宾、开罗等地。邮船抵达意大利之后,需另换客轮,邵洵美因此上岸逗留了十数天。邵洵美便抓紧时间,走马观花地游览了庞贝古城、罗马大教堂、古剧场、但丁雕像等,这些都是人类文明史上著名的遗迹。

但是,真正令邵洵美震撼的是,他在意大利的拿波里那不勒斯博物院所见到的一古希腊女诗人萨福的壁画。邵洵美在萨福的壁画前静默了十数分钟。柏拉图曾经赞美这位美丽骄傲的女诗人说:"人都说有九缪斯,但她们都可忽略。瞧! 莱兹波斯岛的萨福,她位居第十。"当时,邵洵美的心底犹如有万千缤纷的花雨,纷纷堕落,訇然有声。这是西方唯美主义文字在邵洵美心湖吹动的第一阵轻风。

古希腊女诗人萨福的声名,对喜欢西方古典文学的发烧友来说,无须多讲。萨福创造了人类历史上至今最撼人心魄的爱情诗。有关她的定义,后来,牛津大学教授马丁-威斯特曾经犹豫地说:也许萨福是一位美女、一位诗人、一位七弦琴演奏者、一位神秘主义者、一个男诗人的情人、一个有失检点的妇人、一个美貌的母亲生有美貌的女儿、第一个失恋投海自杀女诗人,甚至于是一个女同性恋者?邵洵美于一种热恋的氛围口,骤然与爱人分离。当时,他仔细地阅读刻在萨福壁画之下的一首诗《给安娜多丽雅》:

> 我觉得同天上的神仙可以相比,能够和你面对面地坐在一起,
> 听你讲话是这样的令人心喜,是这样的甜蜜:
> 听你动人的笑声,使我的心在我的胸中这样的跳动不宁,
> 当我看着你,波洛赫,我的嘴唇发不出声音,
> 我的舌头凝住了,一阵温暖的火突然间从我的皮肤上面溜过,
> 我的眼睛看不见东西,耳朵被噪声填塞,
> 我浑身流汗,全身都在战栗,我变得苍白,比草叶还要无力,
> 好像我几乎就要断了呼吸,在垂死之际。

这样的诗句像阳光一样,洒满邵洵美的心房。想起刚刚离别的盛佩玉,邵洵美的眼眶充满热泪。如此,邵洵美给盛佩玉寄去了一句诗:"周围的群星黯淡无光而她的光华,铺满了咸的海洋和开着繁花的田野。"

邵洵美抵达伦敦,已是 1925 年的 4 月。这个时间,错过了英国剑桥大学的入学期,邵洵美便先入剑桥的预科班学习。后来,邵洵美一直迁延到 1925 年 12 月,才正式考入剑桥大学的伊曼纽学院(Emmanuel College of Cambridge University)攻读经济系。不久,改为专攻英国文学。

邵洵美初到剑桥时人地两疏,校长矍尔斯博士便给邵洵美介绍了一个导师慕尔(Arthur Christopher Moule)。后来,邵洵美便与另一个中国留学

生刘纪文，一起借宿于慕尔家中。慕尔对邵洵美今后的文学生涯帮忙颇大。

慕尔先生出身于牧师，曾在中国传道。他的学问很好，个人精通希腊、拉丁、德、法、中、意等多国文字。他跟邵洵美之间一见如故，非常乐于为邵洵美解答任何问题。这样，邵洵美在未正式被剑桥大学录取期间，便从慕尔先生那里学到许多有用的知识。不过，一开始，邵洵美生活于慕尔家中却有一点小小的不习惯。慕尔的妻子做一个牧师的太太久了，有许多教会上的清规戒律，例如，每次吃饭前要慢悠悠地来一段赞美诗，这使得每次用餐前，饥肠辘辘的邵洵美都觉得岁月特别的宁静悠慢。但是，慕尔太太这悠扬的唱礼歌，对于邵洵美而言也并非是全然无益的。后来，邵洵美便从慕尔太太那里学到了一口纯正的英国口音。再后来，邵洵美这一口英国味儿十足的英语，曾令口音稍显粗野的美国女子项美丽惊讶不已。

进入剑桥数月，邵洵美、刘纪文在预科班的功课并不多。邵、刘其时正是年轻好动的年龄，两人听说海峡对岸的法国巴黎，有许多十分有趣的中国人，邵、刘即生发了静极思动的念头。邵洵美这一动，正好遇上风流倜傥的徐悲鸿，在巴黎捣鼓一个叫"天狗会"的艺术团体。邵洵美与徐悲鸿喝酒显得十分豪气。徐悲鸿声音饱满地叫了一声"老邵"，年轻的邵洵美即被网罗进了"狗网"之中。

徐悲鸿

关于"天狗会"这个绘画社团的起源，坊间流传的版本很多。

最通俗的讲法是，据说当时国内有丁慕琴、江小鹣、汪亚尘、陈晓江、杨清盘、张辰伯和刘雅农等数位画家，兴起了一个叫"天马会"的民间美术协会。这个协会兴起时，起先并没有搞什么主张，不过是志在万井笙歌中的一樽风月而已。可是后来刘海粟加入到"天马会"之中。刘海粟立即雄心勃勃地为"天马会"制定了五大艺术主张：发挥人类之特性，涵养人类之美感；随着时代的进化研究艺术；拿美的态度创作艺术，开展艺术之社会，实现美的人生；反对传统的艺术、模仿的艺术；反对以友谊的态度来玩赏艺术。如此，随后从国内出去的文人，便把"天马会"的成立，作为国内的文坛轶事，带给了欧洲的中国留学生们。

徐悲鸿听罢大不以为然。当时，徐悲鸿认为"天马会"不过是几个画坛新秀，扯大旗开门派似乎为时尚早，于是便抱着七分恶搞的心情，快乐地说：你天马会，我还天狗会呢。"天狗会"即在众留学生的说笑戏谑间，恍恍惚惚地开张了。

徐悲鸿也为"天狗会"设计了一个周星驰式的成立宣言：首先，"忌用狗字，除天狗会用狗字外，凡遇狗字苟音均以圣字代之，如'狗屁'，即曰圣屁，如'苟有用我者'，亦以圣字代之"。其次，"做狗第一个条件当然要会咬人。不过虽然逢人便咬，可是从不把人咬死，所以做狗的又得会虚张声势。同时，你千万要记得，我们这般狗全是天狗，随时要能腾云驾雾；不要做了狗真有了狗脾气，因为走狗是我们到死也不肯做的"。徐悲鸿这宣言也亏了他去想，自由、洒脱、骄傲、滑稽、搞笑。只是，徐悲鸿、刘海粟之间，却从此结下了终生的梁子。

过去，在欧美的大学中，学生组织秘密社团是一种传统风气。中国的留学生们来得番洋之地，竟然有这么好玩的东西，自然乐得吆喝一声。

最初，"天狗会"中的骨干分子是谢寿康、徐悲鸿、张道藩、邵洵美等人，这四人唱过喏之后，便顺势结拜成为兄弟。此外，还有一个军师，是跟着徐悲鸿从德国转到巴黎的孙佩苍；一个"天狗会行走"，是天生无事三分忙，特喜欢跑腿的郭有守；一个行脚僧，刘纪文这时在国民党内颇为见用，便一天到晚在外面东跑西跑，没有一个安定的时候。徐悲鸿的夫人蒋碧薇巾帼不让须眉，且在这一伙无聊光棍中为唯一女性，自然当仁不让地做上了"压寨夫人"。有一段时间，笔者在前文曾经长篇大论过的大鼻子罗家伦，也走进了"天狗会"中客串角色。罗家伦自我介绍说："我的好朋友傅斯年傅胖子，曾经在我的照片上题过八字真言，语言无味，面目可憎。所以，我推荐自己做一个护会雄狮！"张道藩便让罗家伦站到了外面的光线明亮处，居高临下地端详了许久，最后很认真地下结论：最多是一只狮子狗，更好则不可能了。

另外，这一群"天狗会"的热血青年，跟后来一代代长成的精力充沛青年，在业余嗜好方面并无多大的不同。这一群精力过剩者最喜欢做的事情，也是到美女如云的巴黎广场去一饱眼福。起先，巴黎女人的衣香、粉香，以及丰乳肥臀女子所特有的女子肉香，曾经把这一班久旷思云雨的单身男子，诱惑得血脉贲张。于是，为了抑制住心中的遐想，这一帮年轻汉子便故意挑毛病讲："这许多巴黎女人中间竟然没有一个美丽的。每一只涂满了粉和胭脂的脸蛋上一律是两条黑眉毛，两圈黑眼眶，一团红嘴唇。"于是，有了婚姻的谢寿康，便会向张道藩、邵洵美几个未婚男子，显摆家乡的妻子如何的妙。说是中国女子的脸部肌肉，肌理柔和细密，具有反光的情趣。胸部的一抹酥胸，则犹如霏微的初雪，有一种将光线含吮在乳沟的暧昧。至于中国女人的背脊嘛，不知大家有没有触摸过春天新嫩的树叶，那一份温润的娴静，最令人销魂。当时有一个叫常玉的画家，无赖时也会跟了"天狗会"这一帮子光棍上街审美。他听了谢寿康的妙论暗笑。有一次，常玉开口说：你们别听谢寿康在这里瞎掰。其实天下处处都有美女。你们没听说形容欧洲美女的三句话吗，英国女人走路用脚尖走，美国女人走路用美腿，最好的巴黎女人却懂得用下身走。于是，大家公认常玉才是审美的专家，一时为常玉的如珠妙语所绝倒！

可是，也切莫因为这"天狗会"的成员，似乎整天都在一起插科打诨、嘻嘻哈哈，就因此小瞧了他们的志气。他们是社会的精英。表面上悠悠忽忽，实质上却清淳简贵，是国家可倚重之人。邵洵美跟这样秀雄的人物走在一起，渐渐地，也就琢磨透了一点"研究一项学问，学习一种文字，恋爱一个女人"的门道。

邵洵美这段期间，还有一个终身受益的收获，就是与徐志摩的不期而遇。

1925 年 3 月，深陷于陆小曼、王庚夫妇之婚外情的徐志摩，取道西伯利亚、莫斯科，开始了他长达数月的欧洲访问。

当时，徐志摩因次子彼得的夭折，先抵达柏林与前妻张幼仪面晤。此后，再游历法国、意大利诸地。最后，才去到英国拜访心仪已久的英国作家哈代，之后转回巴黎再归国。"邵徐会"即发生于徐志摩此行的最后阶段。

这时,已经是浪漫法国的 7 月盛夏了。

徐志摩

年长邵洵美十余岁的徐志摩,一见之下,竟然对邵洵美产生了恍若亲兄弟的感觉。我们知道徐志摩是独子,这种感觉对于徐志摩而言,是十分新奇而珍贵的。

只是这一次的初见,徐志摩却来不及跟邵洵美细谈。因为徐志摩接连接到胡适之从国内拍发的三份加急电报,说陆小曼相思成疾,徐志摩倘若不及时赶回去,陆小曼恐怕要像一条缺水的鱼,渴死了。

徐志摩跟邵洵美只安排了短短一个多小时的交谈。随即,徐志摩即急急如令地归国,见他的小曼爱人了。可是,邵洵美说,人生贵在相知。正是这一个多小时的经典"邵徐会",对于邵洵美未来的人生走向,产生了巨大的影响!

所有见过邵洵美与徐志摩的朋友都会说,这两人长得真像一对孪生兄弟,一样的美人肩,一样的葱白鼻子,一样的月牙脸。这让邵、徐之间,在一段较长时间之内,产生了一种惺惺相惜,渴望见上一面的愿望。因此,徐志摩见到邵洵美,急步趋上前,拉起邵洵美所讲的第一句话就是:"贤弟,我找得你好苦!"接下来,这两个人的一番交谈,果然是十分的畅快。

徐志摩问起邵洵美的学业志向。邵洵美表示他是家里的长房长孙,选学经济学,将来可以把偌大一份家产负责起来。徐志摩侧耳倾听,微笑着颔首示意,表示理解。但是后来,徐志摩却仿佛自言自语地说了一句:"真奇怪,中国人到剑桥,总是去学的这一套。我的父亲也要我做官,做银行经理;到底我还是变了卦。"

邵洵美有点愕然,不解地追问了一句:这话是什么意思?徐志摩用力地拍了一下邵洵美的肩头,意味深长地说:没事。小老弟。我只感觉你跟我是同一类人,是一只自由吟唱的云雀。到时候,你自然会想起我这番话来的。说完,徐志摩即登船回国了。

果然,到了 1925 年的剑桥大学入学考试之时,邵洵美已经跟徐志摩一样,成了一个诗的吟者。他自己开始尝试写作《花姊姊》、《恋歌》等诗篇,跟住在牛津大学的作者许地山大谈特谈西方唯美诗歌的流派走向,又干劲十足地四处搜求与古希腊女诗人萨福相关的作品与资料,预备做一个现代诗剧《萨福》。

一开始,邵洵美选学的经济系。后来,他在学习经济系那些枯燥的理论时,显得有点心神不宁。他老惦记英国翠绿田野上,那瓜果摇红季节云雀的嘹亮歌声。于是,他蓦然想起数月前,徐志摩笑吟吟讲过的那一句话:你跟我实际上是同一路人。于是,邵洵美"噔噔噔"地跑去找到校长矍尔斯博士,要求改学英国文学专业。所以,邵洵美后来只要想起徐志摩,就会想起一句话:一个人,一句话,一辈子。邵洵美对于徐志摩的想念,总是那样的堂庑清明。

1926 年 5 月,邵洵美突然收到家里的一封来信,说是嗣母史氏在牯岭路毓林里的 30 余幢房产失火烧毁了一大半,将来邵洵美留学的经费,恐怕要受影响。真实的意图则是老祖母柴太夫人年事已高,她渴望见到四代同堂,因此,老是催逼家里人把邵洵美叫回来结婚。于是,邵洵美在欧洲总共只待了大约一年半的时间,即与张道藩以及外一个姓高的画家,一起结伴归国了。

其实,回家,邵洵美的心是欣喜的。想到即将见到离别一年半的茶姐姐,邵洵美心湖中装满了春水春花。于是,邵洵美信手在途中写下:

> 两瓣树叶般的青山,夹着半颗樱桃般的红阳;
> 我将魂灵交给快乐,火样吻这水般活泼的光。
> 啊,淡绿的天色将夜,明月复来晒情人的眼泪,
> 玉姊吓我将归来了,归来将你底美交还给你。

邵洵美终于回到了自己上海斜桥邵府的家门口。只有到了这时,邵洵美这才体会到那种游子返乡的欣然感:"从大门沿着草地到前面两宅房子的路完全是黄沙细石子铺的,衬着草地边上的冬青树、杨柳树、大槐树,便特别

感到光耀。"

　　祖母像一年半前送邵洵美出门一样，把头发梳得一丝不苟，仍旧坐在楼梯边的梳妆台旁静静地等待着他。邵洵美看见祖母，一开始还有点腼腆，他轻轻地叫了一声："祖母，我回来了。"柴太夫人心里太快乐，眼睛里不由得流出了快乐的泪光。她让邵洵美在自己的面前转着圈子，同时让在一旁伺候的弟妹们估计，他们的大哥到底是瘦了一点呢还是胖了一点？老祖母满意地说："嗯，我的孙儿跟出去时一样，一根头发也没有少！"邵洵美一时激动得再说不上话来，他再也顾不上矜持，便像幼年时那样轻轻地偎依在老祖母的身边。至此，邵洵美这才真正了解到"儿行千里母担忧"这句古话中的万千恩情！

邵洵美、盛佩玉结婚照

　　1927年1月15日，邵洵美、盛佩玉这一对有情人，在南京路前跑马厅对面的大华舞厅卡尔登饭店举行婚礼。地方很大，场地可以满足一场豪华婚礼的需要。

　　双方的主婚人为邵洵美的生父邵恒，以及盛佩玉的四叔盛恩颐；证婚人为震旦大学的老校长马相伯。结婚照刊发于当时的《上海画报》期刊封面，题字为：留英文学家邵洵美与盛四公子盛恩颐侄女佩玉女士新婚俪影。为满足广大读者的慕爱好奇之心，同期画刊还登载了有关两人爱情花边消息的《美玉婚渊记》。这篇文章对于邵、盛喜筵的全程有一个细腻的追踪报道："邵君洵美，长于文学，著作颇富，所作小诗尤隽永绝伦，常散见各刊物，读之靡不令人赞叹。前曾在英国剑桥大学研究文学多年，故中西文字俱有根底。日前（即阳历元宵）与盛泽丞之女公子佩玉女士行婚礼于卡尔登饭店，一时往贺者冠盖如云，其中尤以文艺家居多数。婚后三朝，由新郎之友江小鹣、徐志摩、陆小曼、丁悚、滕固、刘海粟、钱瘦铁、常玉、王济远等发起公份，在静安寺邵宅欢宴，堂会有江小鹣之《戏凤》，绿牡丹、粉牡丹等之《送酒》、《打花鼓》、《朱砂痣》、《吊金龟》等戏。"

民国时代的少男少女也追星,也喜欢各种新奇有趣的事物,像邵洵美、盛佩玉这样的少年贵族与名门闺秀的爱情传奇故事,尤为上海滩的年轻人所追捧。

这一年新郎官邵洵美 21 岁,新娘盛佩玉则 22 岁,正是人生的如晨葩着雨的鲜美时期。

不过,这场奢美的婚礼被五四作家鲁迅看到后,却记住了。多年后,鲁迅跟邵洵美所代表的新月派文人发生论战之时,顺便就把邵、盛的这一场婚姻,作为论战中的一把矛,大力地向邵洵美投掷而去。

鲁迅和新月派是立场对立的。从 1929 年到 1933 年,鲁迅针对新月社批评家以及所谓的"人权运动",陆续发表过几篇文章,以杂感式的轻蔑的语言,进行了嘲笑和批判。

这场争论起先没有邵洵美什么事儿。新月的主将,徐志摩、梁实秋、胡适等大抵都是和善之人,钢牙利齿的笔战非这些人的所长。徐志摩、梁实秋、闻一多、沈从文、陈西滢等人,遇上了文风峻急、冷酷的鲁迅,暗地里嘟囔一声吃不消,即纷纷铩羽而归。

鲁、邵之争,兴起于鲁迅与新月社文人大规模的笔战过后。鲁迅在民国的文坛,向来乐于担负超级巡边员的职责,见谁不爽,都要冷不丁地大喝一声。1933 年 5 月,鲁迅在《申报·自由谈》上发表了一篇批判盛宣怀的文章,题目叫《从盛宣怀说到有理的压迫》,大致说了几句与盛宣怀有关的风凉话。

不识深浅的邵洵美哪里晓得鲁迅先生的厉害。他顾盼自雄地以为,盛宣怀是他的亲外公,骂盛宣怀当然跟他有关。这里邵洵美有点拎不清,盛宣怀是公众人物,在民国时代做公众人物,哪有不挨骂的呢!

于是,1933 年 8 月,邵大公子即好事地在自己编的《十日谈》杂志中,开口大骂"(左翼)文人":"所以为文人之故,总是因为没有饭吃,或是有了饭吃不饱。因为做文人不比做官或是做生意,究竟用不到多少本钱。一支笔,一些墨,几张稿纸,便是你所要预备的一切。无本生意,人人想做,所以文人便多了。……他们借着文艺宴会的名义极力地拉拢大人物;借文艺杂志或是

邵洵美创办于 1933 年的
《十日谈》旬刊

副刊的地盘,极力地为自己做广告:但求闻达,不顾羞耻。……这般东西便永远在文坛里胡闹。"

邵洵美这话讲得有点糊涂,因为在"没有饭吃,或是有了饭吃不饱"的流浪作家中,有写出了《八月的乡村》的萧军、写出了《生死场》的萧红、写出了《打杂集》的叶紫等人,他们都是民国文化精英。

这样,英雄辄感寂寞的鲁迅这才把犀利的目光瞄准了邵洵美的那只鹰钩鼻。鲁迅针对邵洵美的怪论,便相继在《各种捐班》、《登龙术拾遗》、《帮闲法发隐》数篇文章中,发起了精确度很准的反击。

在《〈准风月谈〉后记》一文中,鲁迅的反击可谓嬉笑怒骂,皆成文章:"文人的确穷的多,自从迫压言论和创作以来,有些作者也的确更没有饭吃了。而邵洵美先生是所谓'诗人',又是有名的巨富'盛宫保'的孙婿,将污秽泼在'这般东西'的头上,原也十分平常的。……穷极,文是不能工的,可是金银又并非文章的根苗,它最好还是买长江沿岸的田地。然而富家儿总不免常常误解,以为钱可使鬼,就也可以通文。使鬼,大概是确的,也许还可以通神,但通文却不成,诗人邵洵美先生本身的诗便是证据。"

骂得过瘾的鲁迅,后来干脆在《拿来主义》一文中,为邵洵美这个名字下了这样的注解:"因为祖上的阴功,得了一所大宅子,且不问他是骗来的……或是做了女婿换来的。"

当时,民国的一班文人,对于这样一场文采璀璨的辩论,在一旁看得津津有味,有起哄的,有跺脚的,也有在一边吹口哨的。民国的时代多愁多病,民国的时代百病丛生。民国的时代一年有多少忧心烦心的事情发生了。所以,一番争吵,一番热闹过后,大家也就淡忘了。

当时,谁也没有想到,新中国成立后,鲁迅会被树立为,一尊口含金纶之音的摩天战神。鲁迅激动中写下的一段话,"有富岳家,有阔太太,用作陪嫁,作文学资本",后来成为邵洵美的政治定论。难怪后来有人会怃然而叹:鲁迅无意中的一条注释,却掩埋了邵洵美的一生!

至于邵洵美是否像鲁迅先生所讽刺的那样,是靠给富人做女婿才发财的。读者一路跟着笔者的文字徜徉而来,我想这个命题,笔者不再解释,读者也自有一杆秤在心底竖起了。

其他东西我们一律不论,邵洵美的母亲盛樨蕙当初嫁给父亲邵恒,盛家拿出的嫁妆,仅压箱底的银元就几近 100 万元。到了盛佩玉出嫁的年代,作为盛府长房长孙的盛毓常却只给了妹妹 1 万两银子的陪嫁资。这对一般的中产阶级而言,仍然是一笔了不得的陪嫁。可是,要用来维持邵洵美后来那样奢华的排场,气象就小了。

所以,邵四代邵洵美用于出版事业上的庞大资金,只能来自于邵家自己的祖业。邵家是瘦死的骆驼比马大。

6

邵洵美一生中最重要的文友章克标先生在评价邵洵美时,曾经讲他是一个三重人格的人:一层是诗人,另一层是大少爷,还有一层是出版家。"他一身在这三个人格当中穿梭往来,盘回往复,非常忙碌,又有矛盾,又有调和,因之,他这个人实在是很难以捉牢的,也就是很难以抒写的。"

笔者在读过邵洵美的一些文章之后,却觉得邵洵美没有这么复杂。相反,他这个人,像流丽轻脆三月的青天皎月,是相当透明的。笔者认为,在匆匆民国的熙攘文人中,一个邵洵美,一个徐志摩,是至死仍顽固地坚持了他们纯粹的本色。

为此,邵洵美在向世人敞露心扉之时,曾经一再诚恳地表白:"我想人世间既然有了书本的刊行,那么,人是一定免不了书本的影响的。我们可以把人分成以下几种:(一)不看书的人;(二)不看书而想做书的人;(三)看书而不想做书的人;(四)看书而想做书的人;(五)做书而不看书的人;(六)看书而做书的人。""第六种人最完美,他们一方面接受遗传的收获,一方面又去制造将来的光荣。"

邵洵美毕生试图做第六种人。为此,邵洵美以大少爷的雄厚财力为基础,以做一个唯美诗人为自己人生的一盏灯塔,他的人生理想就是做一个成就卓著的大出版家。

下面我们将邵洵美出版生涯中两个最重要的阶段——20 世纪 20 年代后期的"金屋"时期和 20 世纪 30 年代的"时代"时期,做一个简略的回顾。

邵洵美创办于 1928 年
的《金屋月刊》

从 1928 年至 1929 年的两年间,邵洵美在创办金屋书店与《金屋月刊》的同时,还试图使一份叫《狮吼》的纯文学杂志重振声威。这两件事搅和在一起做,便是邵洵美在出版业牛刀小试的阶段。

金屋书店最早开设于 1928 年。至 1930 年底,年仅 24 岁的邵洵美,以"桐花万里丹山路,雏凤清于老凤声"的气势,预备大搞"时代"系列,金屋书店即光荣地结束了自己的使命。

笔者手边有温梓川的一本闲淡小书《文人的另一面》,全部是民国文人的一些八卦往事。许多回忆在温梓川宁静如水的笔端写来,带给了读者一种丰满如桃的想象。其中,温梓川回忆自己跟邵洵美金屋书店打交道的一段经历,至今读来,依然有当年寂静纯粹如春夜的韵味儿:

> 记得是在一九二九年春的某一天下午,我闲着无聊,忽发奇想独自一个沿着上海静安寺路无目的地随意跑去。跑过了哈同花园不大远,一间墙壁髹漆着金黄色的,橱窗布置得很雅致的书店陡的出现在眼前。抬头望了望门楣上的牌匾,赫然有着四个黑色光泽灿然的长宋字,才知道原来是'金屋书店'。在当时金屋书店出版的书籍,最精致也最讲究。书页不是用古雅的米黄色的书纸,就是用粗面的重磅厚道林纸,虽则是

薄薄的一本三四十页的小书，看起来，却显得又厚又可受。对面又是在芸芸的出版物当中，别出心裁，使爱书家常常不忍释手。因为书籍的品貌既然如此不凡，那么书价也贵之外，要算金屋书店的书价最昂。我那时虽则是个穷学生，但并不吝啬几个买书钱，金屋书店出版的书籍，除了《金屋月刊》之外，几乎全部都买齐。它的书籍，封面也最奇物，如滕固的一本短篇小说集《平凡的死》，就是一张黑封面画上一口大红棺材，四个白文的书名。这部小说之所以不会畅销，就是那张封面吓人。此外还有一本邵洵美的文艺论集，叫做《火与肉》的，封面用的是大红纸，中间贴上一张小方形的金色纸，上画有作者寥寥几笔的画像，既没有书名，也没有作者的名字。我当时觉得很新颖，也很够刺激，因此从那天开始便爱上了金屋书店出版的书籍。那天，我记得买到邵洵美的《一朵朵的玫瑰》译诗集，是英国诗人彭司的名作，和沈端先译厨川白村的《北美印象记》等七八本书，连一向不大注意的《金屋月刊》也一一搜购齐全。就在那当儿，一个穿着皮袍子的中年人，从外面安详地踱了进来，他的瘦脸上显得有点苍白，好像刚从床上起来患贫血症的人的那种脸色。他的清秀而苍白的脸上，最使你觉得触目的，便是他下颌的那几根疏稀的山羊胡须，和他那个高耸的希腊人特有的鼻子。我一见到他，就使我想起那本《火与肉》封面上的作者素描，他就是那张素描的模特儿。

买罢此书，多年后，温梓川仍意犹未酣地跟朋友闲聊：他买的那本《火与肉》，不过是小毛边装订，定价却要四角半，相当于半块大洋。邵洵美果然是贵族气派十足，他的书出来一向是与众不同的。温梓川这时不过是一位穷学生，买过此书后，一时囊中羞涩，后来便节俭生活，吃了近一周的酱油拌饭。

邵洵美所创办的这个金屋书店，距离他家在静安寺路（今南京西路）的斜桥邵府公馆只有一小段的路。这个时期，先是邵洵美的老祖母柴太夫人，于 1927 年 10 月撒手人寰。后来，1929 年 5 月之时，邵洵美的生母盛樨蕙竟突发一种叫"猩红热"的急性传染病,遽尔病逝,终年 47 岁。家庭中三位最疼爱邵洵美的女长辈,突然间就去了两位。嗣母史妈妈的感觉很不好,为了多抽一点时间陪伴忧虑的史妈妈,邵洵美便不愿意离家太远。至于"金屋书店"的得名,过去许多人觉得这个名字有三分的香艳。可是邵洵美的老拍档章克标微笑着讲,绝对没有"金屋藏娇"的意思啦,这是邵洵美读过的一句"La Maison d'or"法文,一时颇对眼缘,便径直取了译音。

邵洵美创办于 1927 年的《狮吼》月刊

至于《狮吼》杂志,最初的管理者是滕固、方光焘、章克标、张水淇、黄中等人的狮吼社。这个文学社团的创作理念是"纯艺术"的,拒绝刊物商业化。当时,委托"国华书局"负责发行事宜。

办杂志搞出版社,向来都是有钱有闲阶层投资的一种风险行业,其新闻纸张的费用,印刷、发行价格的费用,绝非普通热血文人的经济收入所能承担的。当时,滕固是一个刚从日本留学回国的文学爱好者,方光焘也不过是一个日本留学回来的中学教员,两人把仅有的一点钱,投入到《狮吼》杂志的运作,仅仅半年的时间不到,两人即在经济上叫苦连天了。这样,不久前与邵洵美相洽甚欢的滕固,便把有钱人邵洵美引入了《狮吼》杂志的实际运作之中。

1928 年 7 月 1 日,邵洵美正式全盘接下了《狮吼》杂志。

其实,邵洵美不接下这个烂摊子也不行。滕、方两人在拉邵洵美入伙后不久,即萌生了退志。1929 年初,滕固快马一鞭跑了法国攻读美术史的博士学位,方光焘也于是年去到了法国里昂大学攻读语言学。邵洵美刚刚把钱投进去了,一时不舍得抽身,干脆将《狮吼》另命名为《狮吼·复活号》,重新开张,至 1928 年 12 月,共发行 12 期。

后来,邵洵美想创建自己的"金屋"品牌,兴办一个《金屋月刊》。《狮吼·复活号》与其在创作理念上多有重叠之处,邵洵美便宣布把它停了。重新易帜开张的《金屋月刊》18 位主要撰稿人有方光焘、朱维基、邵洵美、浩文

（邵洵美）、徐蔚南、徐霞村、梁宗岱、章克标、黄中、张水淇、张若谷、张嘉蕊、张嘉铸、傅彦长、叶秋原、叶鼎洛、滕固与滕刚等人。从这个时候开始，在今后的六七年间，章克标成为邵洵美出版事业最重要的助手之一。

　　说到《狮吼》杂志向《狮吼·复活号》，再向《金屋月刊》的一个转变过程，其在中国文学史上的一个意义在于：虽然滕固、方光焘、邵洵美三人都是唯美主义文学的倡导者，但滕、方二人当时却只是日本唯美主义文学的鼓吹者。日本唯美主义文学在西方颓废美的基础上，引进了日本传统文学中，那种"物哀"、"幽玄"、"凄美"的细腻元素，从而开创出一种日本独特的偏于感觉、官能、情调的写作方式。例如以颓废感伤，变态的性享乐为主题的厨川白村，以丑为美的恶魔主义倾向的三岛由纪夫，以及宣扬"肉体主义"、"肉感主义"女性观的谷崎润一郎等人的作品。而邵洵美虽然不一定排斥日本的唯美主义文学，却主要是一个欧美唯美主义文学的提倡者。在邵洵美主持的《狮吼·复活号》、《金屋月刊》两个时期，除了厨川白村、谷崎润一郎的作品仍被介绍，欧美文学大师哈代、高思、劳伦斯、王尔德、比尔兹利、尤利西斯等人的重要作品开始轮番出场。所以，邵洵美主持《狮吼·复活号》、《金屋月刊》的时期，影响力比滕固、方光焘的《狮吼》时期大多了。当时，邵洵美对于欧美唯美文学流派的引进，也尽了自己的一份力量。

　　其实，20世纪二三十年代，是民国上海图书出版业的一个黄金时期。

　　20年代中早期，张元济的商务印书馆，陆费逵、陈寅的中华书局，吕子泉的大东书局，沈知方的世界书局等四大书局即在上海扎下了根。到了1930年，上海的图书杂志出版机构多达145家，印刷机构200多家。据1935年5月的统计，全市有书局、书店260家，资产10万元以上的34家，其中商务印书馆资产400万元，中华书局200万元，中国图书公司、世界书局100万元，民智书局50万元，开明20万元，华通18万元，北新15万元；5万～10万元的5家，1万～5万元的28家，0.5万～1万元的29家，0.5万元以下的164家。这样，当时上海的图书、期刊发行已经占了全国文化市场的70%以上。在这样一种文化氛围之下，上海的棋盘街便逐渐形成了书店林立的一条文化街。此后,但凡认为自己在图书出版业修炼成为正果的出版商必到棋盘街设一个营业窗口。书店越开越多,棋盘街被挤到爆棚了,就向旁边的福州路延展。这就是民国时上海著名的"福州路文化街"了。

如此,自 1930 年至 1937 年的抗战全面爆发,邵洵美的出版印刷事业便进入了一个围青漾翠的绝好时期。

其实,倘使我们把邵洵美的开办金屋书店,以及主持《狮吼·复活号》、《金屋月刊》两个月刊的时期,视为他在文化出版界迈出的勇猛一步。那么,后来随着新月派文人的集体南下,邵洵美自动地将自己的出版事业跟新月派文人绑在一起,是不是有助于邵洵美出版眼界的提高呢?

1923 年,新月社成立于北京。那个时候的邵洵美刚满 17 岁,正情意绵绵地给他的茶姐姐写那首叫《白绒线马甲》的情诗,所以那个阶段的新月社基本上没邵洵美的事儿。1927 年春,新月社同仁迁到上海之后,邵洵美一则有英美留学的背景,二则也希望与新月这一班"爱做梦的人"在艺术上"开一条新路",如此,便由他的精神导师徐志摩,引入了新月文人的社交圈。

1927 年 7 月 1 日,新月书店在上海的麦赛尔蒂罗路(今兴安路)159 号草创,不久,搬迁到了"福州路文化街"的 272 弄中和里。它的最初发起人为胡适、徐志摩、宋春舫、徐新六、张歆海、吴德生、张禹九、余上沅等 8 人。该书店成立后,先后历经余上沅、潘孟翘、张禹九三任经理,经营却毫无起色。于是,1931 年四五月间,经徐志摩介绍,由邵洵美担任最后一任经理。

徐志摩表面上没有明说,但最后一任经理人邵洵美的一个主要责任,实际上就是拿出钱来,拉新月书店一把! 徐志摩把它整理为书面文字:"新月书店颇见竭蹶,邵洵美加入,更图再起。"当时,邵洵美里里外外忙活的闲事儿还真不少,他根本不可能整天静坐于新月书店。于是,他便推荐了自己的一个老熟人林微音,在店内协助处理日常事务。

此林微音仍是一个瘦高个、红鼻子的男子,并非那个万人迷林徽因也。据说,林徽因当时对邵洵美颇有意见,以为邵洵美这家伙请什么人不行,干吗非得请一个跟自己同名同姓的落魄大汉? 这不是故意毁损自己"一笋森森独秀"的清名嘛。

当然，到最后，邵洵美也没本事把新月书店这一单老亏本的生意，继续撑下去了。章克标乃在《世纪挥手》一文中讲："后来，新月书店由胡适之同商务印书馆谈妥，归商务接收，由商务出一笔钱，代新月清偿债务，新月书店存货全归商务接收，新月书店出版的书册可以由商务印书馆继续出版。这样就结束了新月书店。"

当时，新月社除了新月书店，还有一份自主经营的《新月》月刊。这月刊的经营手段也很有意思。由于新月社的每一个文人都是坚忍不拔的个人主义者，大家都争做鸡头，不做凤尾。这样，便由大家议定，每期杂志的出版主编由徐志摩、闻一多、饶孟侃、余上沅、梁实秋、潘光旦、叶公超等人轮流坐庄。后期，虽然吸收罗隆基、王造时、邵洵美等新鲜血液，但轮流坐庄的宗旨是不能动摇的。

《新月》月刊

过去，新月派的多数文人是主张保持《新月》月刊的纯文艺性质的。可是，新加入的罗隆基、王造时二人与胡适之凑近一起，最喜欢谈论政治，他们希望把《新月》的政治攻击性加强。罗隆基为人做事的作风一向强悍，轮到罗隆基编辑《新月》的时期，一边在月刊上代表新月社全体同仁发表关心政治的声明，一边短期大量地选用了罗、王、胡三人的时政论文！如此，徐志摩、闻一多、饶孟侃等人，对于罗隆基的强悍风格颇为不满，大家纷纷对《新月》月刊抱了一份敬而远之的态度。这就把罗隆基一个人，留在《新月》月刊唱独幕剧了。

后来，《新月》月刊的稿源枯竭。罗隆基双手一摊，说："大家都不把稿子交来，我又有什么办法？"罗隆基编纂《新月》月刊到得"无米下锅"的窘迫，便只好把《新月》杂志社的大门虚掩，悄悄地提起行装走人了。

所以，对于20世纪二三十年代的新月社松散文学沙龙，梁实秋后来讲了一段大实话："《新月》一伙人，除了共同愿意办一个刊物之外，并没有多少相同的地方。相反的，各有各的思想路数，各有各的研究范围，各有各的生活方式,各有各的职业技能。彼此不需标榜,更没有依赖,办刊物不为谋利,更没有别的用心,只是一时兴之所至。"

新月文人的共同兴趣,本来就不过是人生的烂若披锦、气佳景清而已。太阳下山后,那远方一行桃林上方燃烧着的、一片粉红色云霞消散,新月这一帮看风景的文化人,自然也就散场了。

其实,1931 年元月,邵洵美的精神导师徐志摩,还创办了一个对于今后新诗歌影响深远的刊物,叫《诗刊》。该刊物总共只出到四期,因徐志摩的罹难戛然而止。一般的人只知道这个刊物的倡议人是徐志摩、陈家梦、方玮德,却不知道还有另一个合作者邵洵美。当时,未满 20 岁的新诗人陈梦家从《晨报诗刊》、《新月》月刊和《诗刊》上选了 18 家诗人的 80 首新诗,编成一本《新月诗选》,基本反映出了新月诗派的风格特点。徐志摩死后,邵洵美主持刊发了《诗刊》第 4 期"志摩纪念号",大力弘扬徐志摩生前的美学主张:爱、自由、美。邵洵美自己也写了一首《天下掉下一颗星》的追思诗篇,送自己的朋友、兄长,兼洗涤过他灵魂的一个导师——志摩先生上路:

> 假使天上掉下一颗星,我不懂
> 这该是谁的产业。老虎有眼睛;
> 游火虫也有她底下的一点红;
> 诗人会掏出他太阳般的灵感;
> 处女也会说她有光明的纯洁;
> 就连那将尽的柴烬,未熄的灯蕊,
> 也都会熙嚷这是他们的名分。
> …………
> 你爱朋友,可是你走进了
> 一个不能和朋友拉手的世界:
> 这世界里有寒凛的孤单,我怕
> 你不能忍受。你只能在阴空中
> 向身后瞟上一眼,看你的朋友

都在逼近他们自己的终点；

你一定不会去惊动他们，让他们

各自建筑着各自希望的宫殿。

等路到了尽头，宫殿也摧毁；

他们也会见到你，见到你，不能

和你拉手，因为这里不容许

人世的亲热。你需要伴侣，但是你

不能露示这一种叛逆的请求，

在神灵前，你原是个安分的灵魂。

很喜欢这首诗的情调，哀而不怒，痛亦难争。生命原本是什么？是瓦檐上一两寸的小草，是雨落在野外葫芦架上的静静而流，是在庄严静穆间悠然老去的秋天⋯⋯

生命如此妖娆。有时，生命里的忧伤，也汇聚成河。

7

邵洵美新月社的生活虽然翕然而止。可是，邵洵美这边筹建上海时代图书公司、第一出版社的工作却渐入佳境。

上海时代图书公司的前身是"中国美术刊行社"。要讲清楚"中国美术刊行社"的来龙去脉，这就又涉及前文刚刚八卦过的叶浅予了。

前文说过，1928 年 3 月，叶浅予与张光宇、张正宇兄弟合作，创办了一个叫《上海漫画》的刊物。当时为了发行方便，同时注册了一个叫"中国美术刊行社"的出版社，这实际上是一套人马两块招牌。开始，"中国美术刊行社"的启动资金只有很少的 120 元钱。叶浅予与张家两兄弟每人掏了 20 元。剩下的 60 元，鬼灵精张正宇便说动郎静山、胡伯诩、张珍候三个摄影家参股，并且每人给予了一顶"高参"的头衔。后来，《上海漫画》中叶浅予、张正宇两个小老板每月可领 20 元的车马费,吃一顿免费午餐。其他三位摄影高参虽然没有多少入股红利可分,但他们的意见被充分地尊重着。大家的相处,还是颇为愉快的。这样,《上海漫画》从 1928 年一直干到 1930 年,共出了 100 多期。

就在这样的时候,张正宇的雄心开始勃然了。

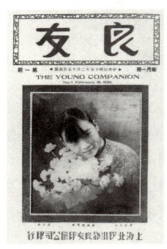

1926 年,《良友》诞生于上海

当时,有一份《良友》画报是上海滩画报业的一哥。这一年,《良友》画报跟自己在新加坡的一个经销商,以及上海经销商王叔汤关系闹僵了。王叔汤与那新加坡经销商就一起唆使张正宇创办一份叫《时代画报》的刊物来跟《良友》画报对抗,销路方面张正宇不用愁。这对于年轻的张正宇而言,自然是一个很大的诱惑。因为这件事情,《上海漫画》内部发生了内讧。郎静山等三个高参很生气,讲,这么大的事情,张家兄弟竟捂得严严实实,张家兄弟眼里还有没有他们三个高参嘛! 他们要求撤股,停办中国美术刊行社。张光宇、张正宇兄弟判断,与新加坡书商那边诱人的市场前景相比,郎静山三人不过是小玩意罢了。于是,张家兄弟就平静地接受了郎静山等人的散伙要求,《上海漫画》更名为《时代画报》之后,从麦家圈搬到了南京路日升楼附近一条弄堂里。其实,邵洵美加入到"二张一叶"的漫画圈之后,《时代画报》等时代系的刊物,仍然以中国美术刊行社的名义发行了一段时间。1933 年 11 月,中国美术刊行社方正式为新成立的上海时代图书股份有限公司所代替。

邵洵美与张光宇、张正宇兄弟的相识,缘于江小鹣的介绍。

不久前,邵三代邵恒曾经与邵四代的邵洵美联手折腾,向公平洋行借了 140 万银两的贷款,将斜桥邵府公馆改建为同和里出租屋一条街,想靠收取房租增加一点收入。但是,上海这个时候的房屋是有租户,收不上房租,政府有条保护中低收入阶层的死规定,非特殊情况,收不上房租也不准赶租户走。邵氏父子这一番折腾失算了,房租收入还还不上银行的借贷利息。邵氏父子一咬牙,便把建好不久的同和里出租屋一条街卖了。所得款项,除了偿还银行的贷款本息,邵氏父子俩对半分。邵洵美索性将史妈妈名下那烧焦了一半的牯岭路房产土地一并变卖。两项收入并在一起,对于邵洵美而言,是相当可观的。

有了钱的邵洵美,很想在出版印刷方面有一番作为,但这个时候,新月社人心已散,邵洵美可作为的空间已经不大。此时朝阳雾色、鲜映层发的张光宇、张正宇兄弟蓦然回首,恰见闳博富丽的邵洵美,这就叫适逢其时。

《时代画报》想要跟上海滩画报业的王牌《良友》画报打擂,单纯靠张光宇、张正宇、叶浅予三个没钱的主儿,恐怕连门都没有。张光宇、张正宇必须招商引资。张光宇、张正宇盯上了邵洵美口袋中鼓鼓的钞票,他们是这样说服邵洵美的:

邵先生做图书出版业已有数年,有关这个行业中的竞争之激烈,我们兄弟就不必多说了。所以,如果邵兄仍按传统的招数去进入市场,现在上海滩图书出版的市场份额大致已确定,商务印书馆、中华书局、中国图书公司、世界书局、民智书局、开明、华通、北新这八条出版界大鳄,要拿走市场利润的80%。剩下的20%利润,上海滩上有数百家中小出版社在血肉厮杀。多少出版社今天看着它高高兴兴地挂牌,明天即垂头丧气地把牌摘了。邵兄如果以传统的图书杂志为主营业,不要说喝粥,只怕连喝汤水的机会都没有。

张正宇告诉邵洵美,现在上海的出版界,只有办画报才是充满机会的。因为在这个行业中只有《良友》一家独秀,只要在竞争中,把《良友》压了下去,我们的生活就充满阳光!

邵洵美心底的那一盆小火苗,"呼呼"两下,就被张正宇煽了起来。后来,这件事情过了许久,邵洵美仍在文章中一往情深地写道:"画报能走到文字所走不到的地方,或是文字所没有走到的地方。""先要用图画去满足人的眼睛,再用趣味去松弛他的神经,最后才能用思想去灌溉人的心灵。"这证明邵洵美在办画报的过程中,是倾注了大量感情的。

丁聪先生后来也回忆说："当时上海有两个画报系统,良友出版公司属于广东帮,有《良友画报》等好几个刊物。时代图书公司属于上海帮,有张光宇、鲁少飞、叶浅予,以漫画家为主,邵洵美做老板,刊物有《上海漫画》、《时代漫画》、林语堂的《论语》等。"

张光宇的判断没有错。邵洵美的工作热情也可珍贵。可是,后来,邵洵美的"上海帮"时代图书公司运作了一段时间,即稀里哗啦一下子散架了。邵洵美只能叹息:"自来贤达士,往往在风尘。"内心之辛酸,真的只能是一声叹息。

良友图书印刷公司的伍联德,天生就是一个搞画报出版的主儿。

伍联德是 1925 年入行的。当时选择址在上海的北四川路 851 号。开始不过印一点结婚请柬、个人名片之类的小玩意儿,后来逐渐涉足画报、画册、图书等。但是,画报始终是他的主要出版阵地。

伍联德

伍联德把《良友》画报这个蛋糕做到香喷喷的诱人,便趁势在社会上融资。1928 年 8 月,伍联德成立上海良友图书印刷股份有限公司时,注册资金即达 20 万元。同年 11 月,良友向社会公开招募股款 10 万元。1929 年 1 月,良友公司第二次扩充招股(此次筹款数目不明)。1931 年 10 月,良友公司第三次扩充资本,招募股款 10 万元。这样,良友图书印刷股份有限公司,在上海的图书出版业,便成了与商务印书馆、中华书局、中国图书公司等出版界旗舰,并驾齐驱的一艘航空母舰。当时,"良友图书"的拳头产品《良友》画报,先后由伍联德、周瘦鹃、梁得所、马国亮等主编,其每月的销售量最少在 30000 册;1930 年 3 月的第 45 期《良友》画报,为一个销售高峰期,发行量达 42000 份。这样,"凡有井水处,即翻良友画",《良友》画报的销售形势一时达到"良友遍天下"的气势。"良友图书"还出版了《中国大观》、《中华景象》、《北伐画史》、《远东运动会特刊》、《全国运动会特刊》、《奉安大典画刊》等数以百计的,可载入出版史的画册,创办《少年良友》、《艺术界》、《现代妇女》、《体育世界》、《良友银星》等十数种期刊。1932 年,赵家璧、郑伯奇任编辑之后,为了提升文化品位,更一气呵成地出版了鲁迅、茅盾、巴金、老舍、郑振铎、周作人、郁达夫、朱自清、洪深、阿英等名家的著作集,另外,还有在社会上反响很大的社科丛书,如:《中国新文学大系》、《良友文学丛书》、《良友文库》、《一角丛书》等。

所以,当时的张光宇、张正宇兄弟,鼓动邵洵美挑战"良友图书"这个庞然大物,还真有一点"初生牛犊不怕虎"的干劲呢。

但是,真正要把一份画报办好,恐怕所有的人都可以想到,图片的印刷质量为其生命线。

民国时期的现代印刷分凸版与凹版两种。当年,最先进的图片印刷技术为影写版(gravure),影写版便是凹版印刷技术中的一种。商务印书馆在20 世纪 20 年代初,即拥有了最先进的影写版印刷机,但一直没有找到称心如意的技术能手来驾驭这个复杂的机器。1923 年,日本大地震,东京某影写版印刷公司遭火灾,商务印书馆打听到世界级的影写版技师德国人海尼格(F. Heinicker)打算解职归国。商务印书馆大喜过望,立即花重金聘请海尼格到商务印书馆传授影写版技术。后来,商务印书馆请海尼格印刷的《东方杂志》卷首图画插页,精美无比,一时在上海滩出版印刷界引起轰动。

邵洵美被张光宇、张正宇兄弟说动心之后,也粗略地调查了一下当时画报业的发展状况。他发现伍联德固然牛,但是,要创造"良友图书"那样一个牛气冲天的公司,单凭伍联德一个牛人是远远不够的。伍联德的成功,主要在于用活了两个能人。

一个是伍联德的大学同学余汉生。这个人的管理本事十分了得,替伍联德打理印刷厂。在余汉生的精心调理下,人们形容伍联德的印刷厂是一个聚宝盆。伍联德后来事业启动的许多资金都是这个印刷厂所创造的。

一个是伍联德广东系"良友图书"腾飞的关键人物梁得所。当时,梁得所只有 22 岁。梁得所的朋友马国亮讲到他时说:"梁得所并没有一副使人一见倾倒的仪表。相反,他矮小瘦削,终其一生,体重未超过八十磅。举止文弱,说话也提不起嗓子。"但这个人对于"良友图书"的发展,却起到了画龙点睛的作用。《良友》画报最初在伍联德自己手上,以及周瘦鹃执编的时期,走的是纯纯的鸳鸯蝴蝶派路线,销量并未见得有多大起色。《良友》13 期梁得所执牛耳之后,内容改为时事信息、世界科技奇闻,以及鸳鸯蝴蝶风味的大杂烩。梁得所说,凡是上海市民喜欢的东西,我们都要努力去反映。图片也从一般照片改为艺术摄影。为了追求图片的精美悦目,1930 年,梁得所更果断地引进影写版技术印刷,这就使得《良友》画报进入了凌波微步的快速发展期。

邵洵美想建立一个有影响力的画报出版集团,决心也从两方面入手:办好一个印刷厂,做强做大一份刊物。

为此,邵洵美在虹口杨树浦地区靠近公兴码头的平凉路 21 号租了一排房子,成立了自己的时代印刷厂。当时,影写版印刷技术既然已经成为一种时尚,邵洵美要做便要最好的,所以,邵洵美向德国人订购了全套影写版印刷机,这套印刷机是一个两层楼高的大家伙,配备照相设备、磨铜机、镀铜机等一系列完整配件,是全上海滩上最先进的影写版商用印刷机。邵洵美在订购这套机器时,花费了五万美金,这在当时是一笔巨款。

作风豪放豁达的邵洵美,在跟五岳三山的各路文坛好汉打过交道之后,这时也留了一个心眼。他的时代印刷厂是独资的,不与任何人共享。将来,不管出版发行方面如何的风云变幻,都没有急风暴雨吹刮邵洵美的这块自留地。这样,时代印刷厂这一副重担,实际上是盛佩玉的堂弟盛毓贤在监管。盛毓贤只对邵洵美、盛佩玉夫妇负责。

这个时期,妻子盛佩玉对于邵洵美在外面的横冲直撞,有点隐隐的不安。她曾经数次正经地邵洵美讲:洵美,我知道你有诗的梦,有做出版商的理想。但是,我不管你的梦想实现到了什么程度,作为一个已婚的男人,你必须负起呵护这个家庭的责任。你看,我们家篱笆边的一长行菊花,到了秋冬季节,花已凋谢,你必须陪着我翻耕换种。我要在下一个春天,看到这长条的篱笆边上开满我们亲手种下的浅蓝带紫色的长叶蝴蝶花。

邵洵美向盛佩玉发誓：事业我所欲也，家庭我所欲也，我一定做到事业家庭两不误。当时，邵洵美为了安抚盛佩玉，便让盛佩玉穿上一件白底黑圆花的旗袍，照了一张标准像。这张照片盛佩玉后来一直在身旁珍藏着。

所谓做大做强一份刊物，一开始，邵洵美、曹涵美、张光宇、张正宇、叶浅予五个合作者的心并不大。他们就是憋住一股干劲，想把《时代画报》办漂亮了，令《良友》画报的那一帮人刮目相看。只是，后来，邵洵美做得兴起，前前后后，竟雨后春笋般地兴办过 11 种期刊。一时，邵洵美在出版界的声势，真有一种“日出江花红胜火，春来江水绿如蓝”的煊然了。

美人盛佩玉

据叶浅予回忆，邵洵美自 1930 年 11 月，《时代画报》二卷一期起，即正式加入于《时代画报》。之前的六期，邵洵美还有一些新月书店的善后事务需要处理，《时代画报》的实际运作过问得比较少，叶浅予包揽着所有的实际工作。

自 1931 年 8 月至 1932 年 5 月，由于“一·二八”淞沪抗战，以及技师对于邵洵美新近购入的那一套影写版印刷机尚处于磨合期等原因，《时代画报》宣布暂时停刊。1932 年 6 月，《时代画报》二卷七期方正式恢复出版。这个时期，邵洵美的时代印刷有限公司已经开始对外承接业务。1932 年 11 月，上海时代图书股份有限公司便也在霞飞路(今淮海中路)240 号正式开张营业。

有关“上海时代图书公司”当年成立的情形，叶浅予是这样回忆的：“邵、曹(指邵洵美、曹涵美二人)二家都是有钱的主儿，各拿两千元作开办费，张氏兄弟和我都将成为这家公司的合伙投资者，也就是合法的‘老板’。为了不使二张一叶感到寒酸，决定将四千元资金分为五股，每股八百元，名义上二张一叶也成了股东，借以发挥我们三人的积极性。这么说，二张一叶仍是空头老板。可是到了1935年,时代图书公司宣布经营亏损,第一批资金快蚀光了,开临时股东会宣布暂时停业,移交邵、曹二人接办,却议定二张一叶对邵、曹二户各负债八百元,我们倒成了负债者。后来,我因家庭变故,从上海迁居南京,受聘为《朝报》画《小陈留京外史》连载长篇漫画;张氏兄弟则自立门户,办了个独立出版社,出版《独立漫画》月刊。"

大约张光宇、张正宇兄弟满怀期待的新加坡南洋销路并没有打开。时代图书公司经过一个"荷花落日红醋酒"的辉煌之后,很快便出现了经济危机。张光宇、张正宇、叶浅予三人要赚钱养家糊口,玩不起这赔本的艺术,宣布退出。后来,真正把时代图书公司支撑到抗战爆发者,仅邵洵美一人而已。

时代图书公司成立伊始,前排主席台上坐着的总经理为张光宇,副经理则为曹涵美、张正宇二人。邵洵美谦虚地认为,自己这时候对于画报业还只是一个新手,他不愿意过早地走向前台,更愿意在幕后做一个推手。这里需要指出的是,"二张一曹"实际上是嫡亲的三兄弟。曹涵美在张家排行老二,因舅舅没有男丁承嗣香火,乃过房到舅家为子,所以改姓为曹。五个发起人之一的叶浅予则坚守旗舰刊物《时代画报》,做了一段时间的主编。

1934年,时代图书公司搬进汉口路弄堂房子办公以后,出现过一个喷薄日出似的全盛时期。当时,时代图书公司大打广告,宣布旗下同时拥有五大品牌杂志:一是林语堂主编的《论语》(1932—1937,1946—1949),二是叶浅予主编的《时代画报》(1930.11—1937),三是鲁少飞、王敦庆主编的《时代漫画》(1934—1937),四是由包可华、宗淮庭主编的《时代电影》(1934—1937);五是张光宇、叶灵凤主编的《万象》月刊(1934—1935)。

其实,这个时期,意气干云的邵洵美名下,远不止上述五种杂志。当时,邵洵美投资,在社会上产生影响的刊物还有:

《十日谈》(1933—1934):由章克标、郭明,(即邵洵美)编辑。

《诗篇》月刊(1933年—1934年2月1日停刊):为邵洵美与朱维基、庞熏琹、林微音等组织绿社时创建,共出四期。

《声色画报》(后改周报,1935—1936):这是一份与美国女作家项美丽合作的中英文双语画报，主要宗旨是促进中西方交流，让外国人真正认识中国。

《文学时代》(1935—1936)：纯文学杂志，由储安平主持，出版六期。

《人言周刊》(1934.2—1936)：由邵洵美、顾苍生、周壬林编辑。邵洵美声称，这是一本对时局能正确观察，说明事件真相，能引导读者对社会现状正确认识的健全舆论之道的刊物。由于《人言周刊》以议论时政为主，邵洵美特地为该刊物另注册了一个发行单位："上海第一出版社"。这大约也是为了预防《人言周刊》在讨论国事之时，一旦不慎触犯时忌，不至于城门之火、烤干鱼塘，被人家把整个"时代出版系列"包了饺子。

邵洵美创办于 1935 年的
《声色画报》

邵洵美所出版的上述十余种出版物中，除去它们对于中国漫画界的突出贡献；其中的一本《论语》杂志，在中国的新文学史上，地位也是很突出的。当年，这份杂志历经林语堂、陶亢德、郁达夫、邵洵美、林达祖、李青崖、明耀五七大文字高手的编辑，最终形成了其幽默闲适的独特创意

邵洵美创办于 1934 年的
《人言周刊》

之文字风格。在中国新文学史上影响很大的一个文学流派——"论语派"，即衍生于《论语》杂志。

《论语》的创刊有几分偶然。

根据现场人章克标的回顾：那是 1932 年 9 月 16 日的晚饭过后。酷暑刚过，新秋初来，一群文友聚集于邵洵美家的客厅闲谈。客厅外数尺的蓼花阶下，梧桐井旁，有风翛然而来。于是，有人想到，何不兴办一本轻松的刊物，给上海的大众于清寂中消闲？大家嗡然附和这个提议。于是，焦点便集中在如何取一个漂亮的刊物名字。这种事情，在座的都是文坛成名人物，不消一刻钟,所谓花色妍冶、骨力遒劲的名字便想了一箩筐。邵洵美仍嫌不能雅俗共赏。于是,章克标倏地从林语堂的大名,联想到了孔夫子老少皆知的经典《论语》。为什么不可以用《论语》来命名这个刊物呢?四坐咸击掌为之称妙。

当时,林语堂笑微微地跟大家说:《论语》这个刊物既然是由我的名字"新桐初引"而来,我就自告奋勇地担一回这"主编"的虚名了。这有何不可!《论语》新出,正需要林语堂这样的文坛高手散布雅意呢。

后来,邵洵美在《论语简史》中,回忆这一段雅事,是这样说的:"《论语》最先几期是章克标先生编辑的。后来,他为了要专心撰著《文坛登龙术》,于是由孙斯鸣先生负责。到了10期以后,方由林语堂先生来接替。这时候《论语》已渐博得读者的爱护,销数也每期激增。林语堂先生编辑以后,又加上不少心血,《论语》便一时风行,幽默二字也成为人人的口头禅了。"

《论语》草创之初,大家不过将其视为疏落笼树人家如画初秋时分的一种消遣罢了,所以当时章克标在"本刊投稿规约"煞有介事地注明"来稿概无金钱上之报酬,但酌赠本刊"一项,大家不过哄然一笑,谁也没有当真。如此,起先,无论是挂名主编的林语堂,还是列名长期撰稿员的其他文化名人,都是无偿清玩的。反正,大家也经常在邵洵美的家中白吃白喝,权当捧一个人气而已。

1932 年创办的《论语》半月刊

孰料该刊一经上市,便受到了上海市民的热捧!邵洵美很是发了一笔小财。

于是,林语堂自《论语》第 10 期正式上手主编后,便直接跟邵洵美谈报酬了:当初,大家以为《论语》是一只烂竹箩,谁知竟侍弄成了一个赚钱货。现在,杂志既然颇有盈余,干编辑的与投稿人都不能再做义务工了,得把工钱议一议。这期间,邵洵美的财务经理是章克标。章克标给林语堂的编辑部每月支出 100 元,稿费则按千字 2 元到 3 元计算。

可是,过了不久,林语堂又有意见了。他说,按《论语》当时的销量,编辑费涨到每月 200 元,邵洵美仍然大有赚头。章克标大为光火,他说,林语堂怎么是这样的一个人呢? 林语堂"是个门槛精"这话传到了林语堂的耳中,最终导致了林语堂离开时代系。

林达祖是《论语》杂志的当事人。他后来再回忆起这一段经历也说:"……约一年之后,林语堂看到《论语》的生意兴隆而眼红了,而这个刊物毕竟是时代图书杂志公司的,或者说是邵洵美的,想自己的辛苦,只是为了他人做嫁衣裳,一念之私,他决定自己去办《人间世》、《宇宙风》,把陶亢德拉去做助手。"

林语堂

林语堂离开《论语》之后,跳槽到时代图书公司的竞争对手良友图书,为其编发《人间世》半月刊。人人都知道良友图书这本杂志,是冲着邵洵美的《论语》而来的。伍联德把林语堂弄上了良友系的船,心里面自然开心。他开给林语堂每月 500 元的编辑费,并提供一间专门的办公室。这样优渥的条件,难道林语堂要动心了。

邵洵美为应付来自伍联德良友系的压力,只好在《论语》第 36 期之后,再次提高了稿酬标:"本刊本期起文字稿费增至千字四元,图画每帧三元。"

林语堂主编《论语》一年有零。后来接任的陶亢德,在民国排行榜第一的《生活》周刊做过编辑,出身名门。他一直主编《论语》至 1936 年 2 月出版的第 82 期。

林语堂在打开《论语》的局面之时,曾经与邵洵美两人大摆龙门阵:"我们同人时常聚首谈论,论到国家大事,男女私情,又好品论人物,又好评论新著,这是我们'论'字的来源:至于语字,就是说话的意思,指谈天,归入论字的话题以外,我们还有不少的谈话,这是'语'字的来源。此二字拼凑便成了《论语》。而格式内容也和孔夫子《论语》差不多,因为也是甲一句,乙一句,东一句,西一句,拉拉杂杂一大堆大道理。所以如果有人责备我们假冒了孔家店的招牌,我们也不敢极口呼冤,而且是可以发出一种会心的微笑的。"

林语堂、邵洵美当时不能预料,一本小小的杂志,竟然会孕育出一个在中国新文化史上很有地位的论语流派。此后的十余年间,先后有老舍、章克标、俞平伯、周作人、曹聚仁、赵景深、施蛰存、曹涵美、丰子恺、陈惠龄、梁实秋、沈从文、海戈、何容、王向辰等作家、学者、漫画家,在《论语》杂志上侃侃而谈。所发时论,大抵是在老虎头上拍苍蝇,语涉宋子文、行政院等党国时要,真话实话却常常于轻松的幽默之间,躲过文字审查的剪刀之劫,《论语》遂在海内外华人中畅销一时。

如此,邵洵美主办的刊物,便涵盖了文学、诗歌、漫画、电影、时事、评论等广泛的领域。但是,邵洵美在后人编纂的出版发行史却鲜为人知。

尽管邵洵美对于 20 世纪 30 年代的文化贡献是全方位的,可是,在上世纪 30 年代的文化名人,邵洵美却是被严重低估的一位。

邵洵美人在江湖上行走,热热闹闹地在外面办杂志,搞出版印刷,除了对出版发行业真的有兴趣,另外他还讲究古典的江湖义气,希图一个"四海之内皆兄弟也"的好人缘。

当时,邵洵美有一句在朋友圈中人人皆可上口的名言:"钞票用得光,交情用不光。"

当时,北方活跃的文人圈子,有一个叫"京派"的松散文艺团体。他们最有名的文艺沙龙,便是坐落于北平东总布胡同梁思成家中、由林徽因组织的"客厅沙龙"。这个圈子的文人,每逢周末的休闲时间,最喜欢在林徽因那瓦屋纸窗的客厅中,用素雅陶瓷的茶具泡一壶不求解渴的绿茶,偶尔女主人也会供用一点不求解饥的点心,就这样海阔天空地清谈半天。当时,郁达夫是一位游荡于大江南北的文坛浪子。他从北方回到南方,跟南方的朋友说:林徽因的"客厅沙龙"虽然雅致,只是,对于在风雨江湖走习惯了的文坛豪士,未免流于平淡。

倘使硬要说 20 世纪二三十年代的南方上海,存在着一个叫"海派"的文人松散社团的话,则邵洵美位于淮海中路的家,可称为这个文艺沙龙的绝妙去处。邵洵美呼朋唤友，年轻时髦，出手阔绰，处处埋单，天给我财必用之，千金散去仍从容。像邵洵美这般的文坛妙人，在人们庸常的一生中，其实是可遇而不可求的，真的，叫人如何不想他？

邵洵美穿衣颇重品味，潘岳写《秋兴赋》，讲魏晋士大夫的气派："高阁连云，阳景罕曜，珥蝉冕而袭纨绮之士。"邵洵美却是中西合璧的，他平时爱穿中式的长衫，却又大跳西式的交际舞，像"公羊之鹤"。他的皮肤很白，甚至可以清晰地看出额上细小的静脉。他与朋友相见时便要施上一层薄薄的脂粉，他跟朋友解释这是晚唐风流、魏晋风度，中国历史上有据可依。这样，朋友再

邵洵美自摄像

来到邵府拜访，邵洵美以轻裘缓带相迎，朋友们也就爱上了他的率直真诚。

邵洵美家的晚餐，大抵上总是准备两桌的。

一桌是邵洵美一家大小围而自助用。另一桌则同事、朋友，当然有时也有一些不请自到，连邵洵美自己也搞不清楚的人。常客则有施蛰存、徐讦、林微音、孙大雨、徐迟、钱锺书、许国璋、章克标等一班文友。饭后，大家就在客厅中，亮着一盏明晃晃的灯，东拉西扯地闲聊到凌晨。如此，一生为醇酒美人所累的郁达夫，便略微兴奋地跟人家说："那时候，我们空下来，要想找几个人谈谈天，只需上洵美的书斋去就对，因为他那里是座上客常满，樽中酒不空的。"

邵洵美另外还有一个经常与朋友聚会的场所，乃是位于四川路虬江路口的新雅茶室。这个茶室的老板是来自广东南海的蔡建卿，人很温和，做生意很会动脑筋，正是邵洵美喜欢的那一类男子。新雅茶室的座位不是很多，只是在喧嚣的闹市中，却布置得萧萧有清致，熏风徐来，清人肌骨，确是一个会友的好去处。

起先，是邵洵美的朋友林微音发现了这块风水宝地。他最爱在新雅茶室中写稿。

林微音这家伙的人缘，一向不是很好。施蛰存晚年回忆他："夏天，他经

常穿一身黑纺绸的短衫裤,在马路上走。有时左胸袋里露出一角白手帕,像穿西装一样。有时纽扣洞里挂一朵白兰花。有一天晚上,他在一条冷清马路上被一个印度巡捕拉住,以为他是一个'相公'(男妓)。他这一套衣装,一般是上海'白相人'才穿的。"可是林微音却跟邵洵美相处得极为融洽。林微音发现了如此清嘉可人的一个场所,自然竭力拉邵洵美过来了。

这样,邵洵美走在最前面,后来便纠纠然地跟着他的一班海上文友,诸如,戴望舒、叶灵凤、刘呐鸥、朱维基、张若谷、林微音、黄震遐、傅彦长等人。对此,邵夫人盛佩玉回忆说:"新雅茶室在北四川路上,文人雅集,每天在此喝茶、谈文,一坐就是几个钟头。洵美也是座上客,他不嫌路远常去相访……老朋友不用说,新朋友一见如故,谈得投契,大家都成为朋友,洵美他写诗的兴趣更浓了,也更常想去聚聚。"

后来,茶室老板蔡建卿摸准了邵洵美的脾气。只要邵洵美在座,所有在场文艺人的吃喝费用,一律找邵洵美会账。有时邵洵美不在现场,只要是报得上邵洵美名号的文化人,依然可以把吃喝费用挂在邵洵美的名下。

1936 年上海《文艺》画报上,曾经刊载过漫画家鲁少飞的一副《文坛茶话图》漫画,这图画确实是饶有风趣。

鲁少飞作《文坛茶话图》

漫画中,上海滩一时之文坛豪杰围席而坐,有鲁迅、巴金、茅盾、洪深、郁达夫、施蛰存、老舍、张资平、冰心、白薇、叶灵凤、林语堂、傅东华、周作人、郑振铎、沈从文、张天翼、鲁彦、凌叔华、徐霞村、穆时英、刘呐鸥、杜衡等人,神态惟妙惟肖、万壑千山。正推门进来的是田汉,隔着窗帘露出半个脸的是丁玲。

而在长方桌上一个显著位置坐着的,便是上海滩素有"文坛孟尝君"美名的邵洵美了。鲁少飞当时正为邵洵美办画报,或许不无溢美老板的意思。但是,邵洵美当年有两件壮举,却是为今天文坛所认可的。

一件是,有一次,一位朋友给邵洵美送来了一叠日本厨川白村的《北美印象记》翻译书稿。据说,作者是一个叫沈端先的年轻人,刚从日本留学归国,还没找到工作,生活十分困难,朋友希望邵洵美能帮忙出版,在这关键的坎儿拉沈端先一拉。邵洵美听完朋友的介绍,一眼都没看稿子,当即拿出500元让朋友转交给那个叫沈端先的青年人。沈端先后来改名叫夏衍,新中国成立后成为文坛的重要领导人之一。只是当时的夏衍还只是一个新人,邵洵美对他根本不了解。作为一个文坛新手,夏衍那书稿也卖不了500元。

还有一件就是丁玲、胡也频的那一段公案。1931年胡也频被捕后,沈从文所丁玲之托,焦急地四处打探消息。后来,是邵洵美通过在国民政府中做高官的结拜兄弟张道藩,这才打探出胡也频已被秘密枪决的确切消息。后来,沈从文要护送丁玲母子回湖南老家,口袋中一时羞涩,又是邵洵美慷慨大方,给了沈从文1000元作为路费,并申明这钱是不用还的。

其实,邵洵美在做上述事情之时,既出于富家公子的善良本性,也有一股子富家公子的纨绔天性。

邵洵美的行事作风,有时会令人怅惘地想到唐代温庭筠写下的数行诗:"澹然空水对斜晖,曲岛苍茫接翠微。波上马蹄看棹去,柳边人歇待船归。"或许,用富贵闲人纳兰若容从前写过的一句诗来形容邵洵美,那才是贴切的:

赌书消得泼茶香,当时只道是寻常。

故事五

邵洵美，那一世的风情都散了

邵洵美与美国女作家项美丽展开一段惊世骇俗的异国之恋，尝尽爱情之忧伤本色。项美丽也助他成为20世纪二三十年代有名的诗人、作家、翻译家、出版家，为民国文化界有影响的人物。如果说，民国的摩登上海若星月般絮然于夜空，邵洵美便有那初夏花开的洁雅。

1

据说,在上海沦陷时期,文艺女青年张爱玲与出版界大佬邵洵美,曾经有过一面之缘。

张爱玲将彼此相见的经过,回忆得饶为有趣。笔者不妨做一回文抄婆,将《小团圆》中相关的情节转录于下:

> 他约她到向璟家里去一趟,说向璟想见见她。向璟是战前的文人,在沦陷区当然地位很高。之雍晚饭后骑着他儿子的单车来接她,替她叫了部三轮车。清冷的冬夜,路相当远。向璟住着个花园洋房,方块乌木壁的大客厅里许多人,是个没酒喝的鸡尾酒会。九莉戴着淡黄边眼镜,鲜荔枝一样半透明的清水脸,只搽着桃红唇膏,半卷的头发蛛丝一样细而不黑,无力的堆在肩上,穿着件喇叭袖孔雀蓝宁绸棉袍,整个看上去有点怪,见了人也还是有点僵,也不大有人跟她说话。
>
> "其实我还是你的表叔!"向璟告诉她。
>
> 他们本来亲戚特别多,二婶三姑在国外总是说:"不要朝那边看——那边那人有点像我们的亲戚。"
>
> 向璟是还潮的留学生,回国后穿长袍,抽大烟,但仍旧是个美男子,希腊风的侧影。他太太是原有的,家里给娶的,这天没有出现。他早已不写东西了,现在当然更有理由韬光养晦。

张爱玲把话说到了这个份上,读至此,其实谁都要认出来了,张爱玲口中的这位向璟表叔,不就是邵洵美嘛!

这个时节,邵洵美对于日本人,已经抱定了不合作的宗旨。邵洵美蛰居于上海租界之中,尽量不弄出很大的动静,以免引起日本人的注意。只是,邵洵美毕竟是创办过上海时代图书公司的文化人,他在文艺圈中的地位仍然摆在那里。大家谈到处于半隐居状态的邵洵美,其推崇的心境,一点也不亚于办《紫罗兰》杂志的周瘦鹃,《万象》杂志的陈蝶衣、柯灵诸人。难怪当年的文艺女青年听说要去见邵洵美,表情会拘谨得"看上去有点怪,见了人也还是有点僵"。

张爱玲在邵洵美的浪漫生活史中,终归不过是一个匆匆的过客。其实,邵洵美一生,最值得人称奇的一种艳情,还在于他跟美国女作家项美丽之间发生的那一段惊世骇俗的异国之恋。

项美丽的英文名字叫 Emily Hahn(艾米莉·哈恩)。她的最重要的一部作品,便是全面向西方读者介绍民国最有权势的宋氏家族的《宋氏三姐妹》。该书数十年间一直是中外读者了解宋氏家族最有价值的参考资料之一。

项美丽

项美丽1905年生于美国密苏里州圣路易斯城一个德国犹太移民家庭,父亲是一个普通的推销员。家庭中有兄弟姐妹六人,项美丽排行第四。我们知道,传统的德国犹太家庭在作风上一般趋于保守,唯有项美丽追求一种新奇冒险另类的情感生活。她在少女早期,曾经阅读过大量的流浪读物,从而对于书本中所描绘的,那一种"不要问我从哪里来,我的故乡在远方"的神秘流浪生活,产生了无限的向往。于是,项美丽在15岁生日那天,掏空了家中储蓄罐的钱,突然离家出走。项美丽的这次冒险实践,虽然在家人的劝阻下以失败告终,但却更加坚定了项美丽长大后要浪迹天涯的信念。

1927年,年满22岁的项美丽放弃了原本舒适的白领生活,正式启动了她独立自由、周游列国的冒险生涯。

项美丽在来到中国之前,做过导游、广告代理商、教师、临时演员等等五花八门的职业。在这个过程中,她学会了跳舞、吸烟、喝酒,甚至于跟男人打架斗殴。她换男朋友,比其他女孩子换身上的衬衫还来得勤快。有时,人们觉得项美丽像一朵妖媚、野性的花朵,男孩子们像夏季五彩翩跹的蝴蝶,走了一个又来了一个。人们永远都猜不透,像项美丽那样一个我心狂野的流浪女孩,下一刻钟想要干什么。

在邵洵美之前,对于项美丽影响较大的男朋友大约有三个:一个是1929年爱上的作家达菲·卢梭,他使得项美丽由一个青涩的少女变得成熟诱人。另一个则是美国青年人类学家派屈克·布特南,这个人娶了刚果一个土著女子做妻子,又跟项美丽讲自己不小心又爱上了她,像丛林中那些充满了欲望的野性雄猿。于是,项美丽断然委身于屈克·布特南,并追随屈克·布特南闯进了刚果的丛林之中,在原始生态的环境下,生活了两年。后来这一段爱情燃为灰烬,项美丽对于猿猴的一种近似于母爱的感情却终生保留下来了。最后一段恋情发生时,项美丽已经回到了文明世界,在英国牛津大学做研究生。有一个叫爱迪·迈耶尔的好莱坞剧作家,忽然强势地进入了她的生活,项美丽就此展开了一段令人销魂的感情生活。三段情感中,以剧作家爱迪·迈耶尔给项美丽的感觉最动人。这样,年近30岁的项美丽,忽然格外渴望爱迪·迈耶尔能带给自己一段稳定的婚姻。可是,爱迪·迈耶尔却是一个已婚的中年男子。他不能打碎一个既有的婚姻,再牵着项美丽的手,走进另一个婚姻之中。

项美丽大怒。这一次,这一个刀枪不入的女子真正被男子伤害了。失望之下,1935年,项美丽便与二姐海伦一道登上了驶往中国的邮轮,来到上海。

初到上海,心情恶劣的项美丽对于上海的印象一点都不好。她抱怨说:上海"到处是霓虹灯,到处是大块的金色招牌,真是一个俗不可耐的地方"。

如此,项美丽对于上海之行的最初设想是:这只不过是一次短暂的旅行。最多不超过两个星期,她必须展开自己下一阶段的旅行计划。不过,后来,由于一个中国男子的出现,项美丽最终融化在上海的声色生活之中。

在20世纪30年代之时,来到上海淘金的西方

身着龙纹服饰的项美丽

人,一度高达六万人之众。项美丽至上海下车伊始,即以她成熟、媚娟的姿态,丰富的阅历,迅速在洋人社交圈中崛起。当时,一些西方诸国的外交官、银行老板、洋行大班、新闻记者,甚至犹太富商哈同、房地产大王沙逊,均心旌动摇地拜倒于项美丽的石榴裙下。后来,有一个英国作家哈莉叶特·塞金德沙逊,她在作品《上海》中写到项美丽的仪态万方时,曾经写下:"我接触的在上海的西方人,几乎人人都谈到艾米莉·哈恩,男人语带赞赏,女人的语气则有点尖酸刻薄。"

最初对项美丽发动猛烈爱情攻势者,应该是富得流油的房地产大王沙逊。

沙逊喜欢跳舞、看戏、赌马,最喜欢漂亮女人。他追女孩子简捷有效的手段为,邀喜欢的女孩子拍摄人像摄影,送女孩子头晕目眩的贵重物品,然后告诉那女孩子,他希望对方能为他做什么。20 世纪 30 年代,上海滩上红极一时的社交名媛,有许多都充当过沙逊的摄影模特,不少人被沙逊俘获上床。因此,沙逊在上海滩有一个人人皆知的外号:猎艳高手。

沙逊爵士 1935 年在上海为项美丽姐妹拍的合影,由左至右:二姐海伦,项美丽

当时,沙逊迷上了阅历丰富的项美丽,即故伎重施地邀请项美丽做他的摄影模特。项美丽明白沙逊的欲望,可她觉得那也没什么不好的,仍欣然答应。沙逊大为开心,当即十分慷慨地赠送了一辆蓝色雪佛莱轿车给项美丽。

但是,最初的惊喜过后,沙逊的爱情进展就不怎么顺畅了。

项美丽迷上了邵洵美。

邵洵美当然没有沙逊的钱多。可是,这一回,无论有钱佬沙逊如何努力,其魅力指数都稍逊于风流、好玩的邵洵美。所以,某些时候,一个腰缠万贯的阔佬走上了情场,其收获并不见得比一个眉眼生凉的有情郎要多。

2

项美丽说：当年，每一位初次踏上中国土地的美国访客，大抵都手持着一封请弗雷兹夫人关照的推荐信。可见，这弗雷兹夫人在当时的上海社交界中，是一位沟通中西方上层名流的重要女性。她是上海一家著名洋行大班的妻子。

弗雷兹夫人对于项美丽一见如故。她亲热地挽起项美丽的手臂，说：亲爱的，到了这里，你真的应该结识一些可爱的中国人，他们是如此之优雅，如此之安逸，很快你就会发现这个国家是如此有趣！

其时，弗雷兹夫人正在致力发展一个名叫国际艺术剧院的民间艺术组织。她希望这个组织可以成为促进西方人与中国人相互交流的一座友谊桥梁。因此，弗雷兹夫人特别需要像项美丽这样美丽活跃的新人加入。

后来，项美丽与邵洵美便相识于国际艺术剧院内的一场演讲会之中。

许多年过后，项美丽曾经很努力地回忆：那天的演讲会，到底讲了些什么呢？这个，项美丽无论如何努力都不可能想起了。因为这一天，项美丽有点心不在焉。她只记得，当时，自己的身边坐着两个看上去很斯文的中国人。起先，这两个中国男人样子很亲热地倾身轻轻交谈。项美丽觉得这样的交谈给人的感觉很温馨，但她看不清这两个中国男子的脸，所以就有点遗憾地盯看了他们的褐色中式长袍。

忽然，其中一个中国男子，在项美丽心理毫不设防的状态下，转过头来往项美丽的方向看。他望见了项美丽，目光仍然肆无忌惮。但是，他发现对方是一个成熟美丽的异国女性，却先自微微地笑了。

这是电光火闪的惊鸿一瞥！项美丽的目光有点收敛。可是，项美丽的面部表情仍然魇住了。她没想到，在这遥远的东方国度，竟然还有男子能生就如此俊美的一张脸！

这一天，两人之间的爱情故事虽然没有即时打开。但是邵洵美那优雅的一笑,留给项美丽特别深的印象。

事隔多年之后,项美丽在自己的纪实文字中描写了这样一个邵洵美:"他的头发柔滑如丝,黑油油的,跟其他男人那一头硬毛刷不可同日而语。当他不笑不语时,那张象牙色的面孔是近乎完美的椭圆形。不过当你看到了那双眼睛,就会觉得那才是真的完美,顾盼之中,光彩照人。他的面孔近乎苍白,在那双飞翅似的美目下张扬。塑造云龙面孔的那位雕塑家,一定施展出了他的绝技,他从高挺的鼻梁处起刀,然后在眼窝处轻轻一扫,就出来一副古埃及雕塑似的造型。下巴却是尖削出来的,一抹古拙的颊髭比照出嘴唇的柔软和嘴角的峭厉。下巴上那一撮小胡子,则好

邵洵美漫画像,墨西哥漫画家珂佛罗·皮斯作

像是对青春少俊的一个俏皮嘲讽。静止不动时,这张面孔纯真得不可思议,不过,他很少静止不动。"似这般款款情深的描写,项美丽对于邵洵美的欣赏,应该是渗透到了骨髓之中。

演讲会过去后数天,弗雷兹夫人忽然跟项美丽谈到爱与婚姻的问题。弗雷兹夫人用一种轻松愉快的语气跟项美丽说:嗨,艾米莉小姐。你知道自己不能一味地旅行下去。你可以在中国尝试一份稳定的工作。我给你找一个中国男友,35 岁左右,有钱而又有闲,他可以陪你很快乐地打发掉在中国的大部分时间。

弗雷兹夫人给项美丽介绍的中国男子,便是玉树临风的邵洵美。

据说,项美丽的才华横溢,跟她叛逆的肆无忌惮有着直接的因果关系。项美丽叛逆的劲头愈高,她的锋颖毕露的情感也愈发峥嵘。所以,项美丽跟邵洵美认识后,开口说的第一句话就是:我是一个坏女孩。

邵洵美眉毛轻轻一扬,用纯正的英国口语笑呵呵地回答说:一个自称为"坏女孩"的写字女孩很好呀。我在英国的时候,听说过赞美那些凄美温香女作家的一句话,"妓女的躯壳,作家的灵魂"。这是每一个努力想了解爱欲

与人生真相的女孩子,所愿意做到的。

当即,项美丽感觉,自己跟这个满不在乎的中国男子甫一交手,就迷失于邵洵美瞳仁中的芳草萋萋的景色之中。

项美丽无论走到哪里,都喜欢跟人家玩叛逆的游戏。难道她不知道在中国,即便是像叛逆这种东西,也有雅趣天成与恶俗不堪的区别吗?像《红楼梦》中贾宝玉的纨绔,出自于本性,源自于神女女娲炼石补天用剩下的最后一块石头。贾宝玉式的叛逆,像无数自由、飘忽、悲凉的分子,可击穿了每一个爱上他的女子之灵魂,无与伦比。邵四代邵洵美性格中顽劣的一面,也来自于邵三代纨绔高手邵恒的嫡系真传。

作为美国最牛的天涯浪女,当时,项美丽跟邵洵美展开的第一轮顽劣对话便是:她的童年时代,曾经对于抽吸鸦片的瘾君子很有兴趣。过去,她一直听说上海滩是鸦片成瘾者的天堂。可是,这一次,项美丽到上海已经有两三个月了,为什么一直没闻到鸦片的那一种像烧诡魅轻佻的香味呢?

邵洵美听罢项美丽的提问,当即用他绵羊般柔美的眼睛,讶然地望了她一眼,随即轻快地回答:是么,真的是这样的吗?这有什么难的,我现在就带你去我家,我很快就能让你见识到货色纯正的鸦片。

那时,已经是上海的暑湿天气。上海的街道,充斥着一种海滨城市的独特味道,有轻微霉变的雾的气味,雨打在尘土上飞扬的闷热味,以及葱、大蒜、城市庸俗女子廉价的香水味。风吹卷起人们随手扔在上海路边的一张张旧报纸,发出了宛若秋风般呜咽走过的声音。项美丽跟在邵洵美一班朋友的屁股后面,小心翼翼地来到了邵洵美住着的一幢维多利亚式老房子之中。

女人对于来自同性天敌的威胁,总是先天敏感的。当时,盛佩玉穿着一身家常的翠蓝夏布衫、青绸裤,站在那里望着丈夫带回的一个美国年轻女子。虽然心生好奇,可是,盛佩玉对于浑身上下散发出一种森森细细美感的项美丽,却天生具有一种戒备的心理。这样,盛佩玉后来谈起自己对于项美丽的第一印象时,便讲:"她身材高高的,短黑色的卷头发,面孔五官都好,但不是蓝眼睛。静静地不大声讲话。她不瘦不胖,在曲线美上差一些,就是臀部庞大。"

盛佩玉（中）与项美丽（右）

在这里，盛佩玉之所以要突出地点明项美丽那肥大而有弹性的臀部，这是因为在中国传统的习惯中，性与生育，总是跟一个肉感十足的臀部联系在一起的。中国北方曾经有一句深入人心的谚语，说屁股大的女人能生养。当时盛佩玉也许凭着一个妻子的直感，读出了项美丽那如海棠花般妖娆盛开的臀部之中，所孕育着的一份钝重、潮湿的爱欲吧？

项美丽与盛佩玉有礼貌地点了一下头。

后来，项美丽跟着邵洵美这一班男人走进了一间卧室。盛佩玉不再过来搭理男人们所做的事情。在那里，邵洵美自己先抽了一杆鸦片烟。然后，为了满足项美丽的好奇心，邵洵美便让项美丽也躺在了烟榻上，试吸了她人生中的第一杆鸦片烟。这样，项美丽在评价邵洵美这个中国情人之时，总是会不由自主地想到烟榻上那些妖媚的鸦片香味，以及邵洵美凉滑的皮肤触觉。

因此，她跟人家说：在中国，倘使你幸运地遇上了一个抽吸鸦片的可爱男人，常常可以在慌而乱的忧伤中，体验到一份珍贵的感情。

项美丽一语说尽了爱情的忧伤本质。

不久，项美丽即惊奇地发现，邵洵美的叛逆并不仅仅止于此。

邵洵美天性喜欢诗与书。邵洵美开玩笑地跟项美丽说：你以为诗与书的好朋友是什么？就是酒与赌。中国从前最好的诗人都是好酒爱赌。

邵洵美认为赌博是一件颇为雅致的事情，因此他看不起那些凡夫俗子的狂喝滥赌。当初在编纂《论语》系列时,邵洵美曾经与执行主编林达祖讨论过出版《癖好专号》的征稿。谈起赌博的心得时,邵洵美津津有味地讲道:"人有癖好,犹水有波纹,水无波纹,固一泓死水……或经典一卷,或麻将八圈……凭妙手之偶得,使至情以流露,宁非趣事?不亦乐乎?是为启。"邵洵美将此归纳为自己的一大人生哲学:有书读书,没书赌博。项美丽听罢莞尔一笑。邵洵美还专门撰写了《赌》、《赌钱人离了赌场》、《三十六门》、《输》等四篇描写赌博生活的专题小说"赌博小说"系列。在这四篇描绘赌场风云的专题小说中,邵洵美把赌术的技巧、赌徒的心理,刻画得惟妙惟肖。据说,香港后来拍摄一系列反映民国上海滩赌场风云的电影时,便专门找到邵洵美的四部小说,视为经典,认真参透。

据项美丽观察,邵洵美只有在输钱的时候,才写得出一手好诗。邵洵美听罢,哈哈大笑,索性自封了一个"赌国诗人"的光荣称号。他沾沾自喜地跟项美丽说:"钟可成赌得最豪,朱如山赌得最精,卢少棠赌得最刁,唐孟潇赌得最恶。若言雅赌,舍我其谁?"顿时,项美丽更加感觉到了邵洵美的率真可亲。

1935年梅雨时节,项美丽、邵洵美结伴同游南京。

南京虽然自古即有虎踞龙盘的帝王之气,曾经为六朝古都的经营之地。但是,它在江浙一带的如画风光,却算不上是一个上佳的旅游胜地。至少它的气候差了一点,冬天严寒如铁,夏季则有四大火炉城市之一的称谓。南京只有雨季才是最美的。邵洵美就选择雨季到南京去拾雨花石。

邵洵美给项美丽介绍说:覆舟春半望鸡笼,玄武青青隔两红。古寺夕阳流水外,游人不信是城中。中国的古诗很美。它把南京城的覆舟山、鸡笼山、玄武湖、鸡鸣寺四大风景区巧妙地镶嵌在了诗中,情人们徜徉在其中,并不觉得自己是在城中,而是以为自己被美丽的大自然恬静地拥抱着。这正是中国审美天人合一的唯美境界。如此,邵洵美再念:"傅寿清歌沙嫩箫,红牙紫玉夜相邀。而今明月空如水,不见青溪长板桥。"这却是讲中国过去那些才情双绝的美女,于南京城的舞榭楼台的一些风雅旧事的。邵洵美的故事讲得很好。这时候的邵洵美看上去也很精致。在那样的男情女意中,两个人行走的距离自然是挨得很近。项美丽的人越来越热。项美丽说："当时我觉得面颊发热,尴尬难堪,同时却又'齿冷',我知道我看上去像春宫画中的女人。"

于是,游罢南京返回上海的回程车上,车窗外面始终长着油菜和紫云英花的田野,江南水乡粉墙黑瓦人家、倒映在水面清晰的影子,统统淡薄成为模糊的背景。他们气喘吁吁地紧紧拥抱在一起了。这个时候,邵洵美的身子,十分有力地挤压着项美丽的乳房。邵洵美声音微微颤抖地跟项美丽讲:"我知道这一切会发生,我一看见你就知道了。"

原来如此。既然一切都是注定要发生的,项美丽还有什么可说呢? 此后,项美丽不管走到那里,总会不由自主地想到烟雨中的江南,想起与邵洵美共游南京中山陵时,夹道旁那些浓荫蔽天的大松树、柏树,雨季中的南京城似乎四处都被泼洒了翠绿。道路两旁的树木像吸足了整个季节的水分,那一种弄烟惹雨的润绿呵,真个是嫣然流盼!

因此,项美丽不管自己曾经爱过的邵洵美,是一个中国人也罢,是一个瘾君子也罢,家里仍然有一个深爱着他的娇美妻子也罢,甚至于已经是五个孩子的父亲也罢。她用了一辈子的时间试图把他遗忘,可是她失败了。

她当时,就像一只受伤的雨燕,斜飞着,无声地降落于邵洵美的幽静的情网之中。

3

这样,爱上了邵洵美的项美丽,便在福州路江西路转弯处的都城饭店里,为两人构筑了一个小小的香巢。于是,项美丽在英国人办的《字林西报》找了一份兼职记者的工作。不久,美国小资文学刊物《纽约客》(*The New Yorker*)也请项美丽做自由撰稿人。当时,上海的物价在世界各大城市中低廉到令人吃惊。项美丽只需做这两份兼职,就已经把自己的生活调理得有情、有闲兼有钱,可以专心致志地编织、那缥缈得像水烟的爱情之梦。

项美丽跟盛佩玉的丈夫有了私情,便千方百计地想讨好盛佩玉。一开始,项美丽经常请盛佩玉去她的单身公寓吃饭。吃饭的次数多了,盛佩玉竟然还喜欢上了项美丽烹调的几样西洋菜。这个阶段,项美丽在与盛佩玉共同享有邵洵美这个男人的同时,竟然很有本事地与盛佩玉以及邵洵美的孩子们,和谐地打成了一片。

邵洵美根据 Emily Hahn 的名字,取了一个汉语译音叫"项美丽"。取名的时候,盛佩玉也在现场,邵洵美得意地问盛佩玉这个名字改得好不好,盛佩玉脸上的表情有点木木的,她竟然回答:真的是蛮好听的呢。

其实,也不是讲盛佩玉天生就是一个感觉迟钝的女人。做女人,谁不想自己的丈夫安安心心地爱着自己一个人呢? 只是盛佩玉出身于一个豪华的旧式大家庭之中,家庭中曾经摆着一座偌大的金山银山。生长于这样家庭的男人们,似乎一生下来,便可能继承几辈子都用不完的金钱。所以,盛家的男人们从父亲叔伯辈,再到盛佩玉的哥哥堂弟,没有一个不是吃喝嫖赌,快活逍遥的。

因此,像盛佩玉这一类在豪门大户长大的女孩子,睁眼看世界学会的第一个字,就是"忍"。女人一辈子必须学会容忍自己以后所嫁的男人。男人在外面风花雪月必须忍,男人在外面闯下祸仍必须包容。男人在外面玩累了,始终都要回到家中的温存女子身边来。可是,那是一种何等可爱可哀的漫长岁月呵。所以,过去旧式大家庭中出来的女子,能容人,不拈酸泼醋,是一个很重要的德育考核。

记得盛佩玉在初嫁邵洵美之时,也曾经约法三章:不嫖,不赌,不抽吸鸦片。

邵洵美固然是才华横溢的,可是邵洵美仍然是酒色财气均沾的。不久他就把盛佩玉的"约法三章"全破戒了。女人,赌与鸦片,全都是邵洵美所喜欢的。盛佩玉颇为无奈。但是,令盛佩玉感到欣慰的是,邵洵美无论在外面如何的彩旗飘飘,家里却始终高举着盛佩玉这一杆红旗。在邵洵美的心里,盛佩玉所代表的这个家,分量最重。盛佩玉对于邵洵美在外面的风流留香,也只能睁一只眼,闭一只眼了。否则,还能怎么样?

一个女子,生于民国那样一种乱世,想要活,而且要活得称心如意,本来就不是一件很轻松的事情,有时,甚至是一件"双手劈开生死路"那样的大事情。盛佩玉的心不大。盛佩玉所希望的,不过是在自己那座中国风格的屋子中,到了晚餐的时间,在外面做事情的邵洵美,能够准时回到金漆桌椅摆设的餐厅,跟一家人共享晚餐的快乐时光,如此而已。

　　不过,有一次,邵洵美连续数天盘桓于项美丽那个小小的安乐窝之中,乐不思蜀。盛佩玉很生气,她终于噔噔地迈开大步,到项美丽的住所兴师问罪去了。

　　于是,项美丽在《太阳的脚步》一文中,说道:当盛佩玉怒气冲冲地闯入项美丽那个安乐窝时,她固然发现项美丽、邵洵美这一对情人对卧于床上,可他们却正快乐地吞云吐雾地抽吸鸦片。有时,在一种怡然的情状下,相互亢奋地为对方朗读、评论某一本书。停下来的时候,他们才会双舌呜咽有声地搅拌在一起,来一个法式湿吻。鸦片的异香飘逸满屋。很快,他们便可进入一种无欲无思的倦怠状态。当时,盛佩玉在外面敲门。项美丽抬了一个眼皮,懒得起身。敲门声变得剧烈。大门被摇得震天价乱响。项美丽一个激灵,忽然跳了起来。"糟糕,警察来查房了!"项美丽条件反射地想起了他们正在抽吸的违禁品——鸦片。邵洵美很淡定,他用一种慵懒的语气说道:"不会的,只可能是佩玉,她为我担心了。"

　　在项、邵近五年的婚外情中,这是作为妻子的盛佩玉的唯一一次怒气勃发。之后,邵洵美汲取教训,每天按时回家,努力做好自己的父亲兼丈夫的本职工作。盛佩玉也不再来跟邵洵美与项美丽纠缠。毕竟在这仓皇而又宁静的岁月中,走不完的是磨难,最短暂的却是人生。女人如果执意要保持一份清扬决绝的人生观,只怕是一天也难过下去。因此,盛佩玉对项美丽,保持着一份客气的尊严。

4

可是不久,项美丽这个外国女子,对邵洵美所表现出的一往情深;却令盛佩玉刮目相看了。

1937 年,上海"八一三"淞沪抗战全面爆发。西方人在上海醉纸迷金的风光日子不再。在上海淘金的沙逊爵士、弗雷兹夫人等西方风流人物,在苍茫的暮色中逃离上海,急急如惊弓之鸟。项美丽没多少余财,所以不必惊惧被日本人吞食。不过,作为一种防御措施,项美丽也抢在战争发动之前,把自己的香巢从福州路的都城饭店,搬进了租界内霞飞路 1826 号的一所西式小洋房安居下来。

这场战事,却使得邵洵美一家颇为狼狈。

我们知道,先前的邵洵美是全家搬迁到虹口的杨树浦,与他视为宝贝的那台德国造影写版印刷机相依为伴的。中日间的战火一开,杨树浦一带正好是双方交战的热点地带。当时,邵洵美三十六计,保命为上。邵洵美、盛佩玉夫妇领着一家大小,在仓皇失措的状况中连夜逃进了租界。邵家先后找了三处房屋,均觉得没有安全感,后来在项美丽住处不远的霞飞路 1802

1938 年项美丽摄于
上海霞飞路家中

号,找到一幢两层楼的花园小洋房,这才安心地住了下来。

邵洵美本次逃难,除了一些金银珠宝的贵重之物可随身携带,其他的东西都在杨树浦住处来不及搬出。喘息刚定的邵洵美扳起手指来计算自己的损失,其中有两大宗物件最令他心痛:一是邵洵美从未见过面的嗣父,也是他的大伯邵颐所留下来的两万多卷明代册典。邵洵美曾经在《儒林新史》一文中,给读者晒过这一批书。其中的几部明代手抄本,为清代乾隆时淮安山阳大学问家阮葵生生前珍藏过,因而显得颇为珍贵。另外一个宝贝则是那个花费了五万美金,威武无比的两层楼高的大家伙——影写版印刷机。这后一种东西,在战争年代在一个搞出版的行家眼里,比黄金还值钱。

日本在策划侵略中国的这场战争之时,一度也实施过近攻远交的扩张战略。日本想以闪电的速度解决中国的战事,又怕引来美英西方势力的干涉。所以一开始,日本人对欧美国家的态度近似于媚荡。虹口的杨树浦一带是中国人与外国人混杂居住的地区,"八一三"的兵燹一过,日本人即贴出告示:所有西方人可凭日方的特别通行证,返回到杨树浦一带,寻找中日交火时留在那里的财物。中国人的财物则一律征用为战略物资。

这令邵洵美大为沮丧。

但是,邵洵美毕竟是在场面上混过的人。不久,他就想出了变通的法子。他微笑着跟项美丽说:我们缔约一个婚姻吧。

什么? 项美丽大吃一惊。

其实,有关结婚的话题,邵洵美之前也曾经跟项美丽提过,只是当时的邵洵美有一种满不在乎的吊儿郎当的劲儿,项美丽无法判断他在讲那些话时,到底哪一句是正经的,哪一句是信口开河的。项美丽乃一笑置之。例如,项美丽曾经不无幽怨地抱怨说,她不想一直做邵洵美的妾,邵洵美即异想天开地想出了一个变通的法子:"你知道的,美丽,记得我告诉过你的,我伯父死得早,没有儿子。我父亲在我还没有出生的时候,就把我送给伯父做儿子了。所以,我现在按照你们西方人的法律,具有双重的身份,既是父亲的儿子,也是伯父的儿子。所以,我可以合法地拥有两位妻子。只有两个。真的。在我心里你一直是我另外一个的妻。你不是我的妾。"这样的讨论,使项美丽明白了,邵洵美是六个孩子的父亲,还是一个有着众多兄弟姐妹大家庭的长兄,他言必称我的妻盛佩玉是如何说的,他是这一大群血肉亲人的主心骨,他这一生逃避不开自己的责任,所以,她与邵洵美的这场旷世恋爱注定是没有前途的。

但是眼下,项美丽仍然乐于帮助邵洵美渡过这个难关。

邵洵美说:他跟项美丽之间,可以签署一份正式的结婚文件。这样,他留在杨树浦的所有的宝贝，就都变成了一个美国女人的婚姻财产，就可以堂而皇之地运出杨树浦了。

邵洵美与盛佩玉结婚时，履行的仍是中国传统的婚姻仪式。那个婚姻是不需要西式的正规法律文件的。现在，邵洵美与项美丽签署一个正式的婚姻文件，让她在租界当局与日本人眼里看上去像一个合法的中国妻子，这是邵洵美在为下一步的出版大计作想。日本人占领上海后，英法租界成为孤岛。日本人的监视更严，英法租界当局的监管也更加小心。邵洵美把项美丽推上前台，做时代文化印刷公司名义上的法人代表，邵洵美可以使自己的行动避开焦点关注。

邵洵美一本正经地跟项美丽说：我跟我的妻子盛佩玉讨论过了。如果你答应签署这份文件，我可以答应你百年之后，葬入邵家的祖坟。项美丽问：那里的风景美吗？邵洵美念了一句古诗：莺啼树里迷浓绿，蝶舞坟前映嫩黄。人的一生能得那样一块蔚然箐葱的宝地长眠，风光无限呵。

项美丽

当时，项美丽还真的跟随邵洵美、盛佩玉夫妇俩回余姚老家，大模大样地察看了一番邵家祖坟。地方的确实是好的。有山有水，坟地峙居于山腰。绿树如城，山峰尤巧，山上多古松。山下郁郁然一潭清水入眼秀媚。项美丽看过后，一颗芳心抵定。

于是，邵洵美便通过同窗好友顾苍生，找到一位做律师的朋友，弄来了一份正式的婚姻文件，邵洵美与项美丽就注册成为夫妻。

邵、项正式注册的当天，盛佩玉送了一对祖传的玉镯给项美丽做纪念。盛佩玉这个举动，旁人可以从多方面去理解。你可以把它理解为盛佩玉对于项美丽接下来要为邵家所做出的冒险行动，表示衷心的感谢。你也可以站在一个传统中国女子的角度去理解，盛佩玉已经很大方地把项美丽接纳为丈夫的妾了，她作为邵家的正妻，有责任向项美丽这个洋姨太太赠送一件祝福的礼物。项美丽则不管盛佩玉是如何想的，她既然爱上了这个叫邵洵美的中国男子，她就觉得自己有责任为这个男人冒险，她总不能眼睁睁地看着自己心爱的男子破产呀。

于是,这一天,项美丽从英国巡捕房弄来一张特别通行证,又设法向英租界当局借来数辆警车,请了十个膀大腰圆的白俄罗斯搬运工,分数次把邵洵美遗留在杨树浦的影写版印刷机、古版藏书以及其他一些来不及搬走的家具什物,统统弄上车,安全地带到了邵洵美安置在霞飞路1802号的新住宅之中。

在项美丽的一生中,以这一天的印象最鲜明生动。

这是一个晴朗的秋日。项美丽在上海已经生活两年多了,可她还从来没有见过这样残酷而美丽的上海景致。空中流弹不停地噗噗乱飞着。屋顶上布置有高射炮。对空炮弹不断地交织着上蹿到湛蓝天鹅绒幕布的天空,然后爆开成金光流曳的一团,撕裂空气,也震撼人的神经。一声巨响之后,火光从地平线那儿升起。飞机一开始是天际的黑点,飞近了就变成了一大群黑压压的乌鸦。它们很有耐心地盘旋着,当嗡嗡声变得低沉,它们集体像老母鸡般地翘起了屁股,这就是它们要投弹了。于是,不远处,山崩地裂般地冲起了一片火海,场面蔚为壮观。

项美丽坐在一辆警车的副驾驶座位上。子弹把警车的后挡板打得扑腾乱响。汽车的挡风玻璃全部被震碎了。项美丽全身被冷汗浸透。好几次,她都以为自己将要变成一具尸体,被邵洵美弄回余姚乡间的祖坟埋掉了。可最后,项美丽竟然像一位女英雄般地,凯旋回到了霞飞路1802号。当时,听到按响的汽车喇叭声,邵氏一家大小全部跑到外面的街上去迎接她。

项美丽眼里含着泪光,微笑着告诉邵洵美:亲爱的,我把你的宝贝带回来了。邵洵美把项美丽紧紧地拥入怀中。

他们也不知道时间过了多久。秋天的太阳却渐渐地斜了,只把静静相拥的项、邵二人映照得明黄耀眼的。他们可以感觉到这美丽的时光在空气中澌澌地流去。

这样的时候,盛佩玉没有过来打扰他们。

5

《自由谭》

1938 年 9 月 1 日,邵洵美、项美丽合作的中文版《自由谭》抗日月刊,以及与其作风相似的英文杂志 *Candid Comment*（《公正评论》）同时创刊。项美丽亲自担任《公正评论》的主编。这时,邵洵美独力支撑两份月刊的运作,资金上已感到吃力,项美丽就找来了她的私人好友——大美晚报馆的老板 Starr（斯达）、保险公司董事长石永华两人出钱投资。邵洵美说自己这时兴办《自由谭》月刊,是受了上海《申报》过去一个叫《自由谈》副刊的启发。他的创刊宗旨就是,我们要求的是"人类的权利",绝不是"罪恶的借口"。这样,《自由谭》与《公正评论》这两份月刊,便尽自己最大的努力,向外界传达了中国人民誓死抗战,与日本侵略者周旋到底的坚强决心。

后来的海上名人大收藏家谢其章,有幸收藏到了这难得的抗日月刊。谢其章从美学的角度来衡量,以为邵、项二人在当时战乱的环境下,资金也缺乏,却做出了如此之精品,真的很不容易。谢其章说:"刊名的颜体书法是邵洵美手迹。以项美丽的名义向当局登记出版,比较方便（项美丽兼编辑及发行人）。《自由谭》的图片非常丰富,版式编排手法娴熟,一望而知出自行家里手（邵洵美过去编的刊物绝对一流）。大量的漫画是该刊的一大亮点,开本大,漫画亦尺幅宽广,甚至占据一页,如张东平的《为什么不早把财产捐给国家?》、叶浅予的《换我们的新装》都是一个整版。我一直认为中国的漫画小里小气豆腐块,极少大手笔大尺幅,极影响漫画的地位,其实,过去我们曾经有过大幅漫画。"

1999 年 12 月,姜德明发表《邵洵美与〈自由谭〉》一文,对于邵、项合办

《自由谭》这段经历,有一个综合性的评述:"七七事变后,她(指项美丽)不想离开上海,愿与中国人民共历患难,就在日本侵略军的枪口之下主办了宣传抗日的《自由谭》,这更是她富有正义感的一次勇敢行为。正是由于结识了邵洵美,项美丽才得有机会深入到中国社会,了解中国人民的感情。邵洵美的英文很好,可用英文写作;项美丽的汉文程度差,无法用中文写作。如果没有邵的合作,她也许办不成《自由谭》。何况那时邵洵美手中还掌握着战前办时代图书出版公司的印刷机器,而《自由谭》的基本撰稿人亦多邵的朋友,我甚至想,也许正是邵考虑到当时租界的'孤岛'环境,有意请一位外国人来出面办理杂志,借以躲避日本占领军的阻碍。因此我们可以承认《自由谭》既是项美丽主编并作为发行人,同时也应注意到邵洵美与这刊物的特殊关系和所起的作用。这种办刊手法,在当时的'孤岛'亦绝非一例。……邵洵美在每期刊物上都有文字发表,这还不包括他化名写的文章……未见有人为邵洵美编过文集,倘有人注意及此,我建议不可漏收这篇文章。……每期刊物的篇首都有编者写的时事短评,放眼国际反法西斯的动态和新闻,亦简要地作出分析和评论。按说这应出自主编项美丽之手,却亦难以排除邵洵美参与执笔的可能。……到 1939 年 3 月 1 日《自由谭》出完第 6 期后停刊。……创编《自由谭》这件事,无论如何对他们这当事者,以及中国读者来说都是个美好的记忆。'望远镜中看故人',我们在感谢项美丽热爱中国和支持我们抗战的同时,也应记住诗人邵洵美在这中间付出过的心力。"

一本《自由谭》在一种极端的战争环境下,成全了邵洵美、项美丽这一对异国男女的倾城之恋。

据不完全统计,毛泽东著作的外文版本,现今国内外约达 3800 余种。但是,读者有所不知的是,毛泽东最早的英文出版物,却是 1938 年 10 月的《论持久战》。

抗战总动员之后,在国民党内部一度出现"速胜论"、"亡国论"两种基本论调。而在中共内部,以王明为首的右倾机会主义分子则寄希望于国民党的正面抵抗,从而轻视中共的敌后游击战争。针对这些不符合时局的论点,1938 年 5 月 26 日至 6 月 3 日,毛泽东在延安抗日战争研究会上连续进行了数场大型演讲,明确地提出了中共的抗日持久战的方针。7月1日,解放周刊社第43期、44期合订本刊载了毛泽东的《论持久战》,全文约5万字。

党中央决定,必须让全世界了解到中共的观点,了解到中国抗战的重要性、艰巨性以及长期性。于是,党组织决定将《论持久战》翻译成英文传播到国外去,研究后,这项任务就交到了中共女地下党员杨刚手中。当时,杨刚不过20余岁,公开身份是《大公报》驻美记者,同时又是《自由谭》的特约作者。杨刚的外语基础不错,社会交际面也广。她跟项美丽交上朋友之后,为安全起见,便住进了项美丽霞飞路1826号花园洋房楼上靠西的一间小屋。当时,邵洵美经常到1826号看项美丽。杨刚住在那里的另一个好处是,在翻译过程中,如果遇到难点,可以与邵洵美这个一流的翻译家共同斟酌,力求英译本的准确与完美。《论持久战》的英译工作全部完成之后,首先在《公正评论》上公开发表。邵洵美为之加上了一段热情洋溢的编者按:"这本《论持久战》的小册子,洋洋数万言,讨论的范围不能说不广,研究的技术不能说不精,含蓄的意识不能说不高,但是写得'浅近',人人能了解,人人能欣赏,万人传颂,中外称赞,绝不是偶然事也。"这部著作从1938年11月1日至1939年2月9日分四次在《公正评论》上连载完毕,随后又出版了单行本。

1939年1月20日,毛泽东在延安为这个英译本专门写了1000字的序言,题为《抗战与外援的关系》:"上海的朋友在将我的《论持久战》翻成英文本,我听了当然是高兴的,因为伟大的中国抗战,不但是中国的事,东方的事,也是世界的事……"邵洵美自己动手把这篇序言译成英文(以前误认为是杨刚译),刊登在单行本上。这样,中共上海地下党组织便将这部译稿的秘密排印任务,郑重托付给了邵洵美。

邵洵美虽然有自己的时代印刷厂,可是它没有印刷外文书籍的经验。经过一番考虑,邵洵美就把译稿的印刷事宜,秘密地托付给了白克路印刷厂。这部译稿,从送稿、往返传递校样一直到出书,都是邵洵美与挚友王永禄(时任上海时代图书公司总务,曾创办中国美术刊行社,并与邵洵美印行宣传抗日的小报《时事日报》,专载战地新闻和前线照片)两人亲自操办的。这部最早的《论持久战》英译本,历时两个月才印出,共印了500册。为安全起见,邵洵美、王永禄两人亲自驾车,将这500册书运到项美丽的住处秘藏起来。

接下来,《论持久战》在上海的发行渠道大致分为三种。一种是交由杨刚提走,由地下党组织发运到外埠。另一种则由项美丽请当时担任德国驻上海领事馆的见习领事华尔夫分发出去。剩下的一小部分则干脆由邵洵美、王永禄二人冒险上阵"暗销"。所谓的"暗销",就是由邵洵美驾着项美丽的那辆轿车,在洋人的住宅区转悠,一俟发现周围无人注意,王永禄即眼明手快地抓起数本《论持久战》,从车内跳出,飞毛腿般地跑到洋人住宅前,往每个信箱里塞进一本书,然后两人立即返身上车飞驶而去。两人用这种冒险的方法,也传送了数十本书出去。

正是凭着杨刚、项美丽、邵洵美、王永禄等人的机智与无畏,千千万万爱国人士的热情与支持,不久《论持久战》这部伟大著作便迅速地传遍整个中国大地,并且走出了国门,传递到世界各地。

这种事情后来引起了日本人的注意。当时,日本人虽然还未公然进占租界,可是日本人那嚣张的气焰,却已把英法租界当局弄得相当仄促了。

一个供职于日本宪兵队的日本上校,通过一个跟项美丽熟悉的日本通讯社记者 Ken,请项美丽在上海最豪华的饭店国都饭店吃饭。上校追问项美丽《公正评论》、《自由谭》幕后是否另有其人,她的组稿渠道是什么。项美丽回答:"我没有编辑。稿子都是邮寄来的,如果我办公室附近有中国人,我就请他翻译读给我听;如果他表示喜欢,那篇文章就编辑进我的刊物,我特别信任我所尊重的中国人的判断。"项美丽的回答令日本上校很生气。Ken 转达日本上校对项美丽的警告:"你的有些文章是反日的,可以说相当激烈的反日。"他希望项美丽对日本要"友善",要改变办刊方针。于是,在那种"黑云压城城欲摧"的恶劣环境下,《自由谭》出版到 1939 年 3 月 1 日,便把第 7 期的排稿撤了下来,被迫停刊了。它在半年中一共出版了 6 期。它的孪生姐妹《公正评论》,亦同时遭受同一命运。

《自由谭》的停止,使邵洵美在上海的出版事业一度处于停止的状态。项美丽留在邵洵美的身边已无任何的正事可做。

6

于是,项美丽开始着手一项筹划了许久的写作计划——为宋氏三姐妹做传。

这个计划,源自项美丽与美国著名作家、普立兹文学奖获得者 John Gunther(约翰·根舍)之间的一次会谈。当时是 1938 年春天,邵、项合作的《自由谭》、《公正评论》两个刊物正在紧张的筹办之中。约翰·根舍是为了收集《亚洲内幕》的写作素材来到中国的。10 年前,他曾经是项美丽的一个狂热的追求者。现在约翰·根舍对于项美丽仍然关心,因此关切地询问她最近有没有什么写作计划。

项美丽骄傲得像一只小孔雀般地告诉约翰·根舍,她最近在准备一个伟大的爱情故事,她准备以自己的经历为原型,重点描写一个美国女作者与一个中国绅士之间催人泪下的爱情故事。

约翰·根舍不客气地打断了她。约翰·根舍说,他不看好这样的题材,现在不是春花秋月的时候。现在全世界的人,当然也包括美国人,都在深切地关注着发生于中国这片古老土地上的、艰苦卓绝的抗日战争。外面需要了解中国的政治风云人物,在这严峻的时刻,心里面到底在想些什么。他说,你应该去写宋氏三姐妹,她们身处于中国的政治漩涡中心,又同样有在美国受高等教育的背景,只要把这个题材抓紧,包你在美国一举成名!

项美丽被约翰·根舍说得怦然心动。

可是,这件事情想要开一个好头,却十分艰难。当时西方国家的记者,都知道宋氏三姐妹的传记绝对是抢手货,却因为宋氏三姐妹对于个人传记之类的东西心理排斥,大抵只能无功而返。伊始,项美丽也觉得无从下手。

后来,邵洵美听了项美丽这个雄心勃勃的写作计划,也积极地怂恿并支持项美丽去实现它。邵洵美说,宋氏家族中,大姐宋霭龄是一家人的主心骨,是家族中的王熙凤,你应该从大姐宋霭龄入手,才可能收到事半功倍的成效。

邵洵美要打通宋蔼龄的关系,路子却是现成的。宋蔼龄曾经做过邵洵美姨母、盛家五小姐盛关颐的家庭教师,两人一直保持着很好的私交。盛关颐答应为项美丽打开通往宋蔼龄心灵的大门。这样,到了1939年6月,项美丽、邵洵美便结伴来到香港拜会宋蔼龄。

后来,项美丽回忆这次改变其个人际遇的会见时说:孔夫人的家宅建在海边峭岩上,带阳台和网球场。一间有法式窗户的长条形房间通向一条游廊,我一眼就看见洵美的姨妈盛关颐坐在那里,一副宾至如归的神情。孔夫人从楼上走下来。现在她看上去那么优雅娇小,皮肤光滑,长着一双亲切的黑眼睛,一头黑发挽成一个高高的髻。孔夫人伸手给我,她微笑着,我立刻被她迷住了。

宋蔼龄同意了项美丽的写作计划。宋蔼龄甚至答应说服两个妹妹跟她合作。二妹宋庆龄一直没有正面响应,项美丽只在宋霭龄的安排下,跟她在公众场合见过几次。但小妹宋美龄却对她大姐的安排言听计从。她不久就派人跟项美丽联络,让她绕道香港飞去重庆,在那里参加她的各种活动。后来项美丽与宋蔼龄、宋美龄都建立了良好的私交,只是与宋庆龄的关系一直比较冷淡。

对于项美丽个人而言,这样的进展当然不坏。她在中国待了近四年了,她个人的事业一直没有大的进展。从前,邵洵美是红花,项美丽是绿叶,她的一切生活重心都围绕着邵洵美的生活转。但是,这一次不同了,项美丽只要全力以赴,把这本书写好,给世界介绍一个相对真实客观的宋氏三姐妹,她在美国必然声名震动。项美丽不想错过这难得的机会。

香港的采访工作结束后,1939年冬,宋霭龄安排项美丽一起去重庆去见蒋介石的夫人宋美龄。本来项美丽是希望邵洵美陪自己一起去重庆的。可是这时候邵洵美的家务繁杂,分身无术。邵家这期间正处于一段艰难的日子,邵洵美必须重视肩上的重担,他不再可能跟着项美丽满世界乱跑。当时,宋霭龄旁观者清,她曾经规劝过项美丽好几句话:"在上海打仗时,你帮

1940 年 5 月,宋蔼龄(左一)、项美丽(左三)在重庆军医院

了邵家很大的忙,他们全家都感激你。""可是,你真以为他们少了你不行吗?""……邵先生或许不是存心哄骗你。……到头来你会恨我们所有的人……我了解中国,也了解美国。你会毫不抱怨地离开中国,可是你会痛苦……""我不希望会这样,现在为时还不晚,原谅我的干预,我是为你好,别回上海了。好好想想!我想你已经想过……"于是,项美丽独自去香港,准备从那里转道重庆。

项美丽临行之际,盛佩玉打听到山城重庆气候潮冷,就特意为项美丽赶制了一件厚厚的丝棉袍子,怕她一时手头紧,现钱周转不开,又塞了一包首饰进项美丽的行囊,让她紧急时可以换钱。临走这天,邵洵美特意去送她,还给她送了一个花篮状的巧克力栗子蛋糕。

冬天的太阳从云层中悄悄地钻了出来。太阳的颜色很淡,天空便呈现了一种中国水墨画的写意,江边疏落的树,衬托的是一大片高矮错落的上海建筑群。随着汽笛的一声拉响,项美丽曾经静悄悄地来了,又平静地离开,曾经与邵洵美拥有过的岁月,就像天边飞过的一群鸥鸟,风一般地离去,飘飘地拍着羽翅。

项美丽站在船甲板上泪眼模糊地跟邵洵美挥身道别,做出了一个苍凉、美丽的手势。项、邵之间近五年的异国奇恋,就此静静地画上了一个句号。

后来,项美丽再也没有到上海。她在重庆与香港两个城市间不停地奔波着。没有了邵洵美的岁月,接下来,她又度过了自己在中国,也是她一生中最难、也最富戏剧性的三年。

《宋家三姐妹》于20世纪40年代初出版。由于宋氏三姐妹提供了大量的第一手材料,其中有些内容具有珍贵的史料价值。现在这本书仍然为研究民国史的专家们不断地引述。

项美丽从山城重庆重新返回到香港之后,她遇上了一个英俊的英国军官少校Charles Boxer,中文所有的八卦文章中都习惯于称呼他为查尔斯。

查尔斯早在邵、项热恋的时候就认识了项美丽。他曾经是《天下》杂志的狂热拥护者,之前他在《天下》中读到了项美丽的文章,觉得这是一个奇女子,就专程从香港跑到上海去拜访项美丽。当时,虽然没有得到深谈的机会,彼此的印象却是不错的。项美丽走出去送他,发现查尔斯的脸色在阳光中呈现出一种明丽的杏子黄。那一刻,项美丽就莫名地有了一种怅惘的感觉。

查尔斯是英国驻远东情报机构的首脑。他上次跟项美丽见过面后不久,就在香港跟一个女人结婚了。但是,查尔斯并不喜欢自己的婚姻。他这一次跟项美丽在香港意外相逢,便告诉项美丽:香港这地方太小,很难遇到一个自己喜欢的女人。一个男人在香港这个小地方待久了,只有两件事情可做,一件是结婚,另一件是酗酒,否则便只有让自己疯掉。

项美丽觉得这查尔斯求爱的方式有些特别,两人很快便搬在一起过起了同居生活。1941年11月中旬,项美丽生下了一个孩子。当时,香港的社交是英国的保守礼节,它的社会的宽容度根本比不上流丽轻脆的上海滩。当时,查尔斯与项美丽的婚外生子,成为香港社交圈一件十分有名的婚姻丑闻。

但是,项美丽生下孩子后不久,太平洋战争即爆发了。日本人攻陷了香港,查尔斯在战斗中受伤被俘,一度有生命危险。可是,查尔斯、项美丽以及刚生下来的女儿,仍然被关进了缺医少吃的日本集中营。如果找不出有效的解决办法,查尔斯与幼小的女儿,恐怕都没有希望活着走出集中营。危急时刻,项美丽想起了一张护身符——那张与邵洵美结婚的证明。她翻出一张邵洵美的照片,跟日本占领军交涉。她说自己是邵洵美的妻子。结婚证明送上去,日本方面经过一番研究,说这证明应该是真的。项美丽与幼小的女儿很快就被放出了集中营。这件事情,带给项美丽的另一件好处在于,大约对于一个美国女人跟一个中国男子的婚姻倍感好奇,日本人对项美丽的态度忽然间变得宽大。他们允许项美丽给重伤中的查尔斯用药治疗。这样,查尔斯赶在转转移到下一个集中营之前,基本上恢复了身体。

接下来的数年中,成了日本战俘的查尔斯生死不明。二战中的日本军以虐待俘虏而臭名昭著,有许多英美战俘都没有熬到战争结束的一天。但是,回到了美国的项美丽仍然跟女儿一起痴痴地等待。那一种生与死的等待,其情感的煎熬胜过现在任何一部高潮迭起的好莱坞煽情影片。

最后,日本战败了,查尔斯活着回来了。他做的第一件事情就是回到英国跟妻子离婚,再来到美国跟项美丽结婚,这对恋人走过千山万水,克服重重困难,终于幸福地生活在一起,谱写了 50 余年的美满婚姻。

项美丽才貌双全,一生绯闻不断。她把一生经典浪漫的传奇爱情,留给了自己的中国情人邵洵美去回味,却又把一场彻骨铭心的婚姻故事带给了英国少校查尔斯。

没有人否认项美丽做人的惊世骇俗。也没有人否认,项美丽爱情与婚姻的,入书入戏、如诗如画。

项美丽走后,春色、夏焰、秋意、冬景依旧轮回,邵洵美却抱着一种"人逢沧海遗民少,话听开元旧事多"的豁达态度,开始仿效冬眠的蛰虫,过起了一种齐东野老的清肃生活。

其实,早在日本人占领上海的"八一三事变"之时,邵家的五弟邵式军(邵云麟),就跟上海日军司令部的楠本中将搭上了关系。邵式军直接被日本人委派为苏浙皖税务总局局长。他的行为,前不受梁鸿志伪维新政府管辖,后来的汪精卫南京国民政府也管不了他。如此,这邵式军的地位便因为日本人的特别优待,成了一个汉奸群中天马行空、独来独往、上天入地唯我独尊的人物。

当时,邵氏六兄弟中,老二邵云鹏、老四邵云麒均未顶住老五邵式军的酒色财气诱惑,被老五拉进了汉奸的队伍。只有邵家老三邵云骏执意参加游击队,跟日本人做了死对头。邵洵美在六兄弟中的威信颇高,邵式军当年排场搞得这样大,所谓的豪而艳、艳而横,一时飞扬跋扈,上海滩上人人为之侧目。但是,邵式军与人交谈,最感自豪的一件事情仍是:邵洵美是我大哥。有一次,老五邵式军听说蛰居中的大哥为了饮食,曾经长叹"须知世上逃名易,只有城中乞食难",立即派人给邵洵美送去了 5000 大洋。可是,邵洵美坚决不要,退回去了。

后项美丽时期的邵洵美便以集邮为娱。虽然是穷阴杀节、急景凋年的艰难时期,邵洵美一份爱美的心始终未泯,如此,便总结有 10 万余字的《中国邮票讲话》一书问世。

抗战胜利后,邵洵美的时代印刷厂复工,《论语》也于 1946 年 12 月复刊,由邵洵美自任主编辑,好友林达祖协助处理具体事务。这份杂志一直开办到 1949 年 5 月的上海临近解放。

其实,这人世间几乎所有触动了真情的婚外恋故事,假如故事中的男女主角不能取得更大的发展空间,都可能转化为一段心酸的往事。

项美丽在上海住了近 5 年的时间,此后的 50 余年时间中,她的思绪不时都可能回到那个梦幻中的城市——上海。所以,在项美丽后来的生命中,她真的是想再踏上上海的土地,四处看一看、走一走,遇上老朋友停下来说几句闲话。

当然,一开始,是基于中美间的政治原因,邵洵美活着的岁月,她无法踏足那个缭绕着浓烈乡愁般的美丽城市。后来,中美间信息大开,邵洵美却死了,项美丽纵然回首,却已是"一片伤心画不成",她也就再无心绪故地重游。

项美丽在《我所知的中国》一书中,有一句美丽而哀怜的话:"从此,我再也没有看到上海。"戛然而止,一如她跟邵洵美之间的恋情。

其实,大西洋彼岸的项美丽,是在邵洵美去世后许多年,才慢慢地听说了邵洵美的消息。有人带来邵洵美生前写过的一首七绝诗:"停船江边待晓行,一夜青草绿进城。昨宵有雨坟头忙,不知抬来何处魂。"这个时候,邵洵

那一世的风情

项美丽(右)与邵洵美女儿邵绡红
于 1995 年在纽约曼哈顿重逢

美埋葬在余杭老乡的坟地,已经长满"一岁一枯荣"的野草。

项美丽半晌无言。所有与邵洵美有关的人事,都已成为林谷的传声。后来,只要有中国的故旧后人到美国拜访项美丽,她都会顽固地跟人家讲:"洵美的音讯什么时候传到美国,那有什么关系呢?其实,我是清清楚楚地梦到过,他是在那一天默默死去的。"

7

邵洵美生前曾经为自己辩解说:"你以为我是什么人?是个浪子,是个财迷,是个书生,是个想做官的,或是不怕死的英雄?你错了,你全错了,我是个天生的诗人。"

综合邵洵美一生的行事做人,他的生活态度大抵上是一种小资的个人自由主义哲学;其艺术上的倾向,便追求着一种"艺术至上"、"为艺术而艺术"的孤傲空灵的艺术观点。

说到邵洵美在文学上的唯美风格,这就不能不提到他的诗,以及他的散文。

1927 年 1 月,邵洵美在光华书局出版了自己的第一本诗集《天堂与五月》。该诗集主要收集了他留学英国期间所作的一些诗歌。1928 年 5 月,邵洵美再在自己的金屋书店,发行第二部诗集《花一般的罪恶》。这个阶段,邵洵美是法国象征派诗人夏尔·皮埃尔·波德莱尔(Charles Pierre Baudelaire)的狂热崇拜者。从邵洵美这部诗集的定名,读者很容易联想到波德莱尔的那部传世之作《恶之花》。八年之后的 1936 年,邵洵美这才出版了他第三部的诗集《诗二十五首》。这是他一生中最有分量的,也是最后的一部诗集。

翻译过意大利著名诗人《但丁神曲》的新月派大将,诗人兼著名翻译家朱维基是邵洵美同时代人。他对于邵洵美的评价简明扼要:"邵洵美的诗的奇异的美,在新诗里是一个突惊。"

新月的主将、唯美派诗人徐志摩更直截了当地推荐:"中国有个新诗人(指邵洵美),是一百分的魏尔伦。"作家沈从文与徐志摩是莫逆之交。可是,他听完徐志摩的感叹之后,当即平静地笑了。他接过徐志摩的话题,点评说:志摩,我知道你写诗的野心,你是想把洵美完全收归于你的一派。可是,洵美所作的诗跟你比较,仍然有修饰手法的不同。而跟郭沫若的绚烂夸张相比,则走的是两种完全不同的路数。洵美以直接的官能为触须,写成他诗的颂歌。他赞美生,赞美爱,豁达地显示出人生中唯美享乐的一面,那是一种对于生命的夸张贪恋。可是,读者却常常于洵美的熙然颂歌背后,仍触摸到生命的空虚一面。

诗歌这种东西,是阳春白雪,皎皎者易污,最讲究的便是在河之洲的一种关关雎鸠。所以,对于邵洵美的诗歌创作,真正流露出阳光般明媚笑脸者,好像都是一些中国唯美文学的力行者。例如,一生致力于唯美文学创作的张若谷,他写过一篇《五月的讴歌者》论文,向世人介绍作为诗人的邵洵美。他对于邵洵美的《天堂与五月》诗集持肯定的态度。

张若谷说:邵洵美以西方美学为自己诗歌的圣泉,在诗歌的创作手法上,则深深地被法国恶魔主义文学流派所影响着。所以,在邵洵美的诗歌创作中,他常常可以游刃有余地运用着,诸如:光明和幽暗、火亮与深邃、光鲜亮丽的服饰发型与蜡黄俗气的面孔、上海舞厅与大马路上的新潮女人、蜿蜒里弄里的可怖身体等等一些对比强烈的元素,从而真实地展现了民国上海在色欲、肉感,罪恶、快乐等感官刺激之外的,一种徒然的热情与苦闷。如此,张若谷干脆将新感觉派的邵洵美,与阿英、郑振铎、柯灵三人,并称为"笔的战士"。

新月诗人陈梦家则更着迷于邵洵美下笔写诗时的风情万千、满纸活气。他说:"邵洵美的诗,是柔美的迷人的春三月的天气,艳丽如一个应该赞美的艳丽的女人(她有女人十全的美),只是那缱绻是十分可爱的。《洵美的梦》,

是他对于那香艳的梦在滑稽的庄严下发出一个疑惑的笑。如其一块翡翠真能说出话赞美另一块翡翠，那就正比是洵美对于女人的赞美。"

笔者这里试举一两首颇能代表邵洵美唯美诗风的新诗如下：

在宫殿的阶下，在庙宇的瓦上
你垂下你最柔软的一段——
好像是女人半松的裤带
在等待男性颤抖的勇敢。

我不懂你血红的叉分的舌尖
要刺痛我哪一边的嘴唇？
他们都准备着了，准备着
这同一时辰里双倍的欢欣！

我忘不了你那捉不住的油滑
磨光了多少重叠的竹节：
我知道了舒服里有伤痛，
我更知道了冰冷里还有火炽。

啊，但愿你再把你剩下的一段
来箍紧我箍不紧的身体，
当钟声偷溜进云房的纱帐，
温暖爬满了冷宫稀薄的绣被！

——《蛇》

牡丹也是会死的
但是她那童贞般的红
淫妇般的摇动

尽够你我白日里去发疯

黑夜里去做梦少的是香气

虽然她亦会在诗剧里加进些甜味

在眼泪里和入些欺诈

但是我总忘不了那潮湿的肉

那透红的皮

那紧挤出来的醉意

——《牡丹》

据说，《牡丹》这首诗很有一点波德莱尔《恶之花》的韵味。下面这一首，汪国真现代唯美诗的味道就很浓了：

我敬重你，女人，我敬重你正像

我敬重一首唐人的小诗——

你用温润的平声，干脆的仄声，

捆缚住我的一句一字。

我疑心你，女人，我疑心你正像

我疑一弯灿烂的天虹——

我不知道你的脸红是为了我，

还是为了另一个热梦。

——《女人》

这首叫《女人》的小诗，有一股子台湾现代诗的新鲜草莓味道。这"花一般的罪恶"的邵洵美做起梦来，似乎经常都有这种清纯甜美的时候呢。

相对于唯美派作者的一片嗡然叫好之声，另一个五四女作家苏雪林在《论邵洵美的诗》一文中，就尖锐了许多。苏雪林在读完邵洵美的《天堂与五月》、《花一般的罪恶》两个读本之后，认为他的诗中好的坏的因素揉搓在一起，基本上便体现出了这样一种艺术特色。

首先，就是邵洵美诗中传递出来的，一种强烈刺激的要求和决心堕落的精神。邵洵美诗受波德莱尔的影响很大。为此，苏雪林毫不客气地批评说："法国颓废派祖师波德莱尔的诗集《恶之花》，好咏黑女、坟墓、败血、磷光，及各种不美之物，集中有一首《死尸》(Une Charogne)对于那臭秽难堪的东西，津津乐道，若有余味，即其感觉变态之表现。邵洵美《To Swinburne》说：'我们喜欢毒的仙浆及苦的甜味。'也是变态感觉之一例。又常说：'我们在烂泥里来，仍在烂河里去，我们的希望，便是永久在烂泥里'、'天堂正好开了两爿大门，上帝吓，我不是进去的人。我在地狱里已得安慰，我在短梦中曾梦着过醒。'又说：'我是个不屈志，不屈心的大逆之人，''我是个罪恶底忠实信徒。'西洋之学家批评波德莱尔是由地狱中跑出来的恶鬼，邵洵美这些话也有这种气息。"

其次，就是邵洵美的语言特色。"邵洵美的二集虽然表现了颓废的特色，而造句累赘，用字亦多生硬，实为艺术上莫大缺憾。但作者天资很高，后来在《新月诗刊》上所发表的便进步很多。像《蛇》、《女人》、《季候》、《神光》，都是好诗。而长诗《洵美的梦》，更显出他惊人的诗才。"

美国当代学者李欧梵在他的《上海摩登：一种新都市文化在中国 1930—1945》一书中，对于邵洵美的美学原理，有一种历史纵深度更加广泛的解析。

李欧梵说：另外，我们必须指出的一个事实是，上世纪的二三十年代，是世界唯美颓废文学一个余音袅袅的年代。在欧洲 19 世纪五六十年代与八九十年代曾经先后两次掀起了唯美颓废主义文学的高潮。日本受欧风美雨之冲击，在明治维新的国门大开之后，也出现了它的变种新感觉派，并由此诞生了谷崎润一郎、川端康成、芥川龙之介等世界级名家。如此，中国文学在上世纪二三十年代，便经由邵洵美、穆时英、章克标、张若谷、滕固等留学欧美文人之手，率先将国际上流行于一时的唯美颓废主义引入了上海。所以，这个时期的海派文学，实际上是师承于欧美的 19 世纪末唯美文学潮流的。这个时期的一批海上作家，以其特殊文笔，铺陈身处华洋杂处的大都市的叙事，他们将文学美的感官化和颓废情调当做共同目标，把声色、影、火和肉当做自觉的艺术境界追求，的确带领起来一个具有独特味道的文学浪潮。

李欧梵提出六个很有意思的海上文人,分别为施蛰存、刘呐鸥、穆时英、叶灵凤、邵洵美和张爱玲。李欧梵做学问从来不人云我云,具有自己独特的视角,他做出来的东西真的是很有味道的。

8

1949年春,国民党之政局若风霜槁木,不可收拾。高官大贾纷纷执起细软逃出大陆。

其时,胡适之曾经跟老友邵洵美讨论过去留的问题。胡说,如果邵愿意走,他可以为他预留两张飞赴台北的机票。只是,邵洵美拖儿带女的有一大家子人口,单纯走了邵洵美、盛佩玉这一对半老的夫妻,无甚意趣,便婉言谢绝了。另外,令邵洵美难以割舍的,还有那个经营了十数年的时代印刷厂,以及那台德国造影写版印刷机。没有了这些家当,他即使跑到了宝岛台湾,只怕也只能捱穷日子。

叶公超听说了邵洵美的为难,竟然很有本事地说服海军部的一个熟人,用军舰将邵家全家以及邵洵美的那台宝贝影写版印刷机一并运抵台湾。不过,其时邵洵美已经跟过去新月社的另一员骁将罗隆基做过一番长谈,他的想法又有了重大的改变。

其实,罗隆基自1931年九一八事变后,即积极地投身于政治,他是坚决的抗日救亡派。1941年,罗隆基与著名文人梁漱溟、章伯钧、储安平等人,创立了"中国民主同盟"。抗日战争胜利后,罗隆基全力从事民主运动,他在重庆、南京和上海期间,与周恩来、董必武等来往甚密,得到他们的许多鼓励和帮助,在重大问题上和中国共产党密切合作,为争取和平民主、反对内战,同国民党反动派进行了斗争。罗隆基与中共高层的关系,邵洵美心里是有底的。罗隆基一番深谈,给邵洵美仔细解释了中共与知识分子广泛合作之政策,使得邵洵美颇为坦然。他开始平静地等待上海的解放。

1949年5月24日,上海终于解放。初次划定成分时,邵洵美被定为"工商业主",属于政府大力团结的对象,这是一个不错的开始。

下半年,夏衍来访。夏衍跟邵洵美旧情前面已述。当年,夏衍自日本游学归来穷困,邵洵美曾出 500 元买下夏衍无人问津的书稿,助其走出困境。1949 年时夏衍已贵为上海市委宣传部长,他一则因公,为邵洵美出版毛泽东《论持久战》英译本一事,代表政府感谢他;二则也是怀念旧情,拜访故人的意思。

故友闲聊中,夏衍了解到邵洵美的时代印刷厂开工不足,生产难以为继。正好当时的新华出版社新进入北京城不久,旗下成立了新中国第一画报《人民画报》,筹办人就是当年在《时代漫画》编辑部做过的胡考、丁聪二人。胡考任《人民画报》副总编辑,具体人员的招聘与技术设备的选购,则由丁聪一手负责。夏衍把邵洵美的情况向胡、丁二人谈了。丁聪对于邵洵美的时代印刷厂岂有不满意的? 当下,丁聪即代表《人民画报》南下与老东家邵洵美洽商收购事宜。

后来,邵绡红在《漫画搭桥》一文把丁聪回忆的收购过程写了出来:"解放后我回到北京,那时共和国还没成立。国家缺少人才,也缺少设备。文化事业要办,廖承志是负责这方面工作的,要在北京成立新华印刷厂,办《人民画报》。他知道邵洵美的时代印刷厂的影写版印刷设备非常好,就决定收购那片工厂,派我去上海和你爸爸谈。我住在上海大厦。你舅舅盛毓贤是时代印刷厂的经理,他很精明,代表你爸爸和我谈判,提出的要求是,那套设备的售价按当时买进的美金原价,并且要以美金折算。我们不同意。眼看美金汇价天天上涨,最后只好同意。我拎着两只装满现钞的箱子到上海。……为了编《人民画报》,找了胡考。胡考当年也是常在'时代'各种刊物发表作品的,他画漫画,也写文章,他可是正式美术学校毕业的。……后来你们家搬来北京,住在景山东大街,我和胡考一起来拜访你爸爸。你爸爸这部印刷机为印《人民画报》确实起了很大作用的。"

如果是按美金来结算,即便是算上折旧费用,邵洵美那台德国印刷机也绝对不止外面传言的 5 万人民币,而应该是比这个数字翻很多倍的一笔巨款。

邵洵美有了这么一大笔款项，又做起了他的出版梦。1950年元旦，邵洵美全家移居北京。邵洵美与顾苍生以及两位浙江第一银行的副理四人一起斥资开办了时代书局，社长陈仁炳，总编辑孙斯鸣，书店门市部经理孙汝梅。时代书局于生存的一年间，出版了一批具有鲜明时代特色的书籍，例如数十种苏联的政治译著和文学译著，如《列宁给高尔基的信》、《法捷耶夫》、《苏联儿女英雄传》等书。此外，还出版了一批专门介绍马列主义毛泽东思想、苏联生活、近代历史、通俗经济讲话、资本主义与帝国主义、文艺与社会生活等方面内容的书籍。

但不久，时代书局的出版物，却出现了一些与当年的舆论导向格格不入的东西。《人民日报》一连七天以每天半个版面的篇幅，严正批判上海时代书局出版物中的严重错误，随之而来的是上海新华书店的大量退货。这一回，作为第一大股东的邵洵美本儿就蚀大了，从此以后再也无力做图书出版的清梦。

邵洵美待在北京百无聊赖，1951年夏，便又举家回迁上海。

1952年，邵洵美再度与内弟盛毓贤一起尝试开一间化工厂——立德化工社。可是却因技术不行，再度亏损。至此，邵洵美的老本钱大致已淘空，往后的日子，他便过得有点捉襟见肘了。

1954年，邵洵美的密友秦鹤皋新春拜访。当时，秦鹤皋在上海出版公司做编辑。他见邵洵美一副坐吃山空的窘迫模样，便鼓励邵洵美捡回自己在文学翻译方面的特长，试着为一些大出版社翻译一些国外的名著。秦鹤皋还把自己任职的上海出版公司旗下一套马克·吐温的《汤姆·莎耶侦探案》，英国盖斯凯尔夫人的《玛丽·白登：曼彻斯特的故事》交给了邵洵美翻译。上海出版公司对于邵洵美的翻译功底大为欣赏，后来，这两本书都再版了。这期间，邵洵美曾经为上海的青年翻译家王科一校订过《傲慢与偏见》一书，两代翻译家相处得如鱼得水。邵绡红《我的爸爸邵洵美》中见载："此人中等身材，略胖，相貌一般，却大有不拘小节的魏晋名士风度。有一次我从学校回家撞见他，他正和我爸爸谈得起劲，一只脚脱去了鞋袜，踏在凳边，一边在搔脚丫里的痒痒。爸爸十分赞赏他，说他是不可多得之才。"斯人入佳境处,放任自如,神色自若。这样的嘉士,到哪里找去!

夏衍1957年在北京寓所

邵洵美的情况,夏衍很快便听说了。夏衍觉得邵洵美既然下半生打算靠译书为生,光靠秦鹤皋介绍几件散活,也解决不了根本的生计。便特意向北京的出版部门打招呼,有外国文学作品翻译的活儿尽量照顾给邵洵美做,稿酬嘛,不管活计多寡,先按每月200元预付着。这样,邵洵美接着又为北京的人民文学出版社翻译了英国诗人雪莱的诗剧《解放了的普罗米修斯》、印度文豪泰戈尔的《家庭与世界》等长篇力著。后来,贾植芳在谈起这件事情时说,邵洵美在被抓之前,国家曾照顾他为人民文学出版社的社外编辑,每月有200元的薪水。这在解放初期,已经是共产党内高级干部的待遇了。

至此,邵洵美的个人际遇,算不上太坏。他的脸上有了"野老苍颜一笑温"的喜色。

9

新中国成立后,邵洵美基本上就只有一个"工商业主"的虚成分。绝大多数的"工商业主"在公资合营的过程中,是带资金加入到公家单位的。邵洵美则选择领全额资金自己创业。后来的大趋势不提倡个人自主创业,创业不成的邵洵美,一没有正式单位,二也没有加入任何形式的社会团体组织,基本上是一只闲云野鹤。这样,到了1957年5月下旬到6月初,上海各高校、各文化事业,动员高校学生、各阶层知识分子"大鸣大放",帮助党整风时,便没有人来鼓捣邵洵美写什么建议书。如此,是年7月中旬至10月底,接踵而来的"反右斗争"进行到如火如荼,人们却惊奇地发现,从前新月派的骨干邵洵美,竟然十分神奇地置身于事外,毫发未损。

可是,进入到1958年,民众的热情已经转移到总路线、"大跃进"及人民公社的经济浪潮之中。邵洵美却因"一信不慎",栽倒在无产阶级专政的铁拳之下。

后来,邵绡红在《我的爸爸邵洵美》一书,讲起这件事情的原委,仍说:"叶灵凤从香港来上海。他是爸爸的老朋友,是战前常为爸爸办的刊物撰稿的文学家之一,也是《万象》、《文艺月刊》和《文艺画报》的编辑,这时在香港是《星岛时(日)报》副刊《星座》的主编,是香港的文化名人。爸爸约请他来家里吃午饭,还请了好友施蛰存和秦瘦鸥来共聚。那天席上叶灵凤谈起项美丽在美国的近况。爸爸便想起了1946年去纽约,项美丽曾向他借过一千美金。本来,老朋友向他借了不还是常事,他也一直不放在心上。现在小叔叔(即邵云骧,当时也在香港)急需医药费,爸爸就想到让项美丽把那一千美金的旧账转送给小叔叔治病,于是问叶灵凤要项美丽的地址,好写信给他。叶灵凤说他身边没有带来,让爸爸把信交给他,待他回香港后代发。不料,叶灵凤走后没几天就情况有异:爸爸出门,总有两个便衣跟随;爸爸回家,他们便守候在家门口。爸爸知道,一定是那封信出了毛病!"

不过,上海译文出版社的老总编叶麟鎏先生,在谈及邵洵美的这一段无妄的牢狱之灾时,却曾经感慨万分地说,过去的老文人哪里懂得这么些道道,都"很傻,很天真"。如果不是因为这意外的信件之灾,邵洵美原本应该有一个更好的归宿。

邵洵美刚刚经历了一场声势浩大的反右扩大化斗争,在这种特殊时期,海外关系正渐渐地变成一个敏感的话题。可是,邵洵美竟然无端地想起了远在美国的旧情人项美丽。更要命的是邵洵美托叶灵凤带到香港转发的那封信件,署名用的是英文笔名 Pen Heaven。邵洵美早就知道项美丽现任丈夫查尔斯的政治背景,他曾经是英国军事情报部门长驻香港的老牌特务,一直是大陆国家安全部门重点监控的对象。邵洵美这一番行为,引起了国家安全部门的高度警惕。邵洵美很快以"帝特嫌疑"的罪名被收捕入狱。

但是,当国家安全部门调动起精干的警力,对于邵洵美展开缜密的侦查,查来查去,却查不出任何有价值的东西。国家安全部门的调查结果为:邵洵美天生就那么一股子的懒散劲儿,做起事情来也就不知道轻重。真正让邵洵美去从事什么"反共救国"的地下反革命活动,这邵洵美似乎还真不是那种材料。但是,这个结果要做成结论,邵洵美却必须在牢狱里面苦捱四年的时间。

贾植芳

著名学者、复旦大学教授贾植芳,生前曾经获得"上海城市大师"的美誉,其独特之人格魅力与生存能力为后人所敬仰。贾植芳先生专门写过《我的难友邵洵美》一文,追述寒鸦夕阳、黄沙白苇之中的邵洵美。贾、邵之间相识也晚,特殊环境下却期望而为一种君子之交。贾植芳文章中所流动的一份"山影压船春梦重"的落寞心境,却自深深打动了读者的心。

贾植芳先生说,"我与邵洵美先生的相识,纯然是偶然的机遇,虽然从 30 年代初以来,通过报刊等传播工具已对他相当熟悉了",但是,真正的认识却要等到 1952 年。当时,是在南京路新雅酒家由韩侍桁安排的一个饭局上,宴请的主角为司汤达小说《红与黑》的中译者罗玉君教授。应邀出席的则有李青崖、施蛰存、刘大杰、余上沅、贾植芳等数位海上文人。"记得是在众人已入座举杯的时候,邵洵美才匆匆赶来。他身材高大,一张白润的脸上,一只长长的大鼻子尤其引人注目。他穿了一件古铜色又宽又大的中式丝绸旧棉袄,敞着领口,须发蓬乱,颇有些落拓不羁而又泰然自若的神气。这是我与他第一次相见时的印象。"

第二次相见,则是 1954 年秋天的一个持蟹赏月晚宴,东道主仍然是韩侍桁。这是一个小型的家庭聚餐,应邀者并不多,贾植芳、任敏夫妇同时应邀。这一次,也是在大家吃到中途时,邵洵美匆匆撞入,匆匆入座就食。大家天南地北地闲聊,邵洵美也会谨慎作答,但却已不复当年孟尝君"一回秋月一回新"的天然意态了。

第三次"贾邵见"的地点有点尴尬。时间是 1960 年寒冬,地点是上海市公安局第一看守所。贾植芳因胡风案入狱已届 5 年,邵洵美的狱龄已满 2 年。当时,贾植芳从一间囚室对调到另一间囚室。贾植芳一脚踏入新狱室,

发现里面空荡荡的,只有一个体弱的老人蜷缩在角落里。接下来,贾植芳先生的这一段原文,便于无声处格外见真情了:

> 当管理人员在身后锁好门后,他抬头望向我,呆滞的目光突然发亮。他小声对我说:"我们不是一块在韩家吃过蟹吗?"我向他点点头,一边用下巴指着门口,叫他不要说下去。因为我从几年的监狱生活中摸到一个规律:凡是管理人员押进一个犯人后,他虽然把门锁上了,但都会在门外停留片刻,从门上的小监视孔里观察室内犯人的动静,如果发现异样情况会开了门马上冲进来进行盘问,甚至一个个地调出去审问"你们谈什么?"如果交代了原来互相认识,马上会被调离,并要求交代"关系史"。总之,要弄出一大堆麻烦来。因此,当我向他示意后,他马上就醒悟了,懂得了吃这号官司的"规矩"了。

贾植芳在狱中遇见的不忘九月菊香持蟹赏月的狱友,正是邵洵美先生。贾、邵从此结下了近 4 个月的"同监狱缘",这正应了"天意从来高难问,人生何处不相逢"的一句老话。

贾、邵彼此同监 100 余天,山高水深的话题大致都涉及了。一次,邵洵美十分慎重地跟贾植芳说:"贾兄,你比我年轻,身体又好,总有一日会出去的,我有两件事,你一定要写篇文章,替我说几句话,那我就死而瞑目了。"这两件事,一件很小。1933 年,世界笔会中国分会招待来访的大文豪萧伯纳时,其招待的 46 元银元是由邵洵美付账的。可是,当时上海大小报纸的报道中,都忘记写他邵洵美的名字了。君子之名,理应列于清流惠风之中,这一件事情是邵洵美耿耿于怀的。他希望贾植芳将来写文章时不忘记上一笔。另一件事情,涉及鲁迅与邵洵美之间的一段公案。这个话题,前面已述,此处不再细说。

时序不觉间已嬗变至 1962 年的春季。有一次,上海市委宣传部长石西民携译文出版社的周煦良一同进京开会。会议的间隙,当时的中央宣传部副部长周扬,忽然向周煦良问起邵洵美的情况。周煦良说人仍然在狱中;听说邵洵美入狱后不久,得了严重的肺源性心脏病,经常发作,成为痼疾。其时,正值党政府进入调整落实知识分子政策的时期。周扬沉吟了一下,表态说:"如果没有什么问题,也不必了。"

这样,到了1962年4月,邵洵美便被释放回家了。老妻盛佩玉到上海市第一看守所去接人。盛佩玉后来回忆说:"办理手续的是闵同志。可怜他的身体真所谓骨瘦如柴皮包骨,皮肤白得像洋人,腿没有劲,幸好三轮车夫好心肠,背了他上楼。总算他没有被定什么罪。能回来就好,我们不怨天、不怨地,只怨自己不会做人。诗人有的是时间,不是正好可以作诗!可当时见不到一片废纸一支秃笔,诗意肃然。回来时衣袋中仅有三支竹片磨成的挖耳签。那是在厕所劳动时拣来的竹片磨成的,可见他的耐心更胜过那时捕小老鼠的修养!"

邵洵美剩得一副悠悠忽忽的土木形骸归来,盛佩玉却仍不失中国传统女子每逢家庭危难之时,粗服乱头亦从容的气度!

不过,自邵洵美入狱之后,他原先合住的那个大家庭早已经散了。16岁的儿子小马报名到青海轻工业学校去支边了。邵洵美原先在上海住着三间公房,当时就被上海市房管所强行收回了两间。妻子盛佩玉、幼子小罗,还有一个刚刚离婚回家的长子邵祖丞,一家三口挤住在一间房里如何居住?不得已,盛佩玉只好携带幼子小罗去投靠在南京的女儿邵绍红。出狱后的邵洵美便只能跟长子邵祖丞挤住在一起。

其实,邵洵美最后数年的生活质量已经很差了。可是,施蛰存提到老友邵洵美却始终坚持说:"洵美是个好人,富而不骄,贫而不丐,即使后来,也没有没落的样子。"中国的读书人在盛名之时,常得无事,痛饮酒,熟读《离骚》,那虽也得一时名士的虚名,却不一定是清淳简贵的懿士。只有像邵洵美那样伊始经历过钟鼓金石丝竹富家生活,后来却又历经重重的磨难而老境凄凉,却始终未改自己一颗唯美之心,才是中国读书人万物不能移的清伦见识。

例如,1967年5月3日,邵洵美在致妻子的信中写道:"……你为我买了两只香肚,好极了,我立刻便感到馋涎欲滴。我想有机会再尝尝真正的南京鸭肫肝,也只要几只,放在口里嚼嚼鲜味。"当年上海"一品香"的常客邵洵美,虽凤凰落架,却仍不改其风雅的大志。

还有邵洵美去世前不久,老友秦鹤皋去看他,所见到的一幅情景:"一天上午去淮海路看望洵美,见他正坐在一面小镜子前梳头。桌上放着一碗'刨花水'(浸着薄木片的水)。见洵美蘸着它认真地梳着头,很惊讶,没等开口,他倒先笑着说:'侬要讲,这是过去丫头、厨娘梳头用的刨花水,对哦?现在可是我的'生发油'呀!侬嗅嗅看,很香!'"

10

不过,后来,一个年青人的死,却击毁了邵洵美所有的生存意志。

前面曾经提到过,邵洵美有一个极为相知的忘年之交王科一,他是一位优秀的年轻翻译家,其才华品德备受邵洵美的推崇。

邵洵美的老友秦鹤皋仍然是这件事情最重要的见证人之一:"史无前例的文化大浩劫发动后,王科一和我先后都住进了牛棚,一切行动都受到监督。其后,间接听到洵美曾两次病危住进了医院。时间大约是在 1968 年年初。洵美家人不知通过怎样的渠道,传话告诉我和王科一,洵美渴望我和王去见他一面。王科一冒万难而去了,还带去饼干和水果各一包。我则始终未去,在雪中送炭的友谊方面,我不如王科一多矣。"

可是,就是这么一个优秀的年青人,在牛棚中终于挺不住了。

1968 年 3 月,人民文学出版社上海分社掀起"清理阶级队伍"的大高潮,王科一无端被戴上五顶莫须有的大帽子,横遭造反派的残酷批斗。王科一于被批斗的当天夜间,在家中厨房踌躇了大半夜,其后平静地选择了用煤气结束自己的生命,卒年 43 岁。

邵洵美闻此凶讯,心中一时为之大恸!

其实,生命自诞生那一刻起,即走在了一条通往死亡的漫漫长途之上了。只不过有的人,以为自己走到了终点,必进天国,所以一路上在那里欢声笑语。也有的人,以为自己的后来,必进地狱,而悲怆高歌。我们寻常的人,却只管在这生的过程中,尽量感受一些日常的琐事,诸如灵的光,竹的战栗,雀群的声音,行人的音容……这些都是我们寻常生命中的无上甘露。

可是,现在王科一在 43 岁的壮年,竟然湛然地舍弃这人生的一切,飘然而去了。这一年,邵洵美 62 岁,生命中那一些闲静而熹微的时光早已离他远去。

这样的时候,生命中的时光,忽然变得澄清似水。邵洵美记起 50 岁生日那年,曾经于瓦屋纸窗的枯寂之中,顺手记下过一段文字:"五十以前人等死,五十以后死等人。后之来者,不知也有我这样勇气否?"这一等,竟然是轻轻的 12 年时光流逝。

其时,上海夏天的树木,泼洒一地的绿荫。邵洵美独坐于上海的那间独屋中,他听着风吹动街道梧桐树叶的声音,忽然无端地想起了秋天雨水走过的时节。

邵洵美开始从容地实施自己的,由"生"求"死"之计划。

回顾自己的一生,邵洵美不免百感交集,于是信手写下一首小诗:"天堂有路随便走,地狱日夜不关门。小别居然非永诀,回家已是隔世人。"对邵洵美这一类唯美而敏感的诗人,有关生与死、天堂与地狱这样的大题目,他一生中不知思考过多少遍了。这是他最后吐露对于生命的感悟。

他很早就储存过一些含鸦片的化学药品。接下来的三天中,他准备有计划地超剂量服食这些药品。邵洵美第一天服用这些含鸦片制品时,一起生活的长子邵祖丞有所察觉。他劝止父亲说:"含鸦片制品抑制呼吸。你这样做并不好。"邵洵美神情含笑地,说:我知道的。我在使用的时候会小心翼翼的。可是,第二天他却比前一天的用量增加了很多。

邵祖丞感觉到父亲的不对劲,便把邵洵美床头的含鸦片制品全部搜走,藏匿起来。邵洵美但点头淡淡一笑而已。这世界他已不再留恋。因此,趁着儿子不注意时,邵洵美拿出了事先藏好的另一瓶含鸦片药品,继续超剂量服用。到了第三天,邵祖丞那脆弱的呼吸系统,终于不堪这药品的致命冲击,他于 1968 年 5 月 5 日澹然地离开了这个世界。

邵洵美走后,盛佩玉从南京赶到上海来为丈夫收殓。

盛佩玉在介绍邵洵美的葬礼时,语调也颇为澹然:"5 月 8 日下午亲友们告别了洵美,他真的走了! 走时遗容极端庄,就像睡着了一样,只是美容时把他的胡须剃了。他穿了一套灰布中山装,为他买了一双新鞋新袜。骨灰盒是咖啡色木质的,面上是黄色刻花的,简单大方地结束了他的丧礼。"

其实,许多时候,人的一生,最不堪回首的便是往事。

中国近代,自曾国藩草鞋布衣起兵于三湘,遂平定了洪杨,修复了东南的半壁江山,促现了晚清昙花一现的同治中治。其中,多少清艳豪横的钟鸣鼎食之家,曾经趁机茁壮而起。其后,却又经历了清灭民兴、军阀争权、定都南京、抗战八年、国共政权大陆易手等历历在目的历史剧变。

多少风雷激荡,多少往事如烟。

君子之泽,五世而斩。

曲终人散,那属于邵洵美的一世风情,自然也就散了。

图书在版编目 (CIP) 数据

　　那一世的风情：民国才子情事 / 郭厚英著. —杭州：
浙江大学出版社，2012. 1
　　ISBN 978-7-308-09341-5

　　Ⅰ.①那… Ⅱ.①郭… Ⅲ.①男性–知识分子–生平
事迹–中国–民国 Ⅳ.①K825.4

　　中国版本图书馆 CIP 数据核字 (2011) 第 241672 号

那一世的风情：民国才子情事

郭厚英　著

责任编辑	胡　畔
文字编辑	杨利军
封面设计	主语设计
出版发行	浙江大学出版社
	（杭州市天目山路 148 号　邮政编码 310007）
	（网址：http://www.zjupress.com）
排　　版	杭州中大图文设计有限公司
印　　刷	杭州丰源印刷有限公司
开　　本	710mm×1000mm　1/16
印　　张	16.5
字　　数	237 千
版 印 次	2012 年 1 月第 1 版　2012 年 1 月第 1 次印刷
书　　号	ISBN　978-7-308-09341-5
定　　价	32.00 元

声　明

　　由于本书所用图片涉及范围广,部分图片的版权所有者无法取得联系,请相关版权所有者看到图片后与浙江大学出版社联系,以便敬付稿酬。

来信请寄:浙江杭州西湖区天目山路 148 号浙江大学出版社人文事业部
邮编:310007
电话:0571—88925603